U0509489

高校思想政治工作研究文库

教育部思想政治工作司　组编

思想政治教育
"微社会"育人研究

孙喜英　黄瑞新　徐俊蕾 ◎著

人民出版社

目　录

何谓"微社会"育人

　　思想政治工作是中国共产党的优良传统、鲜明特色和政治优势。从革命战争年代开始，经历社会主义改造、建设与改革开放不同时期，思想政治工作模式与方法处于与时俱进的创新与变革中。新时代党和国家立足中华民族伟大复兴战略全局和世界百年未有之大变局，对加强和改进思想政治工作做出全面部署。习近平总书记在党的二十大报告中指出，新时代开辟马克思主义中国化时代化新境界，必须坚持守正创新，紧跟时代步伐、顺应时代发展；必须坚持问题导向，问题是时代的声音。面对国际国内环境的嬗变，教育对象主体性需求的多元性变化，以及国家对思想政治教育提质增效要求的强化，为更好发挥思想政治工作这一党的传家宝和生命线的作用，广大教育工作者因事而化、因时而进、因势而新地进行理论研究和实践探索，思想政治工作方式、手段和平台创新如雨后春笋般应运而生、层出不穷，"微社会"育人属于其中之一。"微社会"育人重视理论与实践、教育与科技相结合，为破解思想政治教育所普遍存在的社会实践全员参与无法有效落实的难题，提升思想政治教育的实效性，借助现代物质条件和科技手段把历史场景、社会环境"移入"校园，构建校园"微社会"，开展多元交互的体验式、情景式、践行式教育活动，使受教育者"足不出户"即能感受"走向社会"所带来的情感体验和经验认知，实现知、情、意、信、行相统一以及理论教育与实践养成的协同推进。

一、思想政治教育"微社会"育人之内涵

"微社会"育人是介于课堂理论育人与社会实践育人之间的一种育人方式或育人环节，它以特定的教育手段与平台为支撑，具有独特的方法体系及操作程序，借此可以归之于教育模式范畴。"模式"一词来源于拉丁文，原意是指和手相关的相对稳定的操作方式，在现代英语中相对应的词汇是"mode"，意为方式、风格或样式等。关于模式的界定理论界的阐释不尽相同，基本的共识认为模式是一种系统的方法和结构，具有定型性、系统性、架构性、可操作性的特点。基于对模式内涵的理解，教育模式可以认为是在一定思想理论指导下构建起来的教育活动相对稳定的方法结构体系和活动程序、操作方式。教育模式的形成既受教育理念或理论的指导，又离不开教育实践。"微社会"育人模式是在马克思主义和中国化时代化马克思主义基本原理、思想政治教育学原理以及教育学等相关学科理论指导下，为应对新形势对思想政治教育形成的新要求、新挑战，从教育实际与实践经验出发所提出的一种新型思想政治教育模式。

"微社会"作为一个教育学界域的概念是近十年内才出现的，最早意义的使用主要特指学生宿舍、家庭等范围和关系相对狭小的社会领域与环境。赵书霞、曹瀛琰两位学者在《高职学生宿舍微社会环境的个案访谈研究》一文中较早地提出"宿舍的微社会环境"的概念，并探讨了宿舍的微社会环境在教育方面的特殊影响，认为"宿舍是学生生活学习的主要场所。宿舍构成了一个相对密集的人际空间，在这个空间中，更多地体现出宿舍人际关系自发的共建的特点。在一般的课堂环境中，大家倾向于遵循集体规范性要求；在其他公共场合，个体的表现也会有各种限制，而宿舍是一种自由放

松的场所，这会使个人的性格品质、生活习惯等各方面更加彰显。"① 刘锐、李娅娟两位学者在《校外素质教育新蹊径——微社会活动中心新构想》一文中，具有较为领先意义地提出构建"微社会活动中心"作为学校教育补充的设想与论断，并指出"学生应该在接受学校教育的同时，按学段、分层次地在'微社会活动中心'对身边的社会和职业进行必要的了解、体验、实践，在'学有所用，用有所想'充分地感知之后，不定期地修正航向，明晰自己的价值取向，这将会更有效地提升他们在校学习的自主性、方向性与目标性，也会更科学、更有效。"② 根据这个设想，"微社会活动中心"不同于校外培训教育机构、职业体验馆、各种主题公园、户外拓展训练基地、青少年宫、科技馆等，而是一个"智能的、可控的、系统的类真社会环境，人们进入其中，就像进入一个微缩版小社会、小城市一样，活动人员以参观、体验、管理经营三个层次进行着体验活动，它就是一个现实版的'真人游戏系统'。"③ "微社会环境"教育的理念，以及"微社会活动中心"场景创建的构想，为思想政治教育"微社会"育人模式的探索提供了必要的思想启发与方法借鉴。

中国特色社会主义进入新时代以后，为应对国际国内形势变化对社会意识形态构成的新挑战，党和国家不断强调思想政治教育的战略地位及重要意义，并赋予新时代思想政治教育新任务、新要求，各地思想政治教育改革也因之风起云涌。在此背景下，河南科技学院闫秀敏、毕昱文、孙喜英等几位地方高校一线思想政治理论课教师，基于长期的教学实践经验与教学反思行动，为破解高校思想政治理论课实践教学因为师资力量、资金保障、时间安排、学生安全等因素不能实现全覆盖，以致于思想政治教育出现理论与实

---

① 赵书霞、曹瀛琰：《高职学生宿舍微社会环境的个案访谈研究》，《职业教育研究》2013 年第 10 期。

② 刘锐、李娅娟：《校外素质教育新蹊径——微社会活动中心新构想》，《中国校外教育》2014 年第 3 期。

③ 刘锐、李娅娟：《校外素质教育新蹊径——微社会活动中心新构想》，《中国校外教育》2014 年第 3 期。

践、"知""情""意""信""行"相脱节等问题，与时俱进地探索思想政治教育"微社会"育人实践，依靠自主设计、自主建构，在国内高校较早建起校内思想政治教育"微社会"育人平台——国情国史体验馆，并创新性地提出思想政治教育"微社会"育人的概念与模式，实现了思想政治教育模式由"课堂+社会"到"课堂+微社会+社会"的实质性转变。在这一模式体系中，所谓"微社会"是相对于"课堂"和"社会"而言的。"课堂"特指依托思政课以教室为场所由思政课教师为主导的理论教育，其目的与任务是对受教育者进行主流意识形态基本理论知识的传导和灌输；"社会"意为在教育者指导下所开展的校园外思想政治教育社会参观、社会调查、社会服务等实践活动，其目的与任务是让受教育者深入社会了解国情、提高认识、端正思想，学会运用马克思主义的立场、观点和方法，去认识问题、分析问题、解决问题，实现认识主观与现实客观的结合。① 传统的思想政治教育基本遵循的是从"课堂"到"社会"的教育路线，即"课堂+社会"的模式。"课堂+社会"的模式既重视系统的理论知识传授，又强调社会实践在锻炼教育对象能力，增强其阅历、才干，加深对理论知识理解方面的重要价值，体现了"实践—理论—实践"的认识路线以及理论与实践相结合的马克思主义认识论原理，在长期的思想政治教育实践中取得了可贵的育人经验与成就。然而，新时期思想政治教育主客观条件正在发生重大改变，"课堂+社会"模式面临种种局限与挑战，最突出的问题表现是思想政治教育供给与学习主体需求之间存在偏差、理论与实践相结合有效性不足。一方面，思想政治教育的重要受众群体新一代青少年个性更具独立性、张扬性、开放性、网络性，主体意识与能力显著提升，单纯的"课堂"灌输式的教育显然无法满足其主体性需求的需要。而随着我国义务教育的普及以及高等教育招生规模的扩大，青少年思想政治教育受众人数急剧增长，传统的

---

① 参见毕昱文：《高校思想政治理论课"课堂+微社会+社会"教学模式创新探索》，《河南科技学院学报》2015 年第 8 期。

社会实践活动由于资金、师资力量、时间、安全等因素的影响难以保证全员参与，在许多情况下社会实践甚至流于形式，原有的地位与功能受到削弱，思想政治教育理论与实践存在脱节的危险。另一方面，从"课堂"直接到"社会"，对于许多涉世未深、社会经验不足的青少年学生而言缺乏理论知识到社会实践的消化与过渡过程，容易造成理论与实践的对接障碍，从而最终产生"两张皮"现象。"微社会"育人环节的引入，为理论传授与社会实践的进一步融合提供了支持，它有助于克服"课堂+社会"式教育路径的不足与局限。"微社会"是课堂理论教育和社会实践间的连接和过渡性介体，属于校内以情景教育和体验教育为特征的实践育人范畴。"微社会"育人依据人的认知原理，充分尊重教育对象的个体差异性和学习主体性，利用现代科学技术及丰富的平面、立体媒体资源和人力资源，模拟社会情境，打造"微型仿真社会"，营造出思想政治教育所需要的环境条件与情境氛围，使教育对象对理论知识在"有围墙的微社会"中实现初步的实践体验，让学生"足不出校"即能感受类似于"走向社会"带来的情感体验，在体验中潜移默化地接受思想政治教育的熏陶。"微社会"育人的实践探索，实现了思想政治教育模式由"课堂+社会"到"课堂+微社会+社会"的开拓性创新。在"课堂+微社会+社会"教育模式下，"课堂"仍是理论性、知识性内容传授的主要载体，而受教育者对理论性内容的进一步理解以及初步运用，则要首先放到"微社会"育人平台通过各种体验式与沉浸式活动来进行，在此基础上再走向社会，开展社会实践活动。这样，从"课堂"到"微社会"再到"社会"，从"理论"到"体验"再到"实践"，受教育者循序渐进逐步提高认知水平，完成知、情、意、信、行的提升与融通。

　　"微社会"育人既是"课堂+微社会+社会"教育模式的环节组成，又是该模式下的一个子模式，其自身拥有相对独立的运行机制与结构系统。从独立的模式体系而言，"微社会"育人是由一定的理论基础、理念原则、保障条件、方法程序等基本要素构成，并且在各种要素的共同作用下，显现出区别于其他类型教育活动的特质及优势。从本质上理解，"微社会"育人属于思想政治教育实践育人的一种，它利用一种不同于常规的社会实践锻炼方法又与常规的社会实践锻炼方法具有极大类似性的"仿真性实践锻炼法"，实现了思想政治实践教育的全员参与。思想政治教育贵在有法，科学有效的教育方法至关重要，毛泽东同志曾用过河要有桥和船的形象比喻，来说明方法的重要性。在长期的教育实践中，广大的思想政治工作者依据形势发展的需要、主客观条件的不同、内容主题的变化，从实际出发创造出丰富多彩的教育方法，而其中最基本的不外乎理论教育法和实践锻炼法，它们分别又形成各自的方法体系。实践锻炼法是指"思想政治教育者有目的有计划地组织、引导受教育者参加种社会实践活动，促使受教育者在实践中形成良好的思想品德和行为习惯的方法"①。实践锻炼法的活动形式多种多样，从当前各种层域的思想政治教育而言，这些方法可以区分为校外社会实践活动、校内实践活动、课堂实践活动、虚拟实践活动等。传统的思想政治教育实践锻炼法一般被认为是校外社会实践活动，包括社会调查、社会考察、社会服务、参观访问等。现代意义的思想政治实践教育概念更为宽泛，许多学者或者教育工作者把思想政治理论课堂上在理论层面上以丰富的教学形式开展的讨论、辩论、演讲、表演等学生活动，以及作为理论课堂延伸与补充的校园文化活动等也归之为实践教育或教学，它们分别属于课堂实践活动和校内实践活动。在计算机技术、信息技术迅猛发展的今日，思想政治教育又衍生出一种新的实践形式即虚拟实践，虚拟实践以虚拟仿真手段为技术前提与基础。虚拟仿真是"利用电脑模拟产生一个三维空间的虚拟环境，通过输出设备提供给使用者关于视觉、听觉、触觉等感官的模拟，让使用者如同身临其境，并能够及时、无限制地观察三维空间内的事物，通过各种输入设备与虚拟环境中的事物进行交互"②。思想政治教育虚拟实践即是指教育对象在

① 陈万柏、张耀灿主编：《思想政治教育学原理》（第三版），高等教育出版社2015年版，第222页。
② Unity Technologies主编：《虚拟仿真与游戏开发使用教程》，上海交通大学出版社2015年版，第1页。

教育者指导下置身于虚拟空间与场景中，利用虚拟技术与手段有目的地开展具有思想政治教育意义的各种体验性活动，它与现实的实践活动既相区别又相联系，二者相辅相成。依据马克思主义科学的实践观，思想政治教育虚拟实践具有派生性，它来源和依附于现实性的实践活动，具有交互性、开放性、间接性等特点。从归类的视角去分析，思想政治教育"微社会"育人是一种虚拟与现实相结合的校内情景体验式实践锻炼教育。"微社会"育人运用现代网络技术、信息技术以及各种实物介体构建起情景体验教育平台，把社会和历史场景移之于校园内，使教育对象足不出户便能在"仿真""微型"的"社会"中开展参观、观察、体验等实践活动，获得类似于校外社会实践的知、情、意、信、行方面的感知与经验。"微社会"育人不同于传统的社会实践，但它以传统的社会实践为基本框架和摹本，以"体验性实践""仿真性实践"的方式，缓解了思想政治实践教育全员参与难以落实的现实窘境。

"微社会"育人并不是对传统的"课堂理论教育"或者"社会实践教育"的取代或否定，它是在传统社会实践的开展受到种种制约境遇下的一种弥补性之举，也是顺应时代发展和国家政策导向，推动传统优势同新媒体新技术高度融合的方式创新。"微社会"育人就其功能和地位而言，它是"课堂理论学习"与"社会实践教育"的积极补充以及二者间相互过渡与转换的桥梁和纽带。"微社会"育人的推广将弥补传统思想政治教育"课堂理论学习"辅以"社会实践教育"模式所存在的某些局限性，使理论灌输与实践锻炼之间的转换和过渡更为自然、通畅，使思想政治教育更具时代活力。

二、思想政治教育"微社会"育人的特色

思想政治教育"微社会"育人属于校内以情景教育与体验教育为特征的实践育人范畴，它利用现代科学技术手段及丰富的平面、立体媒体资源和

微型实物，把历史场景和社会环境引入教育背景，注重突出受教育者的临场感、在场感及主体性作用的发挥，在教育理念、教育手段、教育方式、教育内容与教育关系方面与传统的思想政治教育相比较，具有鲜明的特色。

在教育理念上，"微社会"育人最突出的特色是以人文与科技相融合的思维，借助新媒体新技术创新思想政治教育方式，通过情景化教育场域的构建，以及沉浸式、体验式教育活动的实施，提升思想政治教育的亲和力和针对性，实现思想政治教育的提质增效。一方面，现代科学技术的迅速发展，带来了教育观念的更新，并为思想政治教育方法的创新提供了强大的技术基础；另一方面，以人的全面发展为目标的素质教育，以及当代青少年对信息技术的谙熟与依赖，使得人文与科学相融的思想政治教育成为一种趋势与必然。"微社会"育人以"理工科教育"思维创办"思政实验室"，突破时间、空间、师资及经费等因素的制约，解决社会实践全员参与落实困难的难题；顺应教育信息化的时代潮流，以"虚实结合"的场域逻辑再现历史场景或构建红色仿真展馆，让受教育者通过操控手机、计算机或其他虚拟现实设备，置身于一定类真的社会环境或历史情景，从而获得身临其境、感同身受的在场感、临场感；以"开放式系统"理念创新思想政治教育平台与方式，打造"一个广阔的空间及全方位、多层次、多渠道的教育环境，拓宽各种能量信息的输入渠道，增加与外界的联系，把教育活动从相对封闭的方式中解放出来"[1]，"只有在开放的、宽松的教育环境下，各种信息传播通道才会畅通无阻。通过交流与合作，主客体之间达到知识的共享与共进，同时可以拓展个体的视野，超越原信息，从而产生新的洞察和更深层次的理解"[2]。人文与科学相融合理念下的"微社会"育人，呼应了新时代教育发

---

[1] 黄瑞雄：《科学教育与人文教育相融合的思想政治教育及其方法创新研究》，人民出版社 2018 年版，第 135 页。

[2] 黄瑞雄：《科学教育与人文教育相融合的思想政治教育及其方法创新研究》，人民出版社 2018 年版，第 135 页。

展的趋势要求，有助于高科技迅猛发展背景下思想政治教育根本目标的
实现。

在教育手段上，"微社会"育人运用现代物质技术手段构建实中有虚、
虚中有实、虚实有机结合的育人平台，并以平台为依托开展丰富多彩的教育
活动，推动理论化、抽象性、被动式学习向理论与实践、抽象与具象、被动
与主动相结合转变，从而使思想政治教育活起来。"微社会"育人一般依托
校内实践平台开展实施，就较早提出并运用该模式的国内某高校而言，其校
内实践平台——国情国史体验馆占地面积 700 余平方米，可同时容纳近 200
名学生开展体验式活动与教育。国情国史体验馆的设计依据思想政治教育立
德树人活动目标的要求，注重受教育者的参与性和教育情景氛围的设置，充
分利用新媒体新技术建立虚拟与现实相结合的一体化体验式教育平台。国情
国史体验馆购置、开发各类现代化新媒体新技术仪器设备及软件系统达 100
余件。主要有：3D 红色影院、360 度全息投影、VR 设备、互动玻璃墙、模
拟真人解说机、触摸一体查询机、电子翻书、电子沙盘、电子展板与触碰点
播系统、"人—机—人"交互式体验系统、互动抢答系统、自主模拟测试系
统等。国情国史体验馆尤其重视虚拟现实、全息影像、大数据分析等新媒体
新技术的引进和使用，探索 AI 思政的运行和管理经验，开发建设有思想政
治教育虚拟场馆十余个，包括焦裕禄纪念馆、马克思主义传播史展览馆、深
圳改革开放展览馆、侵华日军南京大屠杀遇难同胞纪念馆、雷锋纪念馆、西
柏坡纪念馆、遵义会议纪念馆、延安革命纪念馆、井冈山革命博物馆等。
"微社会"育人采取虚实相结合的方式，把各种虚拟场景与浮雕墙、年代
墙、伟人像、实物陈设等现实场景贯通、融汇起来，二者互为映衬、互为建
构，形成更为丰富、生动、逼真的情景氛围。国情国史体验馆分设电子平面
展示区、实物陈列展览区、资料查询区、3D 影像播放区、情景模拟表演区、
互动交流讨论区，以及"红色资源书吧"等，集展览、陈列、播放、模拟、
表演、讨论等多种功能为一体，为思想政治教育方式的创新提供了崭新的平
台支持。"仿真性高、虚拟性强、便捷好用、富有趣味，学生就能得到更优

的教学体验，更为投入的精神状态，从而更为乐在其中，更愿意参加实践学习，最终起到更好的学习效果。"①

在教育方式上，"微社会"育人注重体验式、沉浸式学习，通过教育对象的亲身参与、体验、践行，升华其情感，深化其认知，坚定其信仰，实现理论理解、信仰生成、行动落实的相互贯通。体验式、沉浸式学习，使思想政治教育变理论说教单向度刺激为互动性、情境性等多向度刺激，使静态教育变为润物无声的动态教育。首先，"微社会"育人强调教育氛围的营造。在开展相关专题教育时，事先利用电子沙盘、电子展板、虚拟展馆、互动墙、触摸点播、实物陈设等，进行与教育内容相对应的场景布置，把社会与历史情景引进教育背景，通过文字、图片、音像、网络、微型实体等生成极具震撼性的教育氛围。当教育对象置身其中时，会产生一种身临其境般的感官刺激和心灵震撼，激发他们学习和体验的兴致。其次，"微社会"育人强调教育对象对教育活动的参与，注重充分发挥其主体性、能动性、创造性。在"微社会"育人教育活动体系中，教育者处于主导地位，主要承担主题制定、思想引导、理论启发、环境支持、后台管理的职责；受教育者处于真正的主角地位，他们以参观、体验、探究三种层次的方式开展体验式、沉浸式学习。第一个层次是参观式学习，主要是让教育对象通过参观或查阅教育者根据实践主题需要提前准备的各种图片、展板、视频、文字资料、微型实物及虚拟展馆的方式进行，该过程一般在教师的引导下进行；第二个层次是体验式学习，主要是让教育对象围绕相关教育主题自主设计、创作、编排各种节目，并在虚拟与现实相结合的场景中开展小品、相声、诗歌朗诵、快板、三句半、音乐剧、情景剧、话剧、戏曲等表演活动；第三个层次是探究式学习，主要是让教育对象通过与先进人物、劳模座谈，或者相互间进行讨论，以及在"红色书吧"中查阅资料，有针对性地研究问题、思考问题。

---

① 杨丽艳：《虚拟实践融入高校思想政治理论课实践教学的研究与探索》，《思想政治教育研究》2021年第4期。

三个层次的学习不是彼此孤立、各自为战的，而是聚焦同一思想理论内容所开展的环环相扣、层层递进、逐渐深入的学习。在参观式学习阶段，教育对象的视觉、听觉、触觉等感官反应被全方位调动，初步实现身心感受的互动和联结，增强了学习兴趣及感受力；进入体验式学习阶段，教育对象进一步获得"置身其中"的共情效应，感悟、思考、理解各种理论、社会问题及其联系的能力进一步得以提升；最后经过探究学习阶段教育对象的反省、讨论、研究和总结，使教育对象对理论学习所获取的知识不断加深认识，并提高了运用所学理论分析问题、认识问题、解决问题的能力，从而思想政治教育的目标也得以圆满实现。

在教育内容设计和选择上，"微社会"育人紧扣教育目标以及受教育者的可接受度，并充分考虑新颖性与趣味性，本着"三贴近"、综合性、情境性等原则确立专题或活动项目，理论与实际联系得更加紧密。"三贴近"原则是指在专题的选择上注重贴近时事热点、贴近地方特色及资源、贴近教育对象的学习、工作和生活实际。综合性原则体现专题的选择要充分关照不同课程、不同知识点、不同资源的整合与统筹设计，避免因单打独斗、各自为战所致的混乱无序和低效重复。情境性原则要求专题选择应充分考虑理论内容与仿真场景、新媒体新技术、教育对象参与兴趣对接的可行性，实现抽象化理论内容向具象化体验的有效转化。比如，在某高校大学生思想政治理论课体验教育中，根据课程知识体系与教学目标要求，"微社会"育人遵循科学性、针对性、现实性和典型性等规范原则，对教育内容进行科学的整合和设计，分为"感悟青春""凝望乡土""体验经典""红色传承""纵观时事"等不同模块体系，每个模块结合课程理论教学，又设置若干体验教学专题，形成珍珠链式专题教学内容体系。"感悟青春"模块设置"感悟青春——文明校园行""感悟青春——身边的榜样""感悟青春——五四精神"等教学专题。"感悟青春"的主题体验最能及时显现理论与实践、价值引领与知识传授的结合贯通，因为与大学生生活紧密相关，也是学生最易感知到的。譬如在"文明校园行"专题体验活动中通过让大学生亲身感受校园文明与不文明现象的反差，使他们能够从中学会恰当地运用道德、法律等相关理论看清现实生活的表象与本质的关系，能够在是非、真假、善恶、美丑等问题上做出正确判断和理性选择。"凝望乡土"模块设立"凝望乡土——美丽乡村建设典范""凝望乡土——家乡七十年变迁""凝望乡土——守望绿水青山"等教学专题。"凝望乡土"的主题体验最能贴近地方特色及资源，使学习者能够从家乡的亲人、山水到家乡的社会经济、历史文化发展，进而到国家、民族的变化发展进步形成客观全面认识，把对家乡的热爱、自豪情感和理性认知上升扩展到国家、民族层面，不断增强道路自信、理论自信、制度自信、文化自信。"体验经典"模块设立"体验经典——真理的味道""体验经典——马克思与恩格斯的伟大友谊""体验经典——马克思与孔子的会晤""体验经典——江山就是人民"等教学专题。"体验经典"的主题体验包含着人物与事件、历史与现实、理论与实践等多方面辩证统一的内容，开展此类专题的体验式实践教学，能够有效培养学生对革命导师及其理论的情感认同，加深对理论知识的理解，有助于价值观的培养和信仰的确立。"红色传承"模块设立"红色传承——红船精神""红色传承——翻越雪山草地""红色传承——家乡的抗日战争"等教学专题。"红色传承"的主题体验重点对大学生进行伟大建党精神、抗日精神、长征精神等中国共产党精神谱系的教育熏陶，使青年学生在亲身体验的基础上深刻理解精神谱系的丰富内涵和时代价值，并从中汲取精神力量，涵养精神气质，增强传承红色基因、赓续红色血脉、接续奋斗的责任感和使命感。"纵观时事"模块设立"纵观时事——模拟总理答记者问""纵观时事——从党的一大到二十大""纵观时事——今日关注"等。"纵观时事"的主题体验帮助大学生全面、正确地认识中国改革发展所面临的国际、国内形势与环境，深刻理解党和政府的治国方略及政策，积极关注社会问题，培育报国情怀，坚定奋斗方向。经过以上"五大模块"数个专题珍珠链式的教育活动的开展，教育对象在体验、感悟、认知、践行的相互贯通中，情感不断升华、理性思考不断深入、认知不断坚定，思想政治教育理论武装、情感唤起、意志培养和行为践行的教育目标也有效达成。

在教育过程方面，"微社会"育人与理论灌输式教育模式相比较，教育者的主导地位、学习者的主体地位更加彰显，教育双方的能动性均得到良好激励，双方关系更为平等、民主、和谐，教育样态向真实生活境遇转化，教育过程在共建共享的互动机制中行进和完成。思想政治教育离不开教育者的主导，同时要坚持以学习者为中心，研究其接受特点和认知规律，发挥学习者的主体作用。思想政治教育"微社会"育人坚持主导性与主体性相统一的原则，通过教育平台的搭建、教育活动运行流程的规导，创立教育者与学习者以及学习者相互间对话合作的交流机制，激发了教育双方的积极性、主动性、创造性和教育活力。首先，"微社会"育人构建了近距离合作对话的平台场域，教育双方置身其中形成自然的亲近感。传统课堂式思想政治教育，教育者一般站立于讲台之上，而教育对象坐在固定的座位上，教育双方一"立"一"坐"、一"上"一"下"间距离感不可避免地产生。而在"微社会"育人活动中，教育双方共同置身于情景式体验平台"微社会"育人场域中，相互围拢在一起，气氛自由而宽松，传统课堂教育所导致的教与学相互间的心理不平等感、距离感自然地消弭，情感与精神的共鸣油然而生，合作对话的教育本质也悄然回归。其次，在"微社会"育人活动的运行体系中，教育者与教育对象的角色定位与功能发生改变，二者呈现平等合作、共享共建、教学相长的关系。教育者角色定位由教学主角、驾驭者、控制者、决定者变为引导者、管理者、激发者和学习者，其功能也更倾向于引导性、启发性、激励性、管理性；教育对象的角色定位由被动的学习者、接受者变为参与者、合作者、建设者，其功能也更倾向于主体性、探究性和体验性。①"微社会"育人活动教育过程大体按照"设置专题、课前引导、课上体验、成果展示、课后评价"五步流程进行，每一个环节都需要教育双

---

① 参见毕昱文：《高校思想政治理论课"课堂+微社会+社会"教学模式创新探索》，《河南科技学院学报》2015 年第 8 期。

方的共同协商、共同合作、共同参与、共同建构。在设置体验活动专题环节，教育者围绕理论学习中的重点、难点内容，在充分调查并征求受教育者意见，掌握其兴趣点、困惑点、关注点之后，经过双方沟通，选择能够明显提升受教育者思想觉悟，并且方便其参与与体验的主题作为活动专题。确立专题的过程，一方面有助于了解受教育者的所思所想，另一方面也是教育双方互相袒露真诚的沟通桥梁，它是开展体验活动的重要起始，为后续各项环节的运行规定了方向，并初步建立情感基础。在课前引导环节，由教育者解说专题，并布置体验任务。布置体验任务时教育者要充分尊重受教育者的主观意向，并根据其兴趣、特长及专业背景，进行差异化分组，制定相适应的体验活动要求与形式。课上体验环节和成果展示环节最能体现受教育者的主体性、参与性、创造力、表演力，他们成功实现角色的反转，依据自编自排自演的各种情景剧、微电影、虚拟游戏，完成自我体验、自我教育、自我升华。"微社会"育人最后的评价环节也是通过教育者评价与受教育者互评相结合的方式得以实现的。在互动、协商、交往、评价的社会化环境中形成自己对问题的思考和解决方法，反思问题解决的过程及结果。以上分析可见，从专题设置—课前引导—课上体验—成果展示—课后评价，"互动、协商、交往、民主"贯穿"微社会"育人过程始终，既全面发挥教育者的引导性作用，又充分尊重教育对象学习的主体性地位，很好体现了思想政治教育的民主性、平等性、开放性特色，教育对象的社交需求、尊重需求、自我需求较为充分地得以满足，学习自觉性和主动性被充分激发，实现了传授知识与培养信仰、提升能力的相统一。

党的二十大报告指出，"我们要坚持马克思主义在意识形态领域指导地位的根本制度，坚持为人民服务、为社会主义服务，坚持百花齐放、百家争鸣，坚持创造性转化、创新性发展，以社会主义核心价值观为引领，发展社会主义先进文化，弘扬革命文化，传承中华优秀传统文化，满足人民日益增长的精神文化需求，巩固全党全国各族人民团结奋斗的共同思想基础，不断提升国家文化软实力和中华文化影响力。"① "微社会"育人以人文与科技相融合的理念和思维，创新教育方法和平台，旨在不断增强思想政治教育的时代感和吸引力，为巩固社会主义意识形态，发挥其强大凝聚力和引领力贡献一份智慧和力量。习近平总书记在全国高校思想政治工作会议上强调，"要运用新媒体新技术使工作活起来，推动思想政治工作传统优势同信息技术高度融合，增强时代感和吸引力。"② 推动思想政治教育传统优势同现代科技发展所创造的新技术成果高度融合，是一项复杂而系统的工程，"微社会"育人是在体验性实践教育界域的一种方法创新，它为思想政治教育实践育人提供了方式和途径方面的新选择、新应用。当代中国社会经济与科学技术的迅猛发展为思想政治教育各种平台的建立和方法的创新提供了坚实的物质技术基础，国家给予的重视与扶植赋予政策的强大支持，涵括"微社会"育人在内的思想政治教育创新势必拥有更为广阔的空间与机遇。

---

① 习近平：《高举中国特色社会主义伟大旗帜 为全面建设社会主义现代化国家而团结奋斗——在中国共产党第二十次全国代表大会上的报告》，人民出版社 2022 年版，第 20 页。

② 《习近平谈治国理政》第二卷，外文出版社 2017 年版，第 378 页。

| 第一章 |

思想政治教育 "微社会" 育人的缘起

　　思想政治教育肩负着巩固马克思主义的意识形态指导地位、巩固团结奋斗共同思想基础，以及塑造青少年健全人格和正确世界观、人生观、价值观，促进青少年个体健康发展，并为国家建设培养强大人才队伍的重要使命和任务。为应对国际国内环境嬗变，以及新媒体新技术迅猛发展所带来的新机遇、新挑战，新时代国家立足于建设高素质人才队伍的战略目标，更加重视思想政治教育工作，并鼓励和倡导因事而化、因时而进、因势而新地推动理论和实践的创新。优越的政策背景促进思想政治教育事业的向好发展，并引发教育教学模式创新热潮的出现。以重视理论与实践的有效承接、强调信息技术与思想政治教育的有机耦合、突出教育双方双向互动和情景体验为特征的思想政治教育 "微社会" 育人模式是新形势下众多探索之一。"微社会" 育人为解局传统思想政治教育理论与实践结合度低，实践育人全员参与难以落实，受教育者知、信、行存在脱节等困境提供了重要的路径。

第一节 思想政治教育面临新形势、 新变化与新挑战

一切理论与实践的创新都源自时代发展之需要，"要根据时代变化和实践发展，不断深化认识，不断总结经验，不断实现理论创新和实践创新良性互动"①。随着国际形势的深刻变化以及我国改革开放的不断深化发展，思想政治教育的时代背景与实践基础呈现出更为复杂的局态。社会信息和文化发展日趋多样化，新一代青少年思想观念和思维方式与其前代相比发生重要改变。"微社会"育人模式作为一种理论创新与实践探索，旨在应对形势演变、时代进步和社会变迁对思想政治教育的新挑战，贯彻和落实国家的新要求，寻找传统模式现实困境的突破路径，与时俱进地推动思想政治工作提质增效。

一、思想政治教育国际国内环境的嬗变

当今时代正处于世界大变化、中国大发展、中国同世界的关系大调整时期。"世界多极化、经济全球化、社会信息化、文化多样化深入发展"②。与此同时，中国的国际地位、国际影响日趋上升，正前所未有地走近世界舞台中央。中国经济社会发展站在了新的历史起点，进入到实现中华民族伟大复兴的关键时期。国际国内环境广泛而深刻的嬗变，为思想政治教育的发展带来新机遇、新挑战。

从国际视野分析，一方面，中国改革开放已经走过 40 余年的伟大历程，

---

① 韩文乾：《马克思主义哲学方法论的时代意蕴》，《光明日报》2020 年 9 月 7 日。
② 中共中央宣传部：《习近平新时代中国特色社会主义思想学习问答》，学习出版社、人民出版社 2021 年版，第 8 页。

对外开放的格局不断扩大,与世界的联系和交往日益密切频繁,客观上为民众特别是广大青少年开阔视野、获取知识、吸收世界文明成果拓宽了路径;另一方面,国际局势正在进行深刻而复杂的演变,世界发展面临的不稳定性、不确定性日益突出。"当今世界正经历百年未有之大变局,国际格局和国际体系发生深刻调整,全球治理体系发生深刻变革,国际力量对比发生近代以来最具革命性的变化,世界范围内呈现出影响人类历史进程和趋向的重大态势。"① 在国际环境总体稳定、世界多极化加速推进、各种文明交流互鉴增强的同时,大国关系呈现深入调整的发展态势,国际安全挑战错综复杂,不同思想文化相互激荡。个别大国出于对中国发展和崛起的担忧,从政治、经济、科技、军事等多方面加大遏制力度,中美战略博弈、战略摩擦显现出长期性、复杂性、艰巨性的特点,在意识形态和思想文化领域中西方的斗争和博弈也趋向激烈与尖锐。复杂的国际形势与环境,浸染着当代青少年学生的思想和价值判断,并对思想政治教育构成严峻挑战。

从国内而言,"经过长期努力,中国特色社会主义进入了新时代,这是我国发展新的历史方位。"② 新时代意味着从近代以来久经磨难的中华民族终于迎来从站起来、富起来到强起来的伟大历史飞跃,迎来实现中华民族伟大历史复兴的光明前景。一方面,新时代的社会环境对思想政治教育的物质、制度、文化支撑作用更加有力。中国特色社会主义建设取得举世瞩目的成就,市场经济体制确立并逐渐完善,综合国力跃居世界前列,全面建成小康社会,社会长期繁荣稳定,民族自尊心、自信心以及认同感增强。另一方面,社会发展对思想政治教育提质增效的需求也更加强烈。当前我国的改革开放和现代化建设进入关键阶段,处于取得巨大成就与矛盾凸显相交织的重要时期。随着社会的转型发展,以及改革开放的深入推进,社会结构和利益格局面临深刻调整,经济、社会生活长期积累的矛盾和问题,诸如腐败的存

---

① 中共中央宣传部:《习近平新时代中国特色社会主义思想学习问答》,学习出版社、人民出版社 2021 年版,第 42 页。
② 《习近平谈治国理政》第三卷,外文出版社 2020 年版,第 8 页。

在、社会贫富差距、城乡及地区发展不平衡等开始集中显现，不断冲击着人们的思想意识。不仅如此，伴随着市场经济、信息技术的发展和网络的普及，自由主义、拜金主义、享乐主义、极端个人主义、虚无主义等思潮不断渗透并影响着青少年群体的价值取向与思想观念。"面对社会思想观念和价值取向日趋活跃、主流和非主流同时并存、社会思潮纷纭激荡的新形势，如何巩固马克思主义在意识形态领域的指导地位，培育和践行社会主义核心价值观，巩固全党全国各族人民团结奋斗的共同思想基础，显得更为迫切、更为重要。"① "问题就是时代的口号，是它表现自己精神状态的最实际的呼声"②，中国发展的时代课题呼吁思想政治教育更积极能动地发挥作用。

二、新媒体新技术的革新与崛起

随着现代科学技术的迅猛发展，新媒体新技术不断涌现。所谓新媒体新技术是相对于传统媒体与传统技术而言的，主要是以新兴的电子技术、网络技术、数字技术和移动通信技术为依托，以电脑、智能手机和智能电视等设备为终端，通过网络渠道向用户传播信息和提供服务，注重即时性、体验性、互动性和交流性的媒体形态与技术的总和。进入 21 世纪，新媒体新技术日益普及和日常化，平板电脑、智能手机纷至沓来，微博、微信、抖音、快手、小红书等各种信息沟通平台开始充斥并影响人们的生活。中国互联网络信息中心（CNNIC）发布的第 47 次《中国互联网络发展状况统计报告》显示，截至 2020 年 12 月，我国网民规模达 9.89 亿，占全球网民的五分之一左右；互联网普及率达 70.4%，高于世界平均水平。在我国网民分布中，学生网民最多，占比 21.0%。新媒体新技术是一把锋利的双刃剑，它革命性地引发生产方式、生活方式与思维方式的深刻变化，成为推动社会文明进

① 燕爽：《以文化的自信建设自信的文化》，《求是》2017 年第 8 期。
② 《马克思恩格斯全集》第 40 卷，人民出版社 1982 年版，第 289—290 页。

步的重要力量，但在新媒体新技术迅猛发展并广泛应用的过程中，衍生的社会问题也日益突出。从思想政治教育这一维度而言，新媒体新技术的影响同样具有双重性。

新媒体新技术的革新与崛起首先为新时代思想政治教育的发展创造了重要机遇。新媒体新技术具有信息传播的及时性、广博性、多维性等特点，其广泛应用和普及有助于有效丰富与补充思想政治教育的内容，创新思想政治教育的手段与平台，使思想政治教育更加生动化、形象化、时效化；有助于拓展教育双方的社会视野与知识视野，促进理论课堂与社会课堂、理论知识与社会实践的紧密结合，提升思想政治教育理论的说服力和知识的贯通性。2020年新型冠状病毒感染的疫情发生以后，许多地方和学校开展"把疫情当课堂""开学第一课"等活动，利用在网络媒体上获取的文字、声音、图像、视频等各种介质的抗疫新闻和资料，借助网络平台对青少年第一时间进行信念教育、生命教育、责任教育、法治教育、公德教育、生态教育，积极宣传科学家、医护人员、青年志愿者等"最美逆行者"感人至深的故事，把中国政府领导人民抗击疫情的伟大实践化为一部生动鲜活的教材，打出了思想政治教育系列"组合拳"。实践证明，新媒体新技术下的"疫情思政课堂"，对于培养青少年学生的情感认同，进一步坚定中国特色社会主义道路自信、理论自信、制度自信、文化自信成效斐然。

新媒体新技术的革新与崛起同时也对新时代思想政治教育构成严峻挑战。从思想政治教育主体即教育工作者的角度而言，新旧技术日新月异的更新迭代，"加大了思想政治教育者学习、运用新技术的难度，加深了思想政治教育者的技术分化"[1]。新媒体新技术具有的信息开放性，也改变着思想政治教育工作者的角色定位，挑战其"师者"话语权威。信息时代信息的海量性与易逝性，又要求思想政治教育工作者不断丰富更新自己的知识和素

---

① 骆郁廷、余杰：《新时代大学生思想政治教育融入校园新媒体刍议》，《学校党建与思想教育》2019年第10期。

材体系。从思想政治教育的重要客体广大青少年学生视域分析，新媒体新技术的发展，一方面为青少年获取知识和信息，加强与他人和社会的交流，开展娱乐活动等，提供了重要平台与渠道；另一方面也深刻影响着他们的思维、生活、学习方式以及价值观念，尤其是新媒体新技术"去中心化"的特点影响了他们的价值选择和判断。"信息权力已经分散到了数以百万计的电脑之中。其中很大一批电脑不仅接受信息，而且生产信息，比如网页、网址。总之，它们成了分散的中心，不仅是阅读、收听和收看的中心，而且是生产和广播的中心。"① 网络上良莠不齐的信息冲击并影响青少年正确价值观的培育和养成，无形中加大了思想政治教育的难度。在新媒体新技术的强势作用下，以思想政治教育工作者为主导，以课堂讲授为主阵地，以显性灌输为主要形式的传统思想政治教育模式遭遇到前所未有的挑战。

习近平总书记在全国高校思想政治工作会议上强调，"要运用新媒体新技术使工作活起来，推动思想政治工作传统优势同信息技术高度融合，增强时代感和吸引力。"② 新媒体新技术代表着先进的生产力，具有蓬勃的生命力和发展势头，主动适应并积极迎合新媒体新技术对思想政治教育的新机遇、新挑战、新要求，创新思想政治教育工作模式和机制体系，推动新媒体新技术与思想政治教育的深度融合，将新媒体新技术优势转化为思想政治教育优势，为思想政治教育创新赋能，是思想政治教育工作者所面临的时代新课题。

三、当代青少年群体思想与行为呈现新特质

青少年群体是思想政治教育的重要客体。2019 年习近平总书记在学校思想政治理论课教师座谈会上指出，"青少年是祖国的未来，民族的希望，

① ［美］保罗·莱文森：《数字麦克卢汉——信息化新纪元指南》，社会科学文献出版社 2001 年版，第 125 页。
② 《习近平谈治国理政》第二卷，外文出版社 2017 年版，第 378 页。

我们党立志于中华民族千秋伟业，必须培养一代又一代拥护中国共产党领导和我国社会主义制度，立志为中国特色社会主义事业奋斗终身的有用人才"①，强调青少年阶段是人生的"拔节孕穗期"，最需要精心引导和栽培。"要抓住青少年价值观形成和确定的关键时期，引导青少年扣好人生第一粒扣子。"② "思想政治教育客体与一般的物质客体不同，作为有思想、有情感、有意志的人，他们在接受教育时，不是完全被动的，而是具有主动性。"③ 新时代思想政治教育必须把握广大青少年的思想行为特点，着力提升亲和力及针对性。

当代青少年群体成长于改革开放深入发展，社会主义市场经济、经济全球化与科技信息化相叠加的时代大背景和社会大环境，是市场经济、全球化以及互联网的原住民，他们的思想意识与行为方式和前代之间形成明显的代际差异，具有鲜明新特质。改革开放为当代青少年成长创造了相对丰裕的物质生活以及良好的教育条件，使得他们更加自信独立，敢于表现和表达自我；快速便捷、无所不在的互联网拓宽了他们的信息来源与渠道，使得他们思想更加开放，视野更加宽阔，思维更加活跃；开放的格局、日新月异的现代科技，使得青少年日常学习生活接触的新鲜事物层出不穷，在新理念、新思潮、新技术的冲击和影响下，他们喜欢求新、求变、求异，追求刺激和新鲜感心理明显，趋同意识日渐式微。青少年思想与行为的新特质在学习方面的表现是他们不再安于现状，不再轻易盲从教师和家长，敢于挑战传统、质疑权威，勇于实践和尝试未知，对于新事物、新技术接受能力强。当代青少年群体的新特征、新变化倒逼思想政治教育改革，传统的以教师为主导、以理论灌输为主要渠道的显性直接教育模式多遭诟病，构建适合当代青少年思想行为特点和学习偏好的新型思想政治教育模式势在必行。

---

① 《习近平谈治国理政》第三卷，外文出版社 2020 年版，第 329 页。
② 《习近平谈治国理政》第三卷，外文出版社 2020 年版，第 313 页。
③ 张耀灿、郑永廷、吴潜涛、骆郁廷等：《现代思想政治教育学》，人民出版社 2006 年版，第 238 页。

第二节 党和国家赋予思想政治
教育新任务、新要求

新时代提出新课题,思想政治工作作为中国共产党的政治优势,在新时代的历史方位中被赋予新使命。党的十八大以来,以习近平同志为核心的党中央立足于党和国家事业发展的全局,高度重视思想政治工作,并赋予其新任务与新要求。

一、党和国家对思想政治教育的关注度进一步提升

中国共产党历来重视思想政治工作,并用"生命线"来概括和强调其在党与国家事业发展中的重要地位。1981 年十一届六中全会通过的《关于建国以来党的若干历史问题的决议》明确提出:"思想政治工作是经济工作和其他一切工作的生命线。"① 中国革命、建设以及改革开放不同时期党和国家事业发展的实践也充分佐证了思想政治工作是我们党的鲜明特色和政治优势。党的十八大以来,中国特色社会主义进入新时代。新时代由于我国发展外部环境的剧烈变化,以及国内改革开放日趋深入发展,社会经济利益关系的调整更为深刻,意识形态领域斗争更趋复杂激烈,国民精神与文化需求更加旺盛,网络空间社会舆论越发活跃,思想政治工作遭遇的挑战愈显严峻。新时代以习近平同志为核心的党中央在治国理政实践中,继续秉承思想政治工作"生命线"的优良传统,并对思想政治工作赋予更高要求与更高定位。

新时代思想政治工作被提升到事关党和国家事业发展全局的战略性地

---

① 《十一届三中全会以来重要文献选编》,中共中央党校出版社 1981 年版,第 125 页。

位。2013 年在全国宣传思想工作会议上，习近平总书记强调意识形态工作是党的一项极端重要的工作，并用"三个事关"阐明其重要性，即"能否做好意识形态工作，事关党的前途命运，事关国家长治久安，事关民族凝聚力和向心力"。① 习近平进一步指出宣传思想工作和意识形态的关系，宣传思想工作"就是要巩固马克思主义在意识形态领域的指导地位，巩固全党全国人民团结奋斗的共同思想基础"。② "三个事关"和"两个巩固"的重要论断彰显了思想政治工作对于新时期进行伟大斗争、建设伟大工程、推进伟大事业、实现伟大梦想有着极为重要的作用与影响。习近平同志的讲话不仅对思想政治工作的作用进一步肯定，对其地位重新定位，而且初步确立了新时期思想政治教育工作的纲领。2018 年召开的全国宣传思想工作会议再次凸显习近平总书记和党中央对思想政治工作的高度重视，明确提出"做好新形势下宣传思想工作，必须自觉承担起举旗帜、聚民心、育新人、兴文化、展形象的使命任务"③。除此之外，党中央还围绕文艺、新闻舆论、网络安全和信息化、全国高校思想政治、学校思政课建设等工作专门召开座谈会或工作会议，就思想政治工作出台一系列文件，提出一系列新观点和新阐释，实施一系列重大举措。在中国共产党成立 100 周年之际，中共中央、国务院印发了《关于新时代加强和改进思想政治工作的意见》，明确新时代加强和改进思想政治工作的指导思想、方针原则，要求推动思想政治工作的守正创新发展。党的十八大以来，党中央关于宣传思想工作打出的组合拳，使全国上下形成重视思想政治工作、创新发展思想政治工作的强烈氛围。"在党中央坚强领导下，宣传思想战线积极作为、开拓进取，党的理论创新全面推进，中国特色社会主义和中国梦深入人心，社会主义核心价值观和中华优秀传统文化广泛弘扬，主流思想舆论不断巩固壮大，文化自信得到彰显，国家文化软实力和中华文化影响力大幅提升，全党全社会思想上的团结统一更

---

① 《习近平总书记系列重要讲话读本》，学习出版社、人民出版社 2014 年版，第 105 页。
② 《十八大以来重要文献选编》（上），中央文献出版社 2014 年版，第 465 页。
③ 《习近平谈治国理政》第三卷，外文出版社 2020 年版，第 312 页。

加巩固。"①

二、党和国家对思想政治教育教学创新提质的要求强化

新时代思想政治教育的关注度提升的同时，党的国家客观上强化了对思想政治教育创新提质的要求。习近平同志明确提出，做好新形势下的宣传思想工作关键是要提高质量和水平，把准工作的着力点，必须"坚持正确政治方向，在基础性、战略性工作上下功夫，在关键处、要害处下功夫，在工作质量和水平上下功夫，推动宣传思想工作不断强起来"②。在新的历史条件下，要实现"强起来"的目标，必须不断推进思想政治工作创新。习近平总书记强调，"宣传思想工作创新，重点要抓好理念创新、手段创新、基层工作创新"③。"三个创新"的论断为我们加强和改进思想政治教育工作指明了主攻方向。开创思想政治教育工作的新局面，必须首先打破传统思维定式，实现理念的创新，以理念创新为先导，推动手段的创新和基层工作创新；必须积极推进手段创新，手段创新是提升思想政治教育工作质量与水平的重要保障；必须把重心放在基层一线，聚焦重点和难点问题，着力实施基层创新，增强基层思想政治工作的针对性和实效性。

青少年是民族的希望、国家的未来，中华民族伟大复兴的历史使命需要一代代青少年接力完成。加强青少年思想政治教育，用马克思主义和中国化时代化马克思主义铸魂育人，培养有理想、有本领、有担当的中国特色社会主义事业的建设者和接班人，这是一项重要的战略任务。学校是对青少年进行思想政治教育的重要阵地，学校教育承担着立德树人的根本任务，新时代国家高度重视学校思想政治教育，并对大、中、小各级学校思想政治教育工作和思想政治理论课建设制定了一系列政策、标准及要求。2015 年 1 月，

---

① 《习近平谈治国理政》第三卷，外文出版社 2020 年版，第 310—311 页。
② 《习近平谈治国理政》第三卷，外文出版社 2020 年版，第 310 页。
③ 《习近平谈治国理政》，外文出版社 2014 年版，第 155 页。

中共中央、国务院下发了《关于进一步加强和改进新形势下高校宣传思想工作的意见》，首次以中央名义提出"启动大学生思想政治教育质量提升工程"①。为落实全国高校思想政治工作会议和中共中央、国务院《关于加强和改进新形势下高校思想政治工作的意见》精神，大力提升高校思想政治教育质量，2017年底教育部制定《高校思想政治工作质量提升工程实施纲要》。《高校思想政治工作质量提升工程实施纲要》详细规划了课程、科研、实践、文化、网络、心理等"十大育人"一体化育人体系，为全面提升高校思想政治教育质量提供顶层设计与施工蓝图。2021年中共中央、国务院印发《关于新时代加强和改进思想政治工作的意见》，文件就加强学校思想政治教育、构建学校思想政治教育体系、完善齐抓共管机制、实施时代新人培育工程等方面提出明确的指导方向。在对不同层次和类型的学生思想政治教育高度重视的同时，国家还强调思想政治教育的整体性和一体化，要求锚定立德树人根本任务的目标指向，对大中小学各阶段的思想政治教育进行总体设计和规划，使不同教育阶段、不同层次和特点的教育能够有机衔接，以实现循序渐进、螺旋上升。

思政课是学校思想政治教育的主阵地、主渠道，是落实立德树人根本任务的关键课程，其规范化建设及质量提升更是备受关注。2019年习近平总书记在学校思想政治理论课教师座谈会上旗帜鲜明地指出，开好思政课事关党和国家的千秋伟业，"立志于中华民族千秋伟业，必须培养一代又一代拥护中国共产党领导和我国社会主义制度，立志为中国特色社会主义事业奋斗终身的有用人才"②，强调"办中国特色社会主义教育，就要理直气壮讲好思政课，用新时代中国特色社会主义思想铸魂育人"③。习近平总书记要求思政课教师要坚持"六要"和教学的"八个相统一"，为思政课建设和改革

---

① 《中办、国办印发〈意见〉要求进一步加强和改进新形势下高校宣传思想工作》，《光明日报》2015年1月20日。
② 《习近平谈治国理政》第三卷，外文出版社2020年版，第328—329页。
③ 《习近平谈治国理政》第三卷，外文出版社2020年版，第329页。

创新指明了方向，提供了根本遵循。新时期针对思政课在教材、教师、教学、组织管理等方面存在的不足，中央和有关部门制定《普通高校思想政治理论课建设体系创新计划》《高等学校思想政治理论课建设标准》《新时代高校思想政治理论课教学工作基本要求》《关于深化新时代学校思想政治理论课改革创新的若干意见》等一系列重要文件，对新时代加强学校思政课建设和改革创新，逐步构建理念手段先进、方式方法多样、组织管理高效的思政课教学体系，努力把思政课建设成为学生真心喜爱、终身受益、毕生难忘的优秀课程做出重大决策和部署。

全国从上至下对思想政治教育关注的加大与要求的提升，一方面有利于提升思想政治教育的地位和影响力，推动思想政治教育工作的发展与创新。另一方面也给思想政治教育工作者带来无形的压力与挑战，思想政治教育教学如何创新及提质增效，成为横亘于学界面前亟待研究的课题。

三、思想政治教育实践育人地位日趋凸显

理论教育法是思想政治教育最常用最基本的方法之一，与此相对应的是实践锻炼法。"实践锻炼法是指思想政治教育者有目的，有计划的组织引导，受教育者参加各种社会实践活动，促使受教育者在实践中形成良好的思想品德和行为习惯的方法。"① 实践锻炼法亦称实践育人，它是思想政治教育的重要方法，同时也是思想政治教育的重要环节。青少年良好政治思想品德的养成，一方面依赖专业而系统的理论教育，另一方面也需要有计划有组织的实践锻炼。实践锻炼是受教育者将理论与知识放置于实际，在亲身参与和体验中，消化理论、深化认识、升华思想、形成认同，继而将思想与认知内化为行为习惯的过程。思想政治教育理论学习与实践锻炼相结合，知与行

---

① 陈万柏、张耀灿主编：《思想政治教育学原理》，高等教育出版社 2015 年版，第 222 页。

相统一,生动诠释了马克思主义认识论与实践观的本质要求。新时期思想政治教育被高度重视与关注的同时,实践育人环节的地位也更加凸显出来。

　　2014年中办、国办印发《关于进一步加强和改进新形势下高校宣传思想工作的意见》,要求思想政治理论教育立足学生全面发展,努力构建全员全过程全方位育人格局,形成教书育人、实践育人、科研育人、管理育人、服务育人长效机制,增强学生社会责任感、创新精神和实践能力,全面落实立德树人根本任务,努力办好人民满意教育。2015年中宣部、教育部联合印发《普通高校思想政治理论课建设体系创新计划》,特别强调要整合资源强化实践教学,进一步规范实践教学。2015年教育部关于印发《高等学校思想政治理论课建设标准》的通知,也要求将实践教学纳入教学计划,统筹思想政治理论课各门课的实践教学、落实学分、教学内容、指导教师和专项经费。实践教学要覆盖全体学生,建立相对稳定的实践教学基地。2017年教育部连续下发《关于开展2017年高校思想政治理论课教学质量年专项工作的通知》《关于高校组织思想政治理论课主题学习实践活动的通知》,再次强调要推动思政课实践教学改革向纵深发展,积极引导大学生参与实践活动,增强学生对思政课的获得感。2019年教育部出台的《新时代高校思想政治理论课教学工作基本要求》明确指出,立足当前专科、本科思想政治理论课基础,分别划出1—2个学分开拓实践教学,形成"理论传授"和"实践育人"的价值统一,对确保高等教育人才思想政治综合素质提升、德智体美劳全面发展具有重要意义。中小学社会实践活动和社会实践基地建设也同样得到高度重视。2016年教育部会同10个部门联合印发《关于推进中小学生研学旅行的意见》,次年又发布《中小学综合实践活动课程指导纲要》。2020年,教育部出台《大中小学劳动教育指导纲要(试行)》等文件,加强对大中小青少年学生社会实践活动的指导,深入推进实践育人,不断完善实践育人体系建设。

　　综上可见,新时代随着我国教育改革的不断推进和深入,对于思想政治教育实践育人的地位与功能在教育管理层面及学界已经形成普遍认同,各地教育部门和学校积极回应中央与社会各界的关切，在思想政治教育实践育人方面因地制宜地开展了多种形式的探索，并取得可喜成绩，但囿于各方面因素的影响，最终实践效果却仍有差强人意之处。

第三节　传统思想政治教育模式遭遇现实困惑

思想政治教育必须"因事而化、因时而进、因势而新"。党的十八大以来，国家层面对于思想政治教育空前重视，思想政治教育基层层面创新也空前活跃、日新月异，成效不可不谓显著，形成许多行之有效的方式。但实事求是地去考量可以发现，思想政治教育长期发展所形成的以课堂为主场所、以灌输为基本形式的传统范式并未发生根本性改变。传统思想政治教育模式与当今世界和当代中国形势演变的要求，以及现代科学技术日新月异发展的况势，和开放多元的社会生态下青少年学生求新求异的学习心理需求相比较，仍然不同程度地存在包装、配方、工艺陈旧或粗糙，理论与实践结合度低，教育实效性不显著等问题。

一、青少年群体主体性需求与教育供给存在矛盾

"思想政治教育是社会或群体用一定的思想观念、政治观点、道德规范，对其成员施加有目的、有计划、有组织的影响，使他们形成符合一定社会或一定阶级所需要的思想品德的社会实践活动。"[1] 在学校思想政治教育社会实践活动过程中，教育者和青少年学生之间事实上形成了一种供给侧与需求侧的结构关系。传统教育模式下，青少年群体的主体性需求往往被忽视，导致思想政治教育供给与需求的不平衡甚至相矛盾。

---

[1]　陈万柏、张耀灿主编：《思想政治教育学原理》，高等教育出版社 2015 年版，第 4 页。

思想政治教育供给与需求的不平衡最基本的是主客体双方地位的不平等。思想政治教育主体一般是指作为教育活动发动者、组织者、实施者的教育人员,客体是主体活动作用的对象,即教育对象。思想政治教育鲜明的阶级性和政治性,决定了供给侧即教育方在思想政治教育社会实践活动中享有主导的地位。但是思想政治教育毕竟是做人的工作,而人"直接地是自然存在物""自然的、肉体的、感性的、对象性的存在物"①。思想政治教育作为人类社会一项特殊的社会实践活动,其客体是具有自觉能动性、创造性的人。"离开了作为教育活动主体的人,教育就什么都不是。"② 思想政治教育实践活动的特殊性决定作为教育客体的教育对象也具有主体能动性。新时期、随着社会环境和社会生活样态的变迁,思想政治教育主、客体都在发生复杂而深刻的变化。"相较以往,新时代思想政治教育最明显的特点之一是思想政治教育客体的主体性不断凸显。"③ 从学校思想政治教育的维度而言,当代青少年学生思想意识活跃,思辨能力强,因此教育实践须充分尊重和考虑受教育者的主体性需求,突出其主体性地位。但长时间以来,传统的教育模式忽视学生主体性地位的现象仍未得到明显的改善,学生往往被置于整个教育体系的管控之下,总体呈现为:供给方在教育教学过程中具有较为强势的权威地位,而需求方即受教育者则被置于被动接受较为弱势地位的状况。思想政治教育供给与需求的不平衡在具体教育教学过程中的集中表现是,部分教育内容的设计、教育方式的选择,没有认真地从当代青少年学生思想行为的特点去关照其主体性需求,从而难以让学生产生情感上的认同。正如前文所述,在中国改革开放向纵深发展过程中出生和成长的新一代青少年,眼界开阔、自我意识强、思维活跃,他们对以教育者为主导、理论灌输为主的单向度直接而显性的教育存在天然排斥性。而传统的思想政治教育无论在教

---

① 《马克思恩格斯全集》第 3 卷,人民出版社 2002 年版,第 324 页。
② 朱小蔓:《教育的问题与挑战:思想的回应》,南京师范大学出版社 2006 年版,第6 页。
③ 毕红梅、欧玲:《新时代思想政治教育主客体面临的新表征、新质疑及其发展路向》,《思想教育研究》2019 年第 10 期。

育管理方面，还是在教育活动的实施和评价上，无疑没有摆脱忽视学生主体性的模式窠臼。因此，必须遵循思想政治教育的内在规律，以及青少年学生的主体性诉求，以供给侧思维进行双侧考量，从理论化、实践化、形象化和自主化等多方面着手，积极探索适合青少年需求偏好的思想政治教育新模式、新路径，才能不断优化教育供给，提升思想政治教育的质量。

二、实践育人全员参与政策难以落实

实践锻炼法是保障思想政治教育取得实效的重要途径。思想政治教育固然离不开知识的传授与理论的讲解，但更需要青少年学生通过实践活动来增进亲身体验和直观感受。"生产劳动同智育和体育相结合，它不仅是提高社会生产的一种方法，而且是造就全面发展的人的唯一方法"①。马克思主义经典作家的重要论断揭示出思想政治教育只有与实践紧密结合，才能真正实现全面培养人的目标。在思想政治教育中必须开展有计划、有目标、有方案、有措施的实践活动，把思想理论、政治信仰、道德规范、价值观念等思想政治教育内容融入具体实践活动中，激发青少年学生学习的主观能动性，以知行合一的方式对他们进行思想政治教育，激励其将所学的政治理论知识内化于信念、品质，外化于行动、行为，最终实现素质提升与能力增强的正向教育目标。

学校开展实践育人是通过理论联系实际来达到教育目标，必须全员参与、全面覆盖。如前文所述，新形势下国家高度重视学校思想政治教育教学工作，并多次强调思想政治教育的实践性，对实践环节提出了明确的规定，要求实践教学覆盖全体学生，落实学时学分，建立相对稳定的实践教学基地。但事实上，在传统模式下的思想政治教育教学，实践育人很大程度上存在形式化、虚幻化、混乱化的现象。从高校思政课教学层面分析，多数高校

---

① 《马克思恩格斯选集》第 2 卷，人民出版社 1995 年版，第 212 页。

采取大班教学，实践教学组织和管理存在困难。鉴于国家政策的刚性规定，大多数高校明确了实践教学的学时学分，但效果却不尽如人意，存在较多薄弱环节，如社会实践缺乏完整的教育教学体系与规划，实践教学内容条块分割及重复交叉，形式单一化、过场化，并且因为师资、资金、时间、安全等因素的制约往往不能全面展开。从中小学思想政治教育层面分析，校方和家长在安全、学习时间等诸多方面顾虑较多，对走出校门的实践活动也表现出许多消极被动和为难情绪，学生全员参与实践育人活动随之大打折扣。

综上所述，新形势下思想政治教育实践育人面临一系列现实问题，而全员参与政策难以落实是困扰学校思想政治教育普遍而突出的难题。为破解思想政治教育实践育人的困境，许多学校结合自己的办学特色，充分整合和利用各种资源，积极进行育人方式和途径方面的创新与探索，"微社会"育人属于其中的一种。

三、思想政治教育与新媒体新技术深度融合不足

21世纪网络信息技术的发展突飞猛进，互联网、虚拟仿真、大数据等层出不穷，新媒体新技术的应用深刻改变着人类的生产方式、生活方式、思维方式。与之相联系，教育方式和学习方式也深受影响。新媒体新技术的发展，一方面为思想政治教育提供了有力的技术支持；另一方面青少年作为"网络的原住民"，对新技术和网络已形成习惯的依赖，在以互联网、电脑、手机等为代表的新媒体新技术的使用群体中，青少年学生是前沿人群与主力军。能否顺应时代的潮流，运用新媒体新技术的优势，创新思想政治教育工作的内容与载体，使之真正活起来，增强其时代感，提升对青少年学生的吸引力，是对思想政治教育界的现实考验。

新媒体新技术的不断突破与广泛应用，催促着思想政治教育界更加自觉主动地加快对新媒体新技术应用于教育教学的研究和开发。新时期以高校为行动引领、以技术创新为依托的思想政治教育教学改革正如雨后春笋之势迅

速成长起来,思想政治教育与新媒体新技术呈现融合发展之势。主要表现在:一是利用新媒体新技术不断拓宽思想政治教育平台,通过各种门户网站、微博、微信公众号、移动客户端等助力思想政治教育教学;二是利用新媒体新技术创新思想政治教育载体和手段,多媒体教案和多媒体教学被广泛使用和普及,出现了慕课、雨课堂、智慧课堂、翻转课堂、混合式教学等多种多样的教学形式;三是利用新媒体新技术强化思想政治教育评价和管理,通过大数据技术的挖掘、梳理、分析、评估,及时掌握舆情和思想动态,提升教育的针对性。新媒体新技术的应用有效缓解了思想政治教育教学存在的配方陈旧、工艺粗糙、包装落伍等问题,提高了思想政治教育教学的吸引力和感染力。然而,在思想政治理论教育与新技术融合的过程中也遭遇到一些困惑和障碍,存在融合深度和有效性不足等问题,甚至于滥用媒体和流于形式,缺乏实效性。如何牢牢抓住新媒体新技术与教育领域走向深度融合的契机,把思想政治教育内容与新技术新媒体的形式及手段更有效地结合,发挥传统思想政治教育优良作风和信息技术的双重优势,积极探索新媒体新技术和"互联网+"形势下信息交互状态中的思想政治教育新方法、新载体,充分利用数字化技术拓展思想政治教育教学的平台和渠道,是思想政治教育工作者必须积极正视的问题。

四、思想政治教育知、信、行相分离现象存在

思想政治教育教学不仅传授知识,更重要的是把马克思主义的基本立场、基本观点、基本方法,以及中国化时代化马克思主义的思想内容与价值观念植根于青少年之脑之心,内化为他们的信念和精神追求,外化为他们的行动和自觉,实现知、信、行的辩证统一,是思想政治教育追求的最佳境界与目标。"知、信、行"有时又被表述为"知、情、意、信、行",或者"知、情、意、行"。一般意义而言,所谓"知"即知识和理论,"信"即信念、情感、意志,"行"即行为、行动、践行。在"知、信、行"结构体

系中，知识和理论是基础，信念、情感、意志是动力，行动、践行是目标，三者是有机联系的整体。"知、信、行"属于行为干预理论的范畴，它揭示了人类认识和行为演变进程，遵循着获取知识—产生信念—形成行为连续递进的规律。思想政治教育具有鲜明的意识形态属性，对于教育对象而言，是对马克思主义的政治理论、思想观念从学习认知，到进一步升华为情感、意志、信念，形成正确稳定的世界观、人生观、价值观，并最终落实为自觉行动的发展过程。如果说"知"是思想政治教育的起始，那么"信"即是中介，而"行"则是终点与归宿。思想行为的这一发展逻辑规定了在思想政治教育实践中，教育者必须正确处理青少年学生理论认知与情感认同以及实践践行之间的关系。正如2014年青年节习近平总书记在与北京大学师生代表座谈时所言，"道不可坐论，德不能空谈。于实处用力，从知行合一上下功夫，核心价值观才能内化为人们的精神追求，外化为人们的自觉行动。"①

传统模式下的思想政治教育因其更多地停留在单向度、单渠道宣教和理论教化上，理论与实践不能有机契合，表现为重理论灌输而轻行为养成，重外在规范教导而轻内在需求关照，导致一些青少年学生对于思想政治理论的学习仅仅停留在对表面知识的机械认知和掌握上，既缺乏全面正确的"知"，也不具备真正意义的"信"和"行"，知信行相分离的状况不同程度地存在着，远远没有把对思想理论的认知上升到信仰的层面，更与学生的社会行为相脱节。譬如，网络上青少年学生中流传着这样一句话：有些事情，无须抬杠，表面服从，偷偷反抗。此类吐槽虽然并非针对思想政治教育而生发，却反映了存在于青少年群体中的一种思维方式和学习态度。根据沈壮海团队持续多年对大学生思想政治状况进行跟踪调查显示，部分大学生对中西方社会制度的界限与区别认识不清楚，参与思想政治学习的主动性、自觉性缺乏；少数学生甚至存在政治认同模糊、价值倾向个人本位的状况。理

---

① 习近平：《青年要自觉践行社会主义核心价值观——在北京大学师生座谈会上的讲话》，人民出版社2014年版，第11页。

性地审视传统模式下的思想政治教育，知、信、行的相互结合、互为贯通、辩证统一客观上存在薄弱环节，并直接制约和影响了教育的实效性。由此可见，重理论教育而轻行为养成的灌输式思想政治教育范式很难形成强效的内化机制，致使青少年学生思想道德规范与主体内在意识融合困难，理论认知难以升华为思想修养和行为自觉。强化思想政治教育的实效性，使其真正入脑入心，实现真知真信真行的知信行合一，不仅关涉青少年个体的全面发展，也事关新时代中国特色社会主义建设事业的得失成败，需要思想政治教育界进行行稳致远、扎实有效的革新。

第四节　思想政治教育改革与创新蔚然兴起

新时代在全面深化改革的大背景下，全社会建设中国特色社会主义、实现中华民族伟大复兴的创新活力进一步得到激发。作为党和国家事业发展重要"生命线"的思想政治工作，面对新形势、新任务、新要求，以及传统教育模式的现实困惑，也在不断地推陈出新，"进入全面加强、全面创新、全面发展的崭新阶段。"① 新时代语境下，思想政治教育在"大思政"教育观主导下持续进行整体性建构，教育内容不断创新，教育方式改革层出不穷。

一、"大思政"教育观主导思想政治教育体系的整体性建构

"大思政"顾名思义是大思想政治教育的简称。"大思政"教育观是指在对思想政治教育的功能、任务、内容、方法、环境、载体、主客体等方面

---

① 骆郁廷：《聚焦高校思想政治教育改革创新的历史探索》，《思想教育研究》2019 年第3 期。

及相互关联性的认识上，具有更为宽阔的视域。思想政治教育的客体是特定的人，"人的本质并不是单个人所固有的抽象物，在其现实性上，它是一切社会关系的总和。"① 人的主观性、社会性及复杂性决定了思想政治教育是一项极其复杂而系统的工程，仅靠少数部门和部分专业工作者的力量很难取得理想的效果，它需要多方的协同与互动。党的十八大以来，党和国家根据思想政治教育所面临的国际国内形势新变化，对思想政治教育的重要地位、历史使命和任务要求进行再定位、再部署，并结合思想政治教育育人实际提出了构建"全员育人、全程育人、全方位育人"的"大思政"战略理念。习近平总书记在 2016 年召开的全国高校思想政治工作会议上强调，"要坚持把立德树人作为中心环节，把思想政治工作贯穿教育教学全过程，实现全程育人、全方位育人"②，"大思政"理念是对马克思主义整体观的创造性运用，"大思政"理念的提出与落实势必要求思想政治教育树立整体性思维，重视青少年思想成长的整体性，重视个体、家庭、学校、社会之间联动共振的整体性以及教育体系内部的整体性，构建多元化全方位的"大思政"育人格局。在"大思政"教育观主导下思想政治教育体系的整体性建构被广泛关注，并借整体性视域进行诸多的探索与实践，概括性地审视分析，大致呈现在以下方面。

其一是课程思政的提出与探索。"课程思政"顾名思义是指开发所有课程的思想政治教育作用，把思想政治教育寓于各类课程教学，发挥各类课程的育人作用，"使各类课程与思想政治理论课同向同行，形成协同效应"③。"课程思政"其"核心在于挖掘不同学科和专业课程的思想政治教育资源，建立有机统一的课程体系，形成全学科、全方位、全功效的思想政治教育课程体系。"④ 2014 年前后，一些高校开始积极探索"课程思政"的教学改

① 《马克思恩格斯选集》第 1 卷，人民出版社 1972 年版，第 18 页。
② 《习近平谈治国理政》第二卷，外文出版社 2017 年版，第 378 页。
③ 《习近平谈治国理政》第二卷，外文出版社 2017 年版，第 376 页。
④ 闵辉：《课程思政与高校哲学社会科学育人功能》，《思想理论教育》2017 年第 7 期。

革，教育部指导上海市率先开展"课程思政"的试点工作，上海大学成功开设《大国方略》等中国系列通识课程，之后不久上海及全国高校随即掀起"课程思政"改革热潮。2020年教育部印发《高等学校课程思政建设指导纲要》，明确表示全面推进课程思政建设是落实立德树人根本任务的战略举措，并对课程思政建设的目标要求、内容重点、教学体系设计以及分类推进提出具体的要求与指导。课程思政就其本质而言，是指将思想政治教育各种思想理论、价值指向、精神诉求等融入到各门课程中去，推动思想政治教育元素与专业知识的有机结合，在青少年学生学习科学文化知识的同时，潜移默化地接受思想意识、伦理道德的教育。实施课程思政的价值旨归是立德树人，它把价值观的引导寓于知识的传授之中，强调传道授业解惑、教书与育人有机统一的教育传统。课程思政的探索是"大思政"教育观下思想政治教育体系整体性建构的一种具象表现，从课程思政的提出来看，其目的是推动各学科课程与思想政治理论课的同向同行，从而实现协同育人，推动知识性和价值性的有效融合。"课程思政"突破了思政课单向度育人传统理念，建构起了思政课与专业课程、通识课程协同育人的立体模式。

其二是大中小学思政课一体化建设的推进与实施。青少年正处于人生的"拔节孕穗期"，学生在小学、中学、大学不同的阶段身心发育、思想认识和理解接受能力呈现出不同的特征。学校思想政治教育必须紧密联系青少年的成长规律，"循序渐进，由浅入深，从具体到抽象，从现象到本质"[1] 地施教。思政课是立德树人的关键课程，是青少年思想政治教育的主阵地，因而大中小学思政课的开设也应该体现青少年认识螺旋上升的发展趋势，进行统筹规划和一体化建设。历史性考察大中小学思政课课程的一体化，其提出和建设在改革开放后经历了一个不断被强调、明确、完善的发展理路。早在1979年教育部发布的《高等学校政治理论课的基本情况和存在问题》就曾

----

[1] 《普通高校思想政治理论课文献选编（1949—2006）》，中国人民大学出版社2003年版，第106页。

指出，高校党史课与中学的历史课有许多重复，高等学校和中等学校的政治理论课如何分工衔接，是粉碎"四人帮"后一个非常尖锐的问题，要求解决大、中学校政治理论课的分工和衔接问题。① 在此之后的不同时期，为解决大中小学思政课内容重复、促进不同阶段思政课分工和衔接问题，教育部先后出台的多个文件针对相关问题提出建设意见和要求。进入新时代以来，以习近平同志为核心的党中央在更加突出强调思想政治教育重要战略地位的同时，对于大中小学思政课一体化建设也给予格外的关注。2019 年习近平总书记在学校思想政治理论课教师座谈会上的重要讲话中强调，在大中小学循序渐进、螺旋上升地开设思想政治理论课非常必要，是培养一代又一代社会主义建设者和接班人的重要保障，要把统筹推进大中小学思政课一体化建设作为一项重要工程，推动思政课建设内涵式发展。② 这次会议把大中小学不同称谓的政治课程统归于思政课的范畴，并"实现了大中小学思政课教师在一起交流思政课工作的平台搭建，这同样也是思政课发展历史上的第一次"③。2019 年中共中央办公厅、国务院办公厅印发《关于深化新时代学校思想政治理论课改革创新的若干意见》，提出整体规划思政课课程目标，要求在大中小学循序渐进、螺旋上升地开设思政课，在保持思政课必修课程设置相对稳定基础上，结合大中小学各学段特点构建形成必修课加选修课的课程体系，统筹推进思政课课程内容建设，遵循学生认知规律设计课程内容，体现不同学段特点④。新时代围绕课程一体化建设的平台和机制，以及各学段教育目标、理论内容、方式途径的总体规划和逻辑设置，思想政治教育界已经启动密集的研究和改革探索，并取得重要进展，一体化理念深入

① 参见《普通高校思想政治理论课文献选编（1949—2006）》，中国人民大学出版社 2003 年版，第 76 页。
② 参见《习近平谈治国理政》第三卷，外文出版社 2020 年版，第 331—332 页。
③ 王立仁、白和明：《关于大中小学思想政治理论课内容一体化建设的构想》，《思想理论教育》2019 年第 11 期。
④ 参见《中办国办印发〈关于深化新时代学校思想政治理论课改革创新的若干意见〉》，《人民日报》2019 年 8 月 15 日。

人心，顶层设计与政策制定稳步开展，实践化的推行也已经启动。然而，大中小学思政课课程一体化建设走向深入和成熟非一日之功，构建循序渐进、螺旋上升、衔接合理、科学有序的思想政治教育一体化教育体系，仍然需要管理者、教育者以及研究者脚踏实地、多方发力地去探索和践行。

其三是思想政治教育"多维性育人格局"的研究与构建。在对青少年进行思想政治教育的实践进程中，国家历来重视教育的整体性、系统性和多元性，上述"三性"可以概括为"多维性育人"。2005 年，在全国加强和改进大学生思想政治教育工作会议上，中央首次提出"三全育人"的思想理论。"三全育人"指的是，在全面加强和改进青少年学生思想政治教育中，协同开展"全员育人、全过程育人、全方位育人"。党的十八大以来，习近平总书记对思想政治教育工作做出了许多重要论断与要求，尤其强调全面立德树人的战略思想，与全面立德树人相对应的必然是"多维性育人格局"的构建。所谓育人格局，"简单地说就是育人渠道的合称，是由多条工作途径构成的工作布局。"① 新时代聚焦全面立德树人战略，教育部门及各级学校充分发挥主观能动性，积极借助各种力量与载体，竭力构建"多维性育人格局"。教育部启动思想政治教育综合改革试点，指导建设多家省级高级网络思想政治教育中心，思想政治工作创新发展中心等，为提升思想政治教育的实效性，以及"多维性育人"理论创新和实践探索提供了重要支撑和保障。在管理部门的督促激励和各级学校的共同努力下，思想政治教育"多维性育人格局"构建呈现出勃勃生机。各地高校在思想政治教育"多维性育人"方面成就尤显突出，已初步建构起"教书育人、管理育人、服务育人、实践育人、科研育人、文化育人、网络育人、心理育人、组织育人、自我育人"② 等协同作用的"多维性育人格局"。

---

① 刘建军：《论高校思想政治工作的育人格局》，《思想理论教育》2017 年第 3 期。
② 刘建军：《论高校思想政治工作的育人格局》，《思想理论教育》2017 年第 3 期。

二、新时代语境引领思想政治教育内容重构与优化

"思想政治教育内容是根据一定的社会要求，针对教育对象的思想实际，经教育者选择设计后有目的，有计划地传导给教育对象的带有价值引导性的思想政治信息。"① 思想政治教育内容的社会及学科规定性决定其本身具有鲜明的时代特征，即它需要把握时代发展的脉搏，回应时代发展所提出的新课题、新任务、新要求。中国特色社会主义进入新时代，中国社会发展新的历史方位要求思想政治教育必须联系时代背景、时代特点与时代精神，依据社会以及教育对象主客观方面的变化持续不断地进行内容重构与优化。新时代语境下思想政治教育管理部门和教育工作者以习近平新时代中国特色社会主义思想为指导，以社会主义核心价值观为引领，以立德树人为根本任务，根据社会和时代发展要求，合理分析当代青少年学生的思想实际，对思想政治教育的内容进行创新、比较、筛选和鉴别，探索、研究与规划思想政治教育内容的新建构。

其一是守正与创新相结合，扎实推进马克思主义中国化最新理论成果及时"进教材""进课堂""进头脑"。思想政治教育具有强烈的政治性、目的性和先进性，上述性质规定了马克思主义及其与中国革命、建设、改革不同时期实际相结合而形成的马克思主义中国化的理论成果构成我国思想政治教育的基本内容。新的时期中国共产党继续推进实践基础上的理论创新，围绕中国特色社会主义建设，关照重大理论和现实问题，形成了一系列治国理政的新理念、新观点、新论证、新思想、新战略，构建了全面系统、逻辑严密的科学理论体系。党的十九大首次概括和提出了习近平新时代中国特色社会主义思想这一马克思主义中国化的最新理论成果，并将之确立为党必须长

① 陈万柏、张耀灿主编：《思想政治教育学原理》，高等教育出版社 2015 年版，第 173 页。

期坚持的指导思想。十三届全国人大第一次会议通过的宪法修正案,把习近平新时代中国特色社会主义思想载入宪法。新形势下深入学习和贯彻习近平新时代中国特色社会主义思想,用习近平新时代中国特色社会主义思想武装与教育人民,特别是武装与教育作为中国特色社会主义建设事业接班人的广大青少年,成为思想政治教育工作首要的政治任务。思想政治理论教材是育人的载体,为将习近平新时代中国特色社会主义思想落实到教材中,教育部组织专家进行统筹设计和系统安排,明确把习近平新时代中国特色社会主义思想的核心要义、理论与实践贡献、方法论、理论品格和历史地位等作为主要学习内容,并遵循青少年学生的成长与认知规律,按照循序渐进、螺旋上升的原则,分别制定小学、初中、高中、大学、研究生等不同学段的学习要求。思政课是习近平新时代中国特色社会主义思想"进教材""进课堂""进头脑"的主渠道和关键课程,国家组织力量修改和重新编写思政课教材,对思想政治教育的内容及时进行补充和更新,并对思政课课程体系的设置做出重要调整,在高校思政课中增设"习近平新时代中国特色社会主义思想概论"课程,依托思政课集中讲述习近平新时代中国特色社会主义思想。哲学社会科学课程是"进教材""进课堂""进头脑"的重要渠道和主干课程,按照学科门类分别提炼了需要融入的重点内容,分专题讲述习近平新时代中国特色社会主义思想。理工农医等其他课程结合学科专业特点,有机融入相关知识点,强化育人立意和价值导向。

其二是深化与拓展相结合,以习近平新时代中国特色社会主义思想为根本遵循,科学设计思想政治教育内容结构体系。"思想政治教育内容是一个系统结构体系,是不断生成、辩证发展的,总是处于不断优化的过程中,通过优化实现由无序到有序、由低级到高级、由旧质到新质的发展"①。思想政治教育的内容体系并不是固定不变的,事实上它应随着时代的变迁、社会

---

① 熊建生:《思想政治教育内容的逻辑建构》,《思想理论教育》2014 年第 2 期。

要求与人发展需求的变化，与时俱进地进行革故鼎新、深化与拓展。改革开放 40 多年间，我国思想政治教育的内容也经历了不断更新与发展的过程。在坚持以马克思主义及其中国化的理论成果为主体内容的基础上，联系不同时期的时代背景、时代特点与时代精神，思想政治教育的重点和范畴略有变化与调整。党的十八大以来，习近平新时代中国特色社会主义思想一方面被确立为思想政治教育的中心内容，另一方面它也为新时期思想政治教育改革、发展与创新提供了明确的方向指引。习近平总书记高度重视思想政治教育工作，并多次对青少年的成才成长教育、思想政治理论课建设、思想政治教育的主要内容等问题发表重要论述，这些重要论述是新时代思想政治教育内容创新发展的根本遵循。新时代思想政治教育内容，以青少年德智体美劳全面发展为核心，重点培育社会主义核心价值观，更加凸显政治认同，强调理想信念教育、中国梦教育、党史国史教育。与此同时，在传统文化教育、法治教育、劳动教育、心理健康教育、历史教育、生态教育等方面也有所深化与拓展。

其三是情义与理据相结合，从教育对象的内在需要出发，科学创新思想政治教育的内容，提升思想政治教育的感召力、说服力和接受度。有效发挥思想政治教育的影响力，一方面要求教育者在内容的彻底性上下功夫，扎扎实实用理论和逻辑的魅力来说服和教育受教育者，做到有"理"有"据"，正如马克思所言，"理论只要说服人，就能掌握群众，而理论只要彻底，就能说服人"[1]；另一方面要求教育者在内容与受教育者需求的契合性上下功夫，积极主动回应受教育者的关切，用人文关怀去激发他们的情感，做到有"情"有"义"。习近平总书记在 2016 年召开的全国高校思想政治工作会议上指出，"思想政治工作从根本上说是做人的工作，必须围绕学生、关照学生、服务学生，不断提高学生思想水平、政治觉悟、道德品质、文化素养，

---

① 《马克思恩格斯选集》第 1 卷，人民出版社 1972 年版，第 9 页。

让学生成为德才兼备、全面发展的人才"①。为进一步增强教育的针对性和可接受性，从贴近青少年、贴近生活、贴近时代的要求出发，思想政治教育工作者探索推动理论内容时代化、大众化、通俗化的创新。当代网络与信息技术迅猛发展，引发青少年学习方式、生活方式、思维方式和价值观念的重要变化。思想政治教育工作者必须主动迎合时代境遇的新特征、新趋势，寻求思想政治教育内容与信息技术的融合，增强新时代思想政治教育内容的时代感。近年来，许多主题教育网站和网络平台如雨后春笋般出现，如慕课、学习强国、思想政治教育微信公众号等，都是新时代思想政治教育内容与新媒体新技术相融合的产物。思想政治教育内容与新媒体新技术的融合正在成为新时代思想政治教育内容创新的一种必然趋势。

三、"三因"理念指引思想政治教育方法创新多元化发展

思想政治教育方法是教育者在教育活动中所采取的方式与手段。在思想政治教育系统中，方式与手段作为传递教育内容的载体，是思想政治教育是否更加有效的重要影响因素。思想政治教育方法既具有稳定性、继承性的一面，同时又具有反映时代特点变化性、发展性的一面。2016 年习近平总书记在全国高校思想政治工作会议上强调指出，"做好高校思想政治工作，要因事而化、因时而进、因势而新。"② 所谓"三因"即是对"因事而化、因时而进、因势而新"论断的简要表述。"因事而化"就是要遵从从感性到理性、从具体到一般的唯物主义认识论路线，联系社会现实和实际问题，具体事情具体分析地开展思想政治教育，以实现"事""理"相通；"因时而进"是指思想政治教育要紧随时代发展、紧扣时代脉搏、反映时代要求，与时偕

---

① 《习近平谈治国理政》第二卷，外文出版社 2017 年版，第 377 页。
② 《习近平谈治国理政》第二卷，外文出版社 2017 年版，第 378 页。

行、相机而动;"因势而新"是指思想政治教育必须胸怀大局,善于把握中国和世界发展的大势,因势而谋、应势而上、顺势而为,谋求内容和方式方法上的创新。"三因"既是对高校思想政治工作的基本要求,也是全面推动思想政治教育改革和创新的理念指引。新时代广大思想政治教育工作者在继承发扬传统优势的基础上求新求变,踔厉探索教育新模式、新路径,开创了思想政治教育方法改革创新的新局势。

其一是"互联网+"催发思想政治教育方式的深刻变革。随着信息技术的迅猛发展,网络已经全方位地介入到社会经济发展的各个领域。2015 年国家提出并推进"互联网+"行动计划,标志着互联网的影响将进一步深入发展。"互联网+"给新时代思想政治教育带来了巨大的机遇与挑战,它改变着思想政治教育的社会环境,也为思想政治教育的变革与创新开辟更为广阔的空间视野和工作路径。互联网与思想政治教育的深度融合已成大势所趋,在互联网与思想政治教育融合的过程中,广大的思想政治教育工作者大胆创新教育方法,主动加强网络思想政治教育建设,催发思想政治教育许多新形态、新方式、新载体的形成。基于网络技术的慕课、私播课、微课等在线教育渐趋热络,它们跨越了传统思想政治教育的时空界限,创造出更加多维的师生思想互动的渠道与平台,借"互联网+"之势变革传统的教育模式。思想政治教育肩负着意识形态教育的重要使命,在"互联网+"时代,思想政治教育应"主动占领网络意识形态阵地、牢牢把握网络思想政治教育的主动权、牢牢掌握网络意识形态领导权"①。为开拓思想政治教育网络渠道和空间,各级管理部门和学校还普遍开设思想政治教育主题网站、微博、微信公众号等新媒体平台,在传播社会资讯和传授专门知识的同时,将主流意识形态与社会主义核心价值观融入其中,集思想教育与文化娱乐、生活服务等为一体,既充分关照受教育者作为网络主体的兴趣点,又提升思想

---

① 沈壮海、史君:《推动思想政治教育与信息技术的高度融合》,《国家教育行政学院学报》2017 年第 1 期。

政治教育的时效性、亲和力，有效地利用互联网引领社会主旋律，实现了网络育人的目标。

其二是思想政治理论课课堂教学方法多样化发展。思想政治理论课简称"思政课"，它是立德树人的关键课程。新时代习近平总书记非常关心学校思政课建设，强调办好思政课意义重大。2019年在学校思想政治理论课教师座谈会上，习近平总书记提出的"八个统一"为推动思政课改革创新提供了根本遵循。其中，坚持统一性和多样性相统一，要求思政课教师在教学中要确保教学规范性、科学性和权威性，但不能简单地照本宣科，需要创造性地工作，在教学过程中进行多样化的探索，因地制宜、因时制宜、因人制宜地施教，通过多种方式实现教学目标。坚持主导性和主体性相统一，在重视教师主导地位的同时，强调突出学生的主体性，注重提升学生的课堂参与度。坚持灌输性和启发性相统一，在肯定灌输性合理价值的同时，强调启发性教学的地位，注重学生发现问题、分析问题和解决问题能力的培养。伴随着互联网的普及，多元文化的不断发展，以及青少年独立意识、自我观念的增强，教师自我独白式纯粹的理论灌输已无法适应新时期思想政治教育教学有效开展的要求，思想政治理论课课堂教学方法的改革应时而发，专题式、启发式、参与式、翻转式、对分式、互动式、案例式、探究式、微课式、体验式等多样性教学发展势头强劲，课前演讲、新闻播报、热点讨论、经典诵读、情景表演等课堂活动丰富多样，教育教学实效性显著提高。

其三是思想政治教育实践育人方式的拓展与创新。实践育人是思想政治教育体系的重要环节之一，面对教育对象和教育环境的重大变化，思想政治教育实践育人也必须转换观念、创新方式。在推进思想政治教育实践育人改革的过程中，许多学校和教育工作者勇毅前行、大胆探索，推动实践育人的方式不断完善、不断创新，初步形成一种课内与课外、校内与校外、社会实践与情感体验、线上与线下相结合的多维立体化实践模式，包括主题演讲、情景表演、成果展示、微电影、实践汇演、社团活动、参观体验、社会调研、志愿服务、暑期"三下乡"等在内的各种实践教育活动丰富多彩。实践教学资源也进一步得以挖掘、整合与优化，并且借助现代信息技术手段，实践育人资源正在从固定的基地向开放的平台转换。为克服实践育人在场地、经费、时间、师资力量、安全性等方面的限制，各具特色的校内实践育人平台建设兴起，实践育人正在从现场式社会实践向平台体验和现场社会实践相结合的方向转变。

| 第二章 |

思想政治教育"微社会"育人基本理论概述

新时代思想政治教育工作者一直致力于探索教育模式的改革与创新，虽然取得了不少成就，但仍未走出以课堂为主场所、以灌输为主形式并辅之以社会实践的"课堂+社会"模式的窠臼。在长期从事思想政治教育潜心探索与广泛调研的基础上，一些基层教育工作者创新性地提出并尝试践行"微社会"育人模式。所谓"微社会"是课堂教学和社会实践间的连接与过渡性介体，属于校内以情景教育为特征的实践育人范畴。"微社会"育人的提出与探索，实现了思想政治教育模式的开拓性创新。"微社会"育人坚持以马克思主义尤其是中国化马克思主义为根本指导思想和理论基础，以习近平总书记关于思想政治工作的重要论述为根本遵循，以先进的教育理念与原则为导向，突破思想政治教育传统的认识路线与实践逻辑，对教育模式进行开拓性创新，呈现出独特的内涵与优势。

第一节 思想政治教育"微社会"
育人的理论依据

思想政治教育"微社会"育人探索依据时代演变和青少年身心发展特点，立足于人的全面发展，坚持以马克思主义基本原理和马克思主义中国化时代化理论成果为指导，遵循思想政治教育自身发展的客观规律，广泛借鉴哲学、教育学、心理学、社会学等方面的理论成果，具有丰富的理论基础。

一、马克思主义哲学为"微社会"育人提供元理论支持

哲学为人类认识世界和改造世界提供最基本的世界观和方法论。对思想政治教育行为方式的哲学追问和反思，不仅可以为思想政治教育的合理性寻找逻辑起点，也可以为思想政治教育的实践创新提供理论基础。马克思主义哲学是思想政治教育存在、发展和探索的根基，特别是科学的实践观与认识论、人的本质与普遍交往思想等为"微社会"育人提供元理论支持。

1. 实践与认识的关系及其发展规律

实践的观点是马克思主义的基本观点，实践性是马克思主义理论区别于其他理论的根本特征。以实践为基础，从整体上把握人与世界的关系，是马克思主义世界观的特有视角。从笛卡儿到康德，近代西方哲学家一直将认识论的问题归类为纯粹的精神范畴，需要依靠思维的力量去解决。马克思主义对此有截然不同的观点，它不仅仅停留在精神或思想层面上考察认识，而是以实践为逻辑起点，把认识活动与实践活动相联系，强调实践对认识的决定性作用。实践是人的认识形成的源泉、发展的动力、行为的目的以及正确与否的检验标准。理论与实践相结合，是马克思主义的基本原则。马克思在《关于费尔巴哈的提纲》中指出："社会生活在本质上是实践的。凡是把理论导致神秘主义方面去的神秘东西，都能在人的实践中以及对这个实践的理解中得到合理的解决。"[①] 马克思认为实践是高于理论的，强调实践在认识过程中的首要地位，认为只有从实践出发才能获得本质性的认识，才能获得认识的发展。马克思主义科学的实践观和认识论辩证地界定了主体和客体、

---

① 《马克思恩格斯选集》第一卷，人民出版社 1995 年版，第 57 页。

认识和实践的关系，是开展思想政治教育活动根本的理论支持。根据马克思主义科学的实践观和认识论原理，认识是从感性和具体到理性和抽象发展进化的，并且是反复循环和无限发展的过程。毛泽东强调，"一个正确的认识，往往需要经过由物质到精神，由精神到物质，即由实践到认识，由认识到实践这样多次的反复，才能够完成。"① 马克思主义实践观与认识论为思想政治教育模式创新与改革提供了科学的世界观和方法论，也为以理论与实践有机结合为特征的"微社会"教育模式探索提供了哲学支持。科学的实践观与认识论基本原理应用于思想政治教育领域给予我们的启示是，教育必须引导学生关注现实，投身实践，与时俱进，学以致用。当代青少年生活和成长于信息时代，他们在理论学习和掌握知识的技能方面优势明显，但是他们也要积极投身于现实活动中去，通过社会实践、调研来了解现实，特别是关心那些事关国家民族命运，事关社会发展和人民生活的重大问题，并以这些问题的解决作为自己学习和研究的根本目的。同时，青少年还应当与时俱进，根据新的实践发展不断更新和丰富自己的知识体系，坚持学以致用，将所会所学运用于社会问题的解决中去。

依据马克思主义科学的实践观与认识论原理，实践的主体、客体以及主体作用客体的中介系统是不断变化发展的，实践的基本结构也是随之产生历史性变化的，这种变化的重要表现是主体客体化和客体主体化的双向运动，即主体与客体相互作用，协调发展。实践主体与客体辩证关系的原理，对于我们正确开展思想政治教育实践活动有着重要的启发价值。依据马克思主义科学的实践观与认识论原理，决定认识的实践具有形式上的多样性。随着社会的进步和科学技术的迅速发展，人类实践活动的范围愈来愈广泛深入。当代社会一个突出的表现是，现代信息技术和网络化的发展催生了一种新的实践形式即虚拟实践。虚拟实践的实质是主、客体之间借助数字化的中介系统与虚拟的空间进行双向互动。虚拟实践体现出更强的交互性、开放性，它有

---

① 《毛泽东选集》第 1 卷，人民出版社 1991 年版，第 296—297 页。

助于提升人类活动的自主性和创造性,对人类社会生活包括学习和教育方式都产生了重要影响。"微社会"育人聚焦思想政治教育所普遍存在的实践育人覆盖面狭窄,学生知、信、行相互脱节,以及思想政治教育教学与新媒体新技术的深度融合困难等共性问题,探索校内虚拟仿真与实物布展有机融合的实践育人平台构建,并借此开展体验式、沉浸式、探究式的实践教育活动,引导学生自觉感悟和践行课堂所学理论知识。"微社会"育人通过虚拟仿真平台创新了思想政治实践教育的中介系统,依靠新型的中介系统,使教育主、客体间相互作用加强。"微社会"育人活动本身包含有一定程度的虚拟实践成分,虚拟实践是现实实践的派生,又对现实实践产生重大影响。"微社会"育人借助虚拟实践,又不拘泥于虚拟实践,实现了思想政治教育实践形式虚与实的多样性结合。

2. 人的本质与普遍交往思想

思想政治教育的对象是人,它以培养人、塑造人为目标与使命,其根本目的是提高受教育者的思想道德素质,促进人的全面发展。马克思主义关于人的本质、需要、发展及普遍交往等人学思想,作为马克思主义哲学的重要构成,规定着思想政治教育的目的,也为教育手段与途径探索指明方向。马克思主义唯物史观首先以"感性的人""现实的人"为观察和理解社会历史现象的前提与出发点,认为"全部人类历史的第一个前提无疑是有生命的个人的存在"①。"感性的人""现实的人"不是被动、受动的,而是有激情和欲望的,其活动不是互不关联的纯粹个人行为,而是在一定的社会关系中所进行的既分工又合作的社会行为。马克思在《关于费尔巴哈的提纲》中指出,"人的本质不是单个人所固有的抽象物,在其现实性上,它是一切社会关系的总和。"② 马克思主义强调人的全部社会生活在本质上具有实践性,

① 《马克思恩格斯选集》第1卷,人民出版社1995年版,第67页。
② 《马克思恩格斯选集》第1卷,人民出版社1995年版,第60页。

人通过社会实践活动塑造和表现自我，认为劳动和自由、自觉的活动是人的本质特性，其动因源自人的内在需要。"实践活动是内容，社会关系是形式，人的需要是动因，三者缺一不可，是有机统一的整体。"① 在科学分析人的存在和本质的基础上，马克思主义经典作家进一步阐释人的发展内涵，并把实现人的自由而全面发展作为马克思主义追求的根本价值目标。根据唯物史观原理，交往能够促进人的全面发展，在交往中建立起来的社会关系决定并影响着人的发展程度。马克思、恩格斯指出，"一个人的发展取决于和他直接或间接进行交往的其他一切人的发展。"② 马克思主义关于人的本质与普遍交往思想，要求思想政治教育必须以"现实的人"为逻辑起点，坚持以人为本，注重从教育对象的需要出发，尊重其内在需求和个性，强调实践性和人的主体性的发挥，以及教育关系的优化与和谐。"微社会"育人正是秉持着这样的原则要求与价值宗旨，探寻教育客体的主体化与主体作用的发挥，探索新时代思想政治教育途径与方式的创新，推动思想政治教育功能的有效实现。

二、党的思想政治教育方法论为"微社会"育人提供基本理论指导

思想政治工作作为"生命线"，是中国共产党百年历史一以贯之的优良传统与政治优势。在中国革命、建设和改革的不同时期，结合实际工作的开展，曾经提出过许多思想政治教育的指导方法和工作方法，获得了丰富的规律性认识，淬炼出深厚的方法论思想，为新时期思想政治教育创新探索提供了基本理论指导。

中国共产党坚持以马克思主义世界观和方法论为指导，使党的思想政治

---

① 陈万柏、张耀灿主编：《思想政治教育学原理》，高等教育出版社 2015 年版，第 37 页。

② 《马克思恩格斯选集》第 3 卷，人民出版社 1960 年版，第 515 页。

教育闪耀出鲜明的人民性以及唯物辩证的光辉。以人为本的原则是贯穿党的思想政治教育整个理论体系的思想脉络，始终把促进人的全面发展和社会进步作为思想政治教育的终极目标与价值宗旨，致力于实现"把人当作人"，"使人成为人"，推动人的自由全面发展。实事求是作为马克思主义唯物辩证哲学的方法论，是中国共产党所确立并坚持的思想路线，也是思想政治教育的根本指导方法。从实事求是的思想路线出发，理论与实践相结合成为中国共产党思想政治教育方法论思想的重要特征。理论与实践相结合的原则要求思想政治教育不仅要重视马克思主义理论的学习，用马克思主义理论武装头脑，而且要重视与实践的有机结合，投身到实践中去，从人民的生产、生活活动以及精神文明建设等多方面进行思想政治教育。在思想政治教育思想体系中对立统一原理和矛盾分析法也属于基础性方法论的范畴，提倡教育者在思想政治教育的过程中，应该辩证地分析问题和看待受教育者，具体问题具体分析，教育方法因人因时因地而异。在具体的方法运用方面，虽然肯定理论灌输形式的重要性和必要性，但也主张思想政治教育应该以更多更生动的形式展开，"需要在群众中间经常进行生动的、切实的政治教育"①，认为生动活泼的语言或者形式，能有效消除受教育者排斥心理与情绪，有利于教育目标的达成。教育和自我教育相结合的方法同样被强调与重视，在教育活动中要求教育者与受教育者双方的积极参与，充分发挥双方各自的主观能动性。中国共产党思想政治教育方法论思想，为思想政治教育方法科学体系的形成和探索奠定了深厚的基础。

三、习近平总书记关于思想政治工作的重要论述为"微社会"育人提供直接理论遵循

党的十八大以来，以习近平同志为核心的党中央立足于新时代中国特色

---

① 《建国以来毛泽东文稿》第 6 卷，中央文献出版社 1992 年版，第 351 页。

社会主义建设，致力于推进中华民族伟大复兴，高度重视加强思想政治工作，推动思想政治教育的守正创新发展，形成系统精辟的新观点、新思想、新举措。习近平总书记先后主持召开全国宣传思想工作会议、全国高校思想政治工作会议、学校思想政治理论课教师座谈会等系列重要会议，作出许多重要论述，深刻阐明新时代思想政治工作的战略地位、重大意义、重要任务、原则方针、基本要求、根本方法，丰富和发展了中国共产党关于思想政治工作的规律性认识，为践行思想政治教育提供了理论遵循和行动指南。习近平总书记关于思想政治工作的重要论述，对思想政治工作的地位作用进行新定位，强调思想政治工作是一项极端重要的工作，是治党治国的重要方式，指出"能否做好意识形态工作，事关党的前途命运，事关国家长治久安，事关民族凝聚力和向心力"①。习近平总书记对思想政治工作的主要内容作出新阐释，高度重视党史、新中国史、改革开放史、社会主义发展史的学习教育，重视中国梦和社会主义核心价值观的教育。习近平总书记对新时代思想政治工作的理念、思路、举措也提出新判断、新总结，提出新形势下"宣传思想工作创新，重点要抓好理念创新、手段创新、基层工作创新"②。习近平总书记对新时代推动思想政治工作发展的具体途径、具体原则和方法提出新思路、新阐释。在学校思想政治理论课教师座谈会上，习近平总书记创新性地提出并阐明推动思想政治理论课改革发展，增强其思想性、理论性、亲和力、针对性的"八个相统一"教学要求。习近平总书记关于思想政治工作的重要论述为我国思想政治教育改革与发展提供了方向指引和理论遵循，要求思想政治工作者必须以理念创新为引领，勇于打破传统思维的习惯定式，努力把握思想政治工作改革与发展的新形势、新要求，找准切入点、着力点、发力点，积极推进手段和方式的创新，尤其是随着现代计算机技术和互联网的迅猛发展，要善于利用新媒体新技术手段构建思想政治教育

---

① 《习近平总书记系列重要讲话读本》，学习出版社、人民出版社 2014 年版，第 105 页。
② 《习近平谈治国理政》，外文出版社 2014 年版，第 155 页。

的新平台、新模式，推动思想政治教育的实践探索进一步换档升级，使之内容更为丰富，形式和载体更具多样化，呈现出明显时代特色。

四、多种学科知识对"微社会"育人提供思想借鉴

探索思想政治教育的改革创新，既要坚持以马克思主义和中国化时代化马克思主义的基本原理为理论遵循，又要广泛借鉴其他人文社会科学相关学科的知识和方法。在"微社会"育人模式的构建中，现代哲学主体间性理论、教育学现代建构主义教学观和情境学习理论、心理学情感和接受理论等从不同方面提供了思想借鉴。

1. 现代哲学主体间性理论

传统的思想政治教育在飞速发展的时代面前表现出一定的局限性与无助感。激发思想政治教育的活力，继续发挥思想政治工作的优势，是社会赋予思想政治教育界的一项重要课题。从某种意义上理解，处理好教育者与受教育者的关系是思想政治教育效能充分发挥的重要前提。过去"主客二分"的观念曾长期主导并影响着人们的思维，教育者与受教育者被许多人习惯地视为教育的主、客体，由此形成了"主体—客体"式的教育模式。在传统的思想政治教育结构体系中，教育者往往处于绝对的主导性地位，是教育活动的控制者和支配者；而受教育者则处于服从性的客体地位，被动地接受灌输性的理论教育，其主体性需要在很大程度上被忽视，积极性、主动性和能动性难以充分发挥。在反思性研究或前瞻性探索的基础上，主体间性逐渐成为人们广泛关注的视域，并逐渐被引入到思想政治教育范畴。主体间性理论是 20 世纪以胡塞尔、海德格尔和哈贝马斯等为代表的西方哲学家提出并极力推崇的哲学范式，它凸显了西方现代哲学对传统主体性理念的反思与超越。主体间性实际上是一种交互主体性，意指在涉及两个或两个以上主体时主体间的相关性，以及相互协调和统一的关系。根据胡塞尔的观点，每一个

人都是一个具有独立性的"自我",然而"自我"之外还同时存在着一个或者多个的"他我",自我与他我拥有共同的世界,并形成一个共同体。因此,胡塞尔认为交互主体性或主体间性,应该逐渐取代单一的个人主体性。主体间性理论反对传统的主客二分的观点,突破了人们对"主体—客体"关系认识的传统视野,把其转向为"主体—主体"之间的关系。

主体间性理论的引入,消解了一元主体思想的影响,为正确认识和处理思想政治教育双方的关系提供理论借鉴。依据主体间性理论,在思想政治教育领域教育者和受教育者应该都具有主体性。因此,在思想政治教育过程中,激发和鼓励受教育者主体性的发挥,是提高教育活动有效性的重要途径。以张耀灿、郑永廷、吴潜涛、骆郁廷等为代表的思想政治教育界重要领军学者,较早时就提出"思想政治教育的教育者和受教育者,都是具有主体性的人,都是教育、教学的主体"① 的观点。主体间性理论为打破主客二分的思想政治教育范式,构建教育者与受教育者双向平等互动关系提供了哲学依据。"微社会"育人模式的探索,借鉴主体间性理论,突出人文和情感关怀,通过"微社会"育人平台及相应的教育机制,构建交往式教育模式,在思想政治教育过程中充分关照教育者和受教育者双方的主体性身份与作用,提倡教师主体与学生主体以及学生主体与学生主体间的多元交流互动,充分尊重学生的平等地位和话语权,把受教育者由被动的理论接收者转变为主动的、能动的理论学习者和探讨者,让他们在轻松、和谐、愉悦的教育环境和情绪中接受教育、理解知识,进而提升思想觉悟和意志品质,实现思想政治教育培养人、塑造人、发展人以及完善人的目的。

2. 教育学现代建构主义教学观和情境学习理论

从人的教育角度而言,思想政治教育学与教育学具有同源性。思想政治

_____

① 张耀灿、郑永廷、吴潜涛、骆郁廷等:《现代思想政治教育学》,人民出版社 2006 年版,第 268 页。

教育"微社会"育人作为一种教育实践活动，必须遵循教育学的基本原理、原则和方法。就现代教育学的视野分析，现代建构主义教学观与情境性教学理论所提示的教育思想和理念，对"微社会"育人具有重要启发价值。

建构主义思想在中外哲学与教育史上都有悠久的渊源。在西方，古希腊的苏格拉底、柏拉图等被一些学者认为是最早的建构主义思想家。"在反对用直接教学方式以形成知识基础的原因方面，苏格拉底（Socrates）和柏拉图（Plato）是教育上最早的建构主义者。"① 孔子作为中国古代最伟大的教育家，其《论语》中表达的教育思想也有许多建构主义学习成分。现代建构主义教育理论一般认为瑞士著名心理学家皮亚杰是最早提出者，他与科尔伯格、维果茨基等人的研究成果和理论观点为现代建构主义的形成奠定基础。20 世纪 80 年代现代建构主义教育理论在中国开始传播并快速发展，逐步成为影响中国教育理论与实践的重要教育思潮。建构主义学习理论认为学习是学习者在个体原有知识和经验的基础上积极主动的建构过程，倡导知识学习的自我建构性、互动性与情境性。建构主义教学观认为人们对知识的学习和接收只能以自身的经验为背景来建构完成，学习是自我建构知识的过程。在师生关系定位上，建构主义倡导以教师为主导、以学生为中心和主体，认为教育者"不再是知识单纯的传授者，而是学生主动建构意义的促进者、合作者和帮助者，是整个教学过程的组织者、指导者和协调者"②。建构主义视域下学习是一个相互协作和支持的互动过程，在学习过程中学生不仅需要得到教师的支持帮助，而且学生之间也应该交流与协作。根据建构主义教学观，教育必须创设利于学习者交流、协作、体验的学习环境，利用会话、情境、合作等要素充分激发学生的积极性、主动性和创造性，最终使学生完成对教育教学知识内容的意义建构。现代建构主义教学理论的部分观点契合了思想政治教育以受教育者为中心的改革取向，并为思想政治教育提

① 顾明远、孟繁华主编：《国际教育新理念》，海南出版社 2001 年版，第 273 页。
② 高文：《建构主义与教学设计》，《外国教育资料》1998 年第 1 期。

供了新的理念与方法，特别是它强调学习的主动性、社会性和情境性的思想，为我们探索"微社会"教育模式以及相应的教育平台建设给予重要启迪。

在"微社会"育人中，情境性教学是重要的方式与手段，教育学情境学习理论成为该模式研究与运行的必要理论支持。"情境学习理论是一种为学习者提供情境化学习样态并将其向真实生活境域转换，以实现教育双方共建共享、教育意义有效生成、教育目标有机达成的学习理论。"① 关于情境学习和情境教学的思想也有着久远的历史，古希腊哲学家苏格拉底著名的"知识产婆术"，即是利用创设问题情境的形式，激励学生去思考解决问题的方法。在现代教育思想中，情境学习和情境教学也颇受教育家们的重视。俄国教育家苏霍姆林斯基重视自然情境在教育中的作用，提出"到思想和语言的源头去旅行"的著名论断。美国教育家杜威认为思维的初始阶段，离不开必要的实际经验情境。他主张"教育即生活""学校即社会"，认为在教育过程中各种情境的创设，可以引发学生的好奇心，引导他们进一步去反省思考。中国著名教育家陶行知创立生活教育理论，认为"教育的根本意义是生活之变化，生活无时不变即生活无时不含有教育的意义"②。他倡导让学生们积极投入到生活中去，从生活的体验出发，在体验中思考、发现问题，不断学习和进步。情境学习作为一种系统的理论思想是 20 世纪 90 年代让·莱夫与爱丁纳·温格共同提出的，该理论强调的学习原理重点体现在两个方面：一是把学习与运用结合起来，在实际情境中呈现知识，让学习者深度融入真实的情境化样态中，像专家、师傅一样进行实践和思考，"最大限度地摆脱割裂实际和传授呆滞知识"③；二是经过长期互动交流形成实践共同体，在互动和协作中进行学习。总而言之，情境性教学理论认为传授知

① 王立：《情境学习理论视域下高校思政课教学创新论析》，《思想政治教育研究》2021年第2期。

② 《陶行知全集》第3卷，湖南教育出版社1984年版，第633页。

③ ［英］阿尔弗雷德·诺斯·怀特海：《教育的目的》，庄莲平、王立中译，文汇出版社2012年版，第60页。

识与一定的文化、活动以及特定的情景相关,在教育教学的实施中知识与情境之间是一个相互作用的动态过程,学习者通过在情境中进行活动并获取知识。传统思想政治"理论课堂+社会实践"式教育,"理论课堂"偏重于理论传授与知识灌输,"社会实践"强调以教育对象为主体践行理论但人文情感沟通相对不足,"理论课堂"与"社会实践"两种形式教育的联结往往不紧密,甚至呈现"平行化"发展。基于情境学习理论,"微社会"育人着力探索情境化育人平台的构建、情景化教育活动的开展,通过在"理论课堂"与"社会实践"之间引入"情景体验"环节,试图打破理论教育与社会实践平行化运行的弊端,提升思想政治教育的互动性、体验性、生动性,强化思想政治教育的实效。

3. 心理学情感和接受理论

思想政治教育与心理学是两个密切关联的学科。"思想政治教育是塑造、引导人的心灵的工作,但人的心灵并不是任意被捏弄的泥巴、不是被拖轮拽上就走的竹筏。思想政治教育要能够被人们所接受,一个必要条件是遵循人的心理规律,要按人的心理规律来进行。"[1] 马克思在《1844 年经济学哲学手稿》中指出,"人不仅用思维,而且以全部感觉在对象世界中肯定自己。"[2] 在情感理论和接受理论视角下探讨思想政治教育,注重教育对象的情感需要和情感培养,注重教育可接受性的提高,对于激发学习者学习的积极情感,促进其愉快学习和自我教育,实现思想的转变和升华具有重要意义。

情感作为人内心特有的心理反映,是人们在认识过程中,伴随着感觉、知觉、表象等思维活动而产生的对客观事物的情绪和态度体验。美国心理学家诺尔曼·丹森在其所著的《情感论》中指出,"人们的生活不能失去情

---

[1] 张云:《思想政治教育心理学》,上海人民出版社 2001 年版,第 1 页。
[2] 马克思:《1844 年经济学哲学手稿》,人民出版社 2000 年版,第 87 页。

感，如果没有情感，生活中将缺少乐趣、缺乏朝气、失去存在的价值和意义，人们没有生活的目标和理想。正是因为情感的存在，人们才和社会有了交集，人们才能体会到自我存在的意义和价值，才能更好地融入社会。"①情感产生于人们的认识过程，又反过来影响认识活动的进行。积极的情感体验，有助于人与人之间进行良好的互动和交流，也能激发人们对学习和生活的情感动力，形成健全的人格，达到正确的认知目的。现代社会情感心理理论被广泛地应用到教育领域，情感教育已经成为一种重要的教育理念和思想。思想政治教育活动从根本上讲是教育者有目的、有计划地向受教育者传导有价值引导意义的世界观、政治观、人生观、道德观的过程。依据接受心理理论，思想政治教育的对象是具有需要、情感、意志、人格等丰富心理结构活生生的人，他们接受特定的教育信息、观念是基于这些心理结构之上的。"思想政治教育接受是指发生在思想政治教育领域内的接受活动，它反映了思想政治教育接受主客体之间的相互关系，是接受主体出于自身需要，在环境作用影响下通过某些中介对接受客体进行反映、选择、整合、内化、外化等多环节构成的、联结的、完整的活动过程。通过有效的接受社会和社会群体一定的思想观念，政治观念，道德规范，就可以被内化为接受主体的品德思想，并外化为品德行为。"② 在思想政治教育过程中，受教育者对教育内容的认同度和接受度直接影响着教育的有效性，因此教育者实施教育必须关照和研究教育对象的接受心理及情感。作为一种思想交流活动，思想政治教育特别需要教育双方彼此间情感上的理解和心灵的沟通。因此，思想政治教育应该遵循接受心理规律，从教育对象的接受心理出发，通过选择和利用科学的教育方法，建立良好的交流机制，营造正向、信任、友好、民主的氛围，提升教育活动的感染力、吸引力和说服力，激发教育对象的情感动力

---

① ［美］诺尔曼·丹森：《情感论》，魏中军、孙安迹译，辽宁人民出版社 2009 年版，第 112 页。

② 张耀灿、郑永廷、吴潜涛、骆郁廷等：《现代思想政治教育学》，人民出版社 2006 年版，第 191 页。

和自我学习的能力，使他们化被动学习为主动学习，从而把理论知识进一步内化为自身的坚定信念和行为自觉。

除上述理论外，传播学和社会学的受众理论、媒体丰富度理论、社会临场感理论等，也从不同角度为思想政治教育"微社会"育人提供了可资借鉴的知识和方法，不再一一赘述。

第二节　思想政治教育"微社会"育人的理念指导

理念即理性化的观念，它是行为的先导。思想政治教育理念是人们对思想政治教育现实状态的把握与反思，以及对理想状态的追问与建构。思想政治教育理念"回应着思想政治教育'是什么'以及'应当是什么'这个根本性问题，蕴含着思想政治教育规律性认识"①。先进的理念能够使教育者前瞻地把握思想政治教育发展的趋势，廓清发展理路，把握关键环节与正确方法。新时代思想政治教育发展面临着新境遇，传统的教育范式遭遇危机与挑战，为保证育人质量和育人效果，必须在教育理念上与时俱进，树立正确的教育观，努力以理念认识的新飞跃推动工作创新性发展。

一、崇尚以人为本，追求思想政治教育解放功能、引领功能和规范功能的统一

思想政治教育归根结底是做人的工作，必须坚持以人为本的核心理念。以人为本，是对人在社会历史中主体地位与主体作用的肯定，它以尊重人、

① 钟启东：《〈1844 年经济学哲学手稿〉中的思想政治教育理念》，《学术探索》2021 年第 7 期。

解放人、发展人为价值取向，在分析和解决问题时，强调要坚持人的尺度，以人为出发点和归属点。以人为本思想植根于中国优秀的文化传统，体现马克思主义的根本原则坚持，凸显新时代中国特色社会主义治国理政的发展理念与价值观念。坚持以人为本，追求解放功能、引领功能和规范功能的统一，应是推动新时代思想政治教育实践创新的基本理念遵循。

马克思主义蕴含着丰富的人学理论，它从关注现实的人出发，科学界定人的本质，尊重人的需要，追求人的自由全面发展。"代替那存在着阶级和阶级对立的资产阶级旧社会的，将是这样一个联合体，在那里，每个人的自由发展是一切人的自由发展的条件。"① 以人为本是马克思主义的根本原则坚持，是中国特色社会主义建设的根本发展理念、执政理念和价值观念。马克思主义以人为本的原则坚持以及中国共产党人治国理政的价值追求，规定了思想政治教育的理想愿景和初心使命，即思想政治教育的价值旨归是实现人的自由全面发展。同时，思想政治教育作为一种政治实践和教育活动，本质上是一种观念教育、精神教育和意识形态教育，发挥维护意识形态安全、规范和引领社会价值观的作用。"传统认为，思想政治教育的主要职能就是规范或纠正人的行为。因此，在人们的印象中，思想政治教育及其工作者的基本形象就是始终站在'正确的立场'上，运用训诫或教导的口吻指点着人们的言行'应该'如何，或者'不应该'如何"②，这显然是与马克思主义以人为本的原则相背离的。新时期加强和改进思想政治教育工作，以人为本理念的倡导和贯彻落实是关键，这不仅关乎思想政治教育的科学化和实效性，也影响其生命力和可持续发展。"微社会"育人追求解放功能、引领功能和规范功能的统一，从马克思主义人的自由全面发展理论出发，在价值层面强调以人为本，重视对教育对象的人文关怀与人格尊重，根据新时代思想政治教育整体环境的变化，采纳开放化、系统化、多维化、主体化的教育方

---

① 《马克思恩格斯选集》第 1 卷，人民出版社 1972 年版，第 273 页。
② 邱柏生、董雅华：《思想政治教育学新论》，复旦大学出版社 2012 年版，第 28 页。

式，充分关照教育对象自身发展的需求与价值彰显，以达成激发他们学习积极性和自我创造力，提高思想政治教育实效性的目标要求。

二、借鉴供给侧改革思维，推动思想政治教育与新媒体新技术的有效融合

供给侧改革是国家对经济发展提出的一种新战略、新思维，意为从供给端、生产端入手，着力对经济结构进行优化，提升经济竞争力，增加有效供给。供给侧改革战略理念和逻辑思路对于思想政治教育改革创新具有重要的方法论启发。当前思想政治教育供给侧与需求侧之间存在一定程度的失衡问题，应该借鉴供给侧改革的基本思维，进一步优化思想政治教育供给，提高思想政治教育的精准性和实效性。

思想政治教育在本质上"就是把一定社会的思想观念、政治意识、道德规范，通过施加有计划、有组织的影响，转化为受教育者个体的思想品德的实践活动。这个特殊性奠定了思政教育供给侧的特殊地位，要求思想政治教育的供给侧具有足够强大的引领力，向受教育者提供高级的'产品'，引领或培养受教育者对'产品'的需求"①。从供给侧改革视域进行审视，不难发现传统的思想政治教育同样存在着供给和需求的结构性矛盾。相对于形势发展的要求、国家的期望和教育对象的需求，思想政治教育在供给主体、供给内容，尤其是供给载体和方式方面仍然面临许多局限和困境，难以匹配新时代发展要求。在传统思想政治教育供给体系中，灌输、说教是供给侧最主要的载体和方式，思想政治教育工作者作为供给的主体，掌握着教育的绝对主动权和话语权，而需求侧的教育对象更多的是被动地接受和学习，二者之间的关系相对生分和疏远。此外，供给主体比较单一且相互之间缺乏协同性，供给内容系统性、契合性和针对性相对不足，与多元供给、全员育人、

---

① 侍旭：《高校思政教育也应有"供给侧改革"思维》，《光明日报》2016 年 3 月 16 日。

"大思政"的育人格局要求尚有较大距离。随着全球化和信息时代的到来，以及中国社会全面深化改革的进行，多元文化、多种社会思潮竞相涌现，思想政治教育借鉴经济领域供给侧改革的基本理念和思维，结合社会发展以及教育对象身心发展的新需求和认知习惯，遵循思想政治教育的发展逻辑和内在规律，从供给主体、供给内容、供给载体与供给方式多个维度改革创新，提升教育质量与实效，具有重要的现实意义。"微社会"育人正是从这一理念和思维出发，致力于思想政治教育平台、载体与方式的创新，借助新媒体新技术整合各种教育资源与手段，推动思想政治教育与新媒体新技术的有效融合，力求教育供给内容的精益求精和教育形式的喜闻乐见，充分提升教育对象的参与度，发挥其积极性和创造性，打造集思想引领性、沉浸体验性、交流互动性为一体的思想政治教育新范式，为教育对象的学习和全面发展提供配方更先进、工艺更精湛、包装更时尚的教育供给。

三、弘扬文化育人，强化思想政治教育的文化蕴涵

"文化自信是一个国家、一个民族发展中更基本、更深沉、更持久的力量。"① 在新时代中国特色社会主义事业建设中，文化的力量日渐凸显。文化与思想政治教育具有内在的关联性和互动性，在教育功能和价值引导方面趋于一致。习近平总书记高度重视思想政治教育文化育人，2016 年在全国高校思想政治工作会议上强调："要更加注重以文化人以文育人，广泛开展文明校园创建，开展形式多样、健康向上、格调高雅的校园文化活动，广泛开展各类社会实践。"② 兴文化，育新人，文化育人已经成为新时代思想政治教育的一个重要途径和基本理念。

文化育人就是"以文化人、以文育人，用文化滋养心灵、涵育德行、

---

① 习近平：《决胜全面建成小康社会 夺取新时代中国特色社会主义伟大胜利——在中国共产党第十九次全国代表大会上的报告》，《人民日报》2017 年 10 月 28 日。
② 《习近平谈治国理政》第二卷，外文出版社 2017 年版，第 378 页。

引领风尚"①。思想政治教育从某种意义理解本身也是一种文化现象,弘扬文化育人,强化思想政治教育的文化蕴涵,是提升其内生动力的题中应有之义。文化作为一种特定的教育资源和载体,具有巨大的渗透性,潜移默化地影响人们的世界观、人生观、价值观。思想政治教育以文化人、以文育人,从内容方面可以提升理论的温度、厚度和深度,从形式方面可以有效增强思想政治教育的生动性、感染力、吸引力。文化在塑造人、规范人、涵养人的过程中,其方式"持续、柔性、隐喻,它更容易被人理解、接受并践行"②。新时代思想政治教育重视文化育人的理念,本质上是要把中华优秀传统文化、近代以来形成的革命文化和中国特色社会主义先进文化融入思想政治教育,在润物无声中提升教育对象的思想素质、政治觉悟、道德素养。文化资源从构成的角度分析,涵盖物质、精神、制度、行为等多个方面。强化思想政治教育文化育人,从国家宏观层面而言,要重视政策的导向和社会大文化环境的培育,应"以培养担当民族复兴大任的时代新人为着眼点,强化教育引导、实践养成、制度保障,发挥社会主义核心价值观对国民教育、精神文明创建、精神文化产品创作生产传播的引领作用,把社会主义核心价值观融入社会发展各方面,转化为人们的情感认同和行为习惯"③。在思想政治教育中观和微观实践层面,践行文化育人理念,创新"以文化人"的内容、方式、方法是努力的方向和关键。"微社会"育人的改革创新,以文化育人为重要着力点,创建和运用多种文化载体,创设思想政治教育浓郁的文化氛围与教育情景,开展丰富多彩的受教育者群体喜闻乐见的文化活动,增强思想政治教育的文化蕴涵,减少受教育者对教育的厌倦与排斥情绪,获得了提升教育质量、增强教育内生动力的效果。

---

① 冯刚:《新时代文化育人的理论考察》,《学校党建与思想教育》2019年第3期。
② 王振:《增强新时代思想政治教育文化蕴涵的理论思考》,《思想政治教育研究》2019年第2期。
③ 《党的十九大报告辅导读本》,人民出版社2017年版,第41页。

四、坚持协同化育人，构建"大思政"格局

所谓协同化育人，就是要把思想政治工作看作是有机联系的整体，坚持一体化领导，推动各领域、各环节、各要素、各层次的分工协作与有序运行，打好组合拳，形成多方参与、协同推动的"大思政"格局，凝聚教育合力。思想政治教育本身是一项宏大复杂的系统工程，需要全员参与、全方位推动和全要素协同。整体性和协同性不强是一段时间以来思想政治教育存在的重要制约，主要表现为学校、家庭、社会的有效合作不充分，思政课主渠道和日常思想政治教育主阵地的有机结合不紧密，思政课和专业课的协同育人机制不健全，大中小学思想政治教育和思政课建设的衔接递进不严密。破解碎片化所致的虚弱化，提升思想政治教育的实效性与影响力，必须发挥协同化育人的力量，构建"大思政"格局，推进思想政治教育的整体性创新发展。

协同化育人的地位在党的十九届五中全会中就被明确，2021 年全国教育工作会议再次强调，要将学校、家庭、社会协同育人体系作为编制教育"十四五"规划的核心体系之一。在此之后，构建一个协同育人的教育发展生态愈益得到各方的认同与重视，协同育人的内涵与外延也不断得以深化、丰富和拓展。构建协同育人的"大思政"育人格局，关键在于要把思想政治工作看作是一个有机体系，"正确认识和处理好一体与多元、结构与功能、分工与合作、贯通与渐进的关系，推进协同育人，凝聚育人合力。"① 坚持发挥党组织的领导责任和核心主体责任，加强思想政治教育的集中领导、统一组织、统筹策划，推动学校教育与家庭教育、社会教育有机结合，以及各教育板块内部构成要素的有机结合，解决好思想政治教育一体与多元、结构与功能协同统一的问题；推动主渠道与主阵地、思政课程与课程思

---

① 骆郁廷：《推进协同育人 凝聚育人合力》，《中国教育报》2020 年 5 月 18 日。

政、网上与网下、显性教育与隐性教育的有机结合，解决好思想政治教育理论与实践、分工与合作协同统一的问题；推动大中小学思想政治教育的有机结合，构建相互衔接、循序渐进、螺旋上升的教育体系，解决好思想政治教育贯通与渐进、衔接与递进协同统一的问题。

综上所述，坚持协同化育人的理念，有助于思想政治教育整体观和整体性视野的培养，促进各要素之间的融通与整合，避免片面、割裂甚至对立，培育思想政治教育全员全过程全方位育人的良好氛围。

第三节 思想政治教育"微社会"
育人的原则坚持

我国在长期的思想政治教育实践中，总结出一系列科学的教育原则和方法。党的十八大以来，以习近平同志为核心的党中央高度重视思想政治工作，在充分认识思想政治教育规律和科学总结历史经验的基础上，结合思想政治教育现实发展需要，推进思想政治教育原则的守正创新发展。习近平总书记在学校思想政治理论课教师座谈会上的重要讲话中，提出思想政治理论课教学"八个相统一"的原则要求。"八个相统一"不仅适用于思想政治理论课教学，同时适用于新时期一切思想政治教育活动的开展。"微社会"育人以"八个相统一"为根本遵循，致力于思想政治教育改革创新的实践，重点坚持政治引领原则、正面疏导原则、求实原则、守正创新原则、主体性原则、渗透性教育原则，在推动思想政治教育政治性和学理性、价值性和知识性、建设性和批判性、理论性和实践性、统一性和多样性、主导性和主体性、灌输性和启发性、显性教育和隐性教育相统一方面，进行了富有成效的探索。

一、坚持政治引领原则，注重政治性和学理性、价值性和知识性相统一

政治引领原则又被称为方向性原则，它是思想政治教育的根本原则，其核心要求是坚持正确的政治方向不动摇。"思想政治教育根本目的是提高人们的思想道德素质，促进人的自由全面发展，激励人们为建设中国特色社会主义，最终实现共产主义而奋斗。"① 政治引领原则从根本上保证思想政治教育正确的政治方向，解决好培养什么人、怎样培养人、为谁培养人的问题。在思想政治教育活动中必须旗帜鲜明地弘扬政治引领和价值引领，同时又要关照学理性、知识性，注重政治性和学理性、价值性和知识性相统一。

政治性是思想政治教育的本质属性和首要特征。思想政治教育归根到底是"为人民服务，为中国共产党治国理政服务，为巩固和发展中国特色社会主义制度服务，为改革开放和社会主义现代化建设服务"②。新时代思想政治教育"必须自觉承担举旗帜、聚民心、育新人、兴文化、展形象的使命任务"③，建设具有强大凝聚力和引领力的社会主义意识形态，培养担当民族复兴重任的时代新人，是国家赋予的战略要求和重要职责。能否坚持好政治性的根本立场，事关思想政治教育改革创新的成败和健康发展。学理性是思想政治教育政治性的载体和支撑，强调思想政治教育的政治引导功能，并不是要把思想政治教育变为纯粹的政治宣传，思想政治教育的政治说服力必须以学理性为基础。正如马克思所言，"理论只要说服人，就能掌握群众；而理论只要彻底，就能说服人。所谓彻底，就是抓住事物的根本。"④在理想状态下，思想政治教育的政治性和学理性应该是高度统一的。致力于

---

① 陈万柏、张耀灿主编：《思想政治教育学原理》，高等教育出版社 2015 年版，第 79 页。

② 《习近平谈治国理政》第二卷，外文出版社 2017 年版，第 377 页。

③ 《习近平谈治国理政》第三卷，外文出版社 2020 年版，第 310 页。

④ 《马克思恩格斯文集》第 1 卷，人民出版社 2009 年版，第 11 页。

思想政治教育实践，坚持政治性和学理性的辩证统一，是首要的根本的原则。政治性和学理性相统一的必然结论和题中之义是，坚持价值性和知识性相统一。所谓价值性是指客体满足主体需要的属性，思想政治教育改革创新所要坚持的价值性意为强化其在世界观、人生观、价值观方面的引领作用，它是与政治性相一致并服务于政治性的。所谓知识性是指"事物所具有的在人的认识活动中形成的观念和意识的属性。事物的知识性既可以通过语言、文字、图形、符号等载体显露于外，也能够通过体验、感觉、情感、直觉等形式潜藏于人们的意识之中"①。思想政治教育改革创新所要坚持的知识性，意为思想政治教育特定的系统化、理论化、科学化的知识体系属性，它是与学理性相一致的。学理性和知识性集中体现为科学性，其本身是思想政治教育政治性、价值性的科学支撑。"微社会"育人的改革创新，坚持政治引领的原则，以马克思主义为指导，以弘扬社会主义核心价值观为主旋律，以习近平新时代中国特色社会主义思想铸魂育人，把方向性要求贯穿在教育的全过程和具体的活动中，体现出社会主义思想政治教育鲜明的政治属性和价值取向。为实现思想政治教育政治性和学理性、价值性和知识性的有机统一，"微社会"育人从教育内容和教育方式方面进行潜心探索，在教育活动中遵循思想政治教育的一般规律，力避盲目性和随意性。教育专题的选择与教育内容的设计注重从历史的逻辑、理论的逻辑、实践的逻辑进行科学的建构，推进信仰体系和知识体系的有效转化，加强对历史资源和素材的挖掘与运用，紧密结合重大纪念主题，开展党史、新中国史、改革开放史、社会主义发展史教育，使青少年学生学历史、懂历史，从历史中汲取智慧，培养他们的政治认同、家国情怀和道德情操。在教育手段与方式方面，借助新媒体新技术丰富教学载体和形式，将马克思主义传播史展览馆、侵华日军南京大屠杀遇难同胞纪念馆、深圳改革开放展览馆等"移植"进校园，利用

---

① 吴潜涛、姜苏容：《坚持价值性和知识性相统一，推动思想政治理论课改革创新》，《思想理论教育导刊》2019 年第 7 期。

历史要素、革命要素、改革开放要素等系统开展马克思主义理论教育、中国特色社会主义教育，为思想政治教育价值引领和知识育人的有机结合提供了有效的方式、手段保障。

二、坚持正面疏导原则，注重建设性和批判性相统一

正面疏导原则是思想政治教育的基本原则之一，它要求教育者实施教育必须坚持正面为主，理直气壮宣传主旋律，引导教育对象澄清是非观念，形成积极、健康向上的思想认识。对正能量的舆论引导和宣传，是与对错误思想和错误社会思潮的批判和否定相辅相成的。坚持正面疏导原则，实现建设性与批判性相统一，是思想政治教育改革创新的价值导向和根本要求。

新时代思想政治教育面临严峻而复杂的形势，国际上西方资产阶级价值观、思维方式、生活方式的渗透加强，国内改革进入攻坚阶段，社会思潮纷纭激荡，舆论空间鱼龙混杂，以上种种都不同程度影响着民众尤其是青少年群体的政治认同与价值判断，需要进行及时的教育疏导，"坚持建设性和批判性相统一，传导主流意识形态，直面各种错误观点和思潮"①。所谓建设性指的是"一种思想或行为的特殊性质，即同成就事业必然联系在一起的建构性、创造性"。② 思想政治教育的建设性，意为为充分发挥思想政治教育的功能和作用，在思想政治教育实践中，坚持弘扬主旋律，传播正能量，通过不断坚持、创新和完善，积极促进社会主义意识形态的巩固和壮大。所谓批判性是指在思想或行为方面富有洞察力、辨识力、判断力，并善于回顾与反思。思想政治教育的批判性意为对影响思想政治教育功能发挥的思想或行为进行分析、辨别和否定的属性，着眼于运用马克思主义的立场、观点、

---

① 《习近平谈治国理政》第三卷，外文出版社 2020 年版，第 331 页。
② 吴潜涛、陈越：《坚持建设性和批判性相统一，推动思政课改革创新》，《中国高等教育》2019 年第 10 期。

方法批判错误的观点和思潮。建设性和批判性相辅相成，二者的辩证统一有利于传导主流意识形态，增强其引领力。思想政治教育贵在建设，强调正面疏导和教育，才能有效保障改革创新根本目标的实现，巩固和壮大社会主义意识形态，充分激发全社会团结奋进的力量。"微社会"育人坚持正面疏导原则，着力于从优化教育内容和构建良性互动的教育方式方面，探索建设性和批判性相统一的教育体系。在教育内容上，"微社会"育人重视聚焦时代和现实社会热点问题，肯定成就，正向引导，弘扬先进文化和社会正能量，帮助教育对象明确方向、明辨是非，引导青少年树立正确的世界观、人生观、价值观，自觉践行社会主义核心价值观。在教育方式上，"微社会"育人积极探索建设性和批判性相统一的新平台、新途径，借助微电影、虚拟现实、情景体验等教育形式，提升思想政治教育亲和力与趣味性，促进师生之间的多元互动，使教育对象在更为自由、愉快的气氛中，加深对主流意识形态的理解，批判错误的观点和思潮。

三、坚持求实原则，注重理论性和实践性相统一

求实的原则，是指"思想政治教育要始终坚持理论联系实际，一切从实际出发，实事求是的思想路线和原则"①，它是"实事求是"这一马克思主义思想精髓在思想政治教育领域的具体体现。思想政治教育既有理论性，又有实践性，坚持求实原则，推动理论性与实践性相统一，是中国共产党思想政治工作的优良传统，也是新时代思想政治教育改革创新的重要原则和根本要求。

思想政治教育强调用科学理论培养人，理论性是思想政治教育的内在属性之一。在思想政治教育的内容中"包含对实践经验的高度概括和抽象，

① 陈万柏、张耀灿主编：《思想政治教育学原理》（第三版），高等教育出版社2015年版，第205页。

蕴含一定的历史逻辑和历史规律，经过不同程度的理论化和系统化的加工制作过程，因而具有很强的理论性和科学性"①。思想政治教育侧重于理论灌输，通过理论阐述，系统传授马克思主义及其中国化成果。思想政治教育同时强调实践育人，实践性是提高其实效性的内在要求。实践性主要体现在思想政治教育形式的实际性、参与性、行动性，通过不同场域和不同形式的实践活动来完成对理论知识的理解和验证，对情感信念的强化。"道不可坐论，德不能空谈。于实处用力，从知行合一上下功夫，核心价值观才能内化为人们的精神追求，外化为人们的自觉行动。"② 理论阐释实践，实践呼应理论，理论教育和实践育人是一体两翼、相辅相成的关系。思想政治教育坚持求实的原则，把抽象的理论与具体的现实相结合，实现理论性与实践性相统一，有助于避免主观性和盲目性，增强思想政治教育的吸引力与感染力，推动教育对象更深层次地学习和理解理论，更有效地把科学理论内化为精神信仰，外化为认识世界、改造世界的自觉行动。"微社会"育人贯彻马克思主义求实原则的要求，重视理论与实践的对接，探索从理论与实践的统一中去开展思想政治教育活动，夯实知行合一的根基。就本身的功能和地位而言，"微社会"育人属于思想政治教育理论育人与实践育人之间的过渡环节，它试图打破传统的"课堂+社会"的路径依赖，利用现代科技和各种实物手段把社会环境引入教育背景，使教育对象在接受理论知识学习之后，首先在"微社会"的平台通过丰富的情景模拟、体验和消化理论，为更好地走向社会实践做好知识、心理和情感的铺垫。"微社会"育人以系统的理论学习与教育为基础，既关照主导性、灌输性、说理性，用彻底的理论说服人，又关照主体性、启发性、实践性，注重实践教育与体验教育，加强教育的形象性和生动性，让教育者在亲身

---

① 王易：《打造理论性和实践性相统一的思想政治理论课》，《中国高等教育》2019 年第 10 期。

② 习近平：《青年要自觉践行社会主义核心价值观——在北京大学师生座谈会上的讲话》，人民出版社 2014 年版，第 11 页。

参与和体验中，潜移默化实现理论教化向观念内化、信仰内化和行为内化的转变。

四、坚持守正创新原则，注重统一性和多样性相统一

所谓守正创新原则，是指思想政治教育既应该严格遵循根本、坚守正道、固本培元，又要因势而进、推陈出新，遵循事物发展的客观规律，主动地进行创造性的实践。新时代思想政治教育步入新的历史高度和起点，正本清源的使命任务取得重大成效，正在迈进守正创新的重要阶段。守正创新关键在于正本固源，立破并举，它与"八个相统一"重要论述中坚持统一性和多样性相统一的原则具有一致性和契合性。

在守正和创新的辩证统一关系中，守正是前提和基础，创新是手段和要求。经过多年的发展，我国思想政治工作积累了大量宝贵经验，为守正创新奠定扎实的基础。新时代思想政治工作的形势和任务正在发生新改变，为发扬传统优势，激发时代活力，需要创新工作思路和方法，解决新问题，开创新局面。守正创新关涉到思想政治教育统与放的问题，习近平总书记"八个相统一"重要论述强调，要坚持统一性和多样性相统一，深刻阐明了思想政治教育统与放的辩证关系。统一性要求思想政治教育必须态度坚决地全面贯彻执行党中央的决策部署，用马克思主义铸魂育人，培育、弘扬社会主义核心价值观，体现社会主义意识形态建设的要求。思想政治教育具有鲜明的政治性和主导性，它以弘扬主旋律、培育社会主义核心价值观、传导社会正能量为宗旨使命。社会主义意识形态建设的功能秉性，决定思想政治教育在教育目标、教育内容、教育管理等方面必然存在一定层面的统一性政策规范，以及内在的、固有的、共同的本质要求和范式。多样性主要是指思想政治教育在具体路径和方法选择上的实事求是、与时俱进，应因地制宜、因人制宜、因材施教、因时而新，创新多样化的方式供给来提升教育的针对性和实效性。统一性是守正固本的重要保障，多样性是创新发展的必然要求，二

者相辅相成推动思想政治工作的稳定有序发展。"一方面,统一性是多样性的基础和前提,规定着多样性的根本性质和发展方向,离开统一性而言多样性,便会只见树木不见森林,破坏各个要素乃至全局的有序发展;另一方面,多样性是统一性的发展和创新,体现着统一性的发展形式和生机活力,离开多样性而言统一性,便会'一刀切',陷入僵化、死板、单调的教条主义误区。"①"微社会"育人遵循守正创新原则,既坚持守正道、讲正理、育正气,维护统一性的规范要求,又从新时期思想政治工作的客观环境与主体特征快速变化的实际出发,创新教育方式,探索思想政治教育实施路径和方法的多样化,追求统一性和多样性的相互贯通。新时期新媒体新技术以前所未有之势深刻影响着人们的思维方式、行为方式,"微社会"育人借用新媒体新技术等手段,打造模拟社会现实场景的教育平台,以情景体验、实践演示、互动讨论等更形象、更生动、更直观、更灵活的方式开展教育活动,实现了思想政治工作方式的不断推陈出新、与时俱进、创新发展。

五、坚持主体性原则,注重主导性和主体性相统一

主体性原则是指"思想政治教育者在开展教育活动时,应充分尊重教育对象的主体地位,注意调动其自我教育的积极性以达到思想政治教育目标的行为准则"。②习近平总书记"八个相统一"的重要论述,关照思想政治教育主导性和主体性相统一,在维护教育者主导地位、主导作用这一普适性教育法则的前提下,强调主体性原则,充分尊重教育对象在学习中的主体性地位和主体性作用的发挥,推进思想政治教育主导性与主体能动性的相辅

---

① 卢黎歌、隋牧蓉:《"八个相统一":推动思想政治理论课改革创新的遵循原则》,《学校党建与思想教育》2019年第5期。
② 陈万柏、张耀灿主编:《思想政治教育学原理》(第三版),高等教育出版社2015年版,第210页。

相成。

苏联教育家赞可夫认为，就教育效果而言，教育者与教育对象之间的关系影响至关重要。思想政治教育从根本上讲是做人的工作，人都是有思想的，是有意识的类存在物。"就单个人来说，他的行动的一切动力，都一定要通过他的头脑，一定要转变为他意志的动机，才能使他行动起来。"① 思想政治教育效果的达成需要教育者和教育对象双方能动性作用的同频共振发挥才能实现。在教育过程中教育双方形成一种物质和精神的互动关系，教育者与教育对象是职责不同但具有密切联系的教育共同体，其中教育者是教育主导性主体，教育对象是学习性主体。思想政治教育作为一种政治性鲜明的课程，教育者"政治主导、价值引导、思想疏导和行为训导至关重要"②，离开了教育者主导的教育是自发的、盲目的，甚至可能发生方向的偏离。教育对象是学习的主体，离开了教育对象的自我教育和能动参与，教育理论和价值理念很难被真正接受。根据人本主义理念和主体间性理论，教育对象在教育过程中并不是教育的被动接受者，而是主动参与者和建构者，他们对学习存在强烈的自我选择、自我探索、自我建构、自我创造性，教育对象与教育者相互间形成双向作用的影响。教育者实施思想政治教育所传导的理论和价值观，只有通过教育对象自身内在情感与认知的不断矛盾运动才能真正内化为其知识与信仰。因此无论是教育者主导性的偏失或者学习者主体性的忽视均不符合思想政治教育规律。但在现实的思想政治教育实践中，教育者的主导性往往出现异化，甚至演变为教育的主宰，忽略教育对象在教育中的主体参与性，不利于激活他们学习的主动性、积极性和创造性。在教育方式上也常常以单向灌输为主，习惯于我讲你听、我打你通，教育双方缺交流、少互动。因此遵循并探索思想政治教育主导性和主体性相统一的原则和路径，对于提高教育实效性具有重要的方法论意义。新时期教育对象的主体

① 《马克思恩格斯选集》第 4 卷，人民出版社 2012 年版，第 258 页。
② 蒲清平、何丽玲：《思想政治理论课要坚持主导性和主体性相统一》，《思想教育研究》2019 年第 11 期。

意识、平等意识、自我表达意识普遍增强，满足教育对象的发展诉求和期待，因势而新地构建主体性学习和体验的机制，引导教育者进行自我教育、主动内化、不断成长，才能有效实现提升思想政治教育质量和效果的目的。"微社会"育人运用现代化的技术手段，搭建情景体验式的育人平台，教育者通过一定的教育主题选择、背景打造，指导教育对象开展情景模拟、实践演示等活动，高度重视教育对象的情感体验、行动参与、内心感悟，充分关照教育对象主体能动性的培养与激发，收到良好的育人效果。

六、坚持渗透性教育原则，注重灌输性和启发性、显性教育和隐性教育相统一

渗透性教育原则是指采取更间接、更隐蔽、更喜闻乐见的形式，通过把思想政治教育融入到教育对象日常的工作、学习、生活以及文娱活动、社会实践活动中，使其潜移默化接受理论的熏陶与价值观的培养，它具有隐蔽性、启发性与渐进性等特征。渗透性教育与灌输性教育、显性教育之间具有互补性，注重渗透性教育，追求灌输性和启发性、显性教育和隐性教育相统一，是以提高实效性为目标的思想政治教育改革创新的重要原则遵循。

思想政治教育是从建设中国特色社会主义的利益要求和观念意志出发培养人、教育人的实践活动，具有鲜明的意识形态属性。灌输性、显性教育是思想政治教育意识形态统一性的必然要求。革命导师列宁曾旗帜鲜明地论证灌输性教育的重要性，"没有革命的理论，就不会有革命的运动"①，而革命理论不会在群众中自发地形成。"'灌输论'并非在一般意义上讨论马克思主义理论教育的具体方法，而是一个马克思主义政党在任何时候都不能丝毫

---

① 《列宁选集》第 1 卷，人民出版社 2012 年版，第 311 页。

放松、更不能主动放弃的对广大群众进行科学理论灌输和思想武装的重要政治原则。"①新时代思想政治教育必须态度鲜明地强调灌输性原则，坚持用马克思主义、中国特色社会主义理论体系以及习近平新时代中国特色社会主义思想铸魂育人，用科学的世界观和方法论武装人。但"灌输"与"启发"、"显性"与"隐性"并不是绝对对立的。在"灌输"中注重启发，在"显性"的同时注重"隐性"，实现灌输性和启发性、显性教育和隐性教育相统一才更有助于形成思想政治教育的强大合力。如果思想政治教育过于偏重显性教育和直接灌输的形式，满足于传授现成的结论和观点，忽视对教育对象的启发与渗透影响，容易诱发厌倦和抵触情绪。随着时代的发展，人们越来越认识到教育对象的主体性和学习的自我建构性，只有自觉遵循思想政治教育规律和学习者认知规律、成长规律，采取灌输性和启发性、显性教育和隐性教育相统一的方式，加强渗透、启发和引导，才能促使教育对象对理论知识形成更深刻的领悟，并自觉运用马克思主义的基本立场、观点和方法去分析问题和解决问题，实现知、信、行的统一与转化。"微社会"育人作为一种情景体验式教育，是灌输性教育的重要延伸和补充，它创建了多元交互的体验场景，重视渗透、启发与隐性教育，让教育对象"通过查看各种图片、视频、文字等各种资料及邀请相关人物做演讲、访谈等，使用观看、观察、讨论、表演、模拟等形式，在教师的引导下感悟、思考各种理论、社会问题及其联系"②。"微社会"育人研发的虚拟展馆，以传统展馆为基础，利用虚拟仿真技术将展馆及其陈列品移植到计算机上进行展示、宣传与教育活动，打破了思想政治教育时间与空间的局限，可以让分散在各处的受教育者同时进行场馆漫游与仿真互动，从而在更加轻松愉快的心境下不知不觉地接受政治教育与思想熏陶。"微社会"

---

① 冯秀军、咸晓红：《思想政治理论课改革创新要坚持灌输性和启发性相统一》，《思想理论教育导刊》2019 年第 7 期。

② 毕昱文：《高校思想政治理论课"课堂+微社会+社会"教学模式创新探索》，《河南科技学院学报》2015 年第 8 期。

育人和课堂教育、社会实践的有机结合，在坚持思想政治教育政治性、理论性、思想性的同时，增强了思想政治教育的亲和性、趣味性和感召性，推动思想政治教育更具科学性和实效性。

| 第三章 |

思想政治教育"微社会"育人平台的建设

当前，思想政治教育工作存在的主要问题之一，就是理论与现实相脱节，缺乏对社会现实问题的关注，这直接影响到思想政治教育教学的实效性。因此，思想政治教育工作者要发扬理论联系实际的马克思主义学风，自觉将马克思主义理论同中国特色社会主义实践有机结合起来，通过理论联系实际的教育教学，让青少年领会到科学理论的实践价值。同时，思想政治教育工作者要重视思想政治教育的实践性，把思政小课堂同社会大课堂有机结合起来，提高青少年运用科学理论认识问题、分析问题和解决问题的能力，教育引导青少年立鸿鹄志，做奋斗者。[①]

进入 2000 年以来，中共中央、国务院及中央宣传部、教育部等陆续出台了一批推进思想政治教育改革，加强实践育人的指导性文件，并多次对思想政治教育的实践性、实践教学环节提出了明确而富有针对性的具体要求。随着相关文件的陆续出台，革新思想政治教育传统填鸭灌输式教育模式，探索实践育人新思路、新模式也就提上了日程，全国范围内掀起了思想政治教育改革的高潮。在深刻领会习近平总书记关于思想政治教育工作的系列重要

---

① 刘丙元：《基于实践哲学的高校思想政治教育治理逻辑》，《思想政治教育研究》2022年第3期。

讲话精神、中央和教育部关于思想政治教育改革的相关文件精神和总结思想政治教育实践育人典型经验做法的基础上，结合当前思想政治教育工作实际，考量思想政治教育普遍存在理论教学实效性差，社会实践掣肘因素多的情况①，部分学校扑下身子，动真碰硬，守正出新，凝练出一种落实和加强思想政治教育的新思路、新模式——"微社会"育人。"微社会"育人是以原有实践为出发点、以现有问题为生成点，以立德树人为落脚点，以"供给侧改革"思维探索虚拟现实等新媒体新技术与思想政治教育高度融合创新的发展路径，主动对接并实践"新媒体新技术+思想政治教育"构想，破解思想政治教育理想和现实之间难题的一场教育革新。"微社会"育人全面发力、多点突破、纵深推进，通过模式攻坚、平台攻坚、体系攻坚，创新育人模式，搭建育人平台，拓宽育人格局，深化育人效果，推进思想政治教育在改进中加强，在革新中提高。作为联系教育主体和教育客体的中介，承载、传导思想政治教育内容，促进思想政治教育主客体相互作用的载体，"微社会"育人平台价值尤为重大、意义尤为突出。

第一节 平台的定位与目标

思想政治教育分为理论教学和实践育人两个环节。很多学者，尤其是研究型大学的部分专家坚持认为思想政治教育实践育人的实施平台只能是校外社会实践基地，并对校外实践的体系创新、机制构建、路径优化等进行了较为深入的研究，但是对于思想政治教育校内实践模式探索和平台创建的关注暂付阙如，校内实践平台的样态模型、课程开发、运行流程、保障机制等也缺少全面性、系统性的理论探究。其实，实践育人只能在校外社会基地开展的见解是片面的。就实践育人言，不能完全以教育场所在课堂外来评判是否

---

① 李海娟：《新时代高校实践育人路径探析》，《思想理论教育》2021 年第 8 期。

实施了实践育人，实践育人平台也完全可以是在校内构建的。把握和判定实践育人的标准，主要不是看教学场所是否"在社会"，而是要看教学内容是否"在社会"，即是否富含"社会实践性内涵"①，"微社会"育人就是富含"社会实践性内涵"的教育教学模式。"微社会"育人平台就是要把思想政治教育基本理论知识与青少年个性发展规律以实践活动的形式整合起来，实现课内与课外、校内与校外、理论与实践的有机整合。

从中央和教育部关于加强思想政治教育实践教学的文件精神来看，实践教学环节在思想政治教育教学中的地位和作用正在凸显出来。青少年参与实践教学意愿强烈，然而由于安全、师生比、基地数量、经费、时间、交通等因素的制约，目前许多社会实践活动的数量严重不足，质量乏善可陈，受众面较小，无法实现全员参与，甚至流于形式，形同虚设。② 面对思想政治教育实践育人的现实困境，面对新媒体时代思想政治教育面临的冲击与挑战，"微社会"育人平台正视当代青少年"数字原住民"的现状，化"危"为"机"，打破原有的思维定式和传统范式，利用"互联网+思想政治教育""虚拟仿真+思想政治教育""人工智能+思想政治教育""实物造境+思想政治教育"等新媒体新技术拓展思想政治教育的样态和途径，一改"配方"陈旧、"工艺"粗糙、"包装"落伍的严峻形势，提升马克思主义理论的时代感、吸引力和传播力，增强思想政治教育的引导性和实效性。

一、平台的柔性定位与集成设计

思想政治教育"微社会"育人平台是一个"有围墙的微型社会"，是思想政治教育理论学习的延伸及有机组成部分，既能与思想政治教育理论学习

---

① 李松林、李会先：《关于高校思想政治理论课实践教学的几点思考》，《思想教育研究》2006 年第 7 期。

② 沈震：《思想政治理论课全员深度互动教学的新思考》，《思想理论教育导刊》2018 年第 12 期。

有机结合，又能把社会环境引入教育背景，是管理科学、功能完善、运行顺畅、实用性强、利用率高的校内实践育人的基本载体，也是思想政治教育教学改革、研究、交流的重要平台。

（1）有效衔接"思政小课堂"与"社会大课堂"。新时代我国思想政治教育工作在取得显著成绩的同时，也日益显现出理论教育与社会实践结合不够紧密，社会实践明显不足，甚至流于形式等突出问题。如何进一步强化实践育人，更好地实现知行合一，成为思想政治教育工作者亟待解决的重大课题。面对新的形势任务和问题挑战，"微社会"育人坚持把创新教育模式、提升教育质量作为抓中心，促发展的头等大事。在深刻总结长期实施的"课堂+社会"教育模式的经验基础上，经过广泛调研、深入论证，博采众长、集思广益，探索性地提出了"课堂+微社会+社会"的思想政治教育实践育人新模式，实现了"思政小课堂"与"社会大课堂"的有机统一与有效结合。"微社会"育人平台是这一模式中衔接"思政小课堂"与"社会大课堂"的桥梁环节，在布局设计上，借鉴博物馆的设计风格，主次分明、散中有聚、恢宏大气，体现出"传统与现代相结合、科技与人文相结合、思政小课堂与社会大课堂相结合"的风格特点。平台利用虚拟现实、幻影成像、人机互动等新媒体新技术开发虚拟场馆，利用微型实物陈列布局建设实体场馆，营造思想政治教育教学所需要的环境条件与情境氛围，"补理论教育之无，充社会实践之缺"，让青少年足不出户，即能实现课堂理论知识与社会实践活动的联系与结合，以"供给侧改革"思维提升了青少年的"获得感"和"满意度。

（2）辩证统筹实践育人体系的构建和实施。实践育人是新形势下思想政治教育工作的重要理路，是培养青少年社会认知与职场意识，提升思想品德、心理素质、意志品质、学习能力、沟通能力、协作、创新思想、专业技能和实践能力的重要环节，在人才培养过程中起到核心作用。但是，实践育人目前依然是人才培养过程中最薄弱的环节之一，实践育人环节在发展中的"短板效应"依然突出，加强实践育人工作已经成为提高人才培养质量亟待解决的重大课题，推动形成全员全程全方位育人的有效途径。思想政治教育"微社会"育人平台紧扣时代脉搏，结合品牌特色，辩证统筹"理论教育+微社会校内体验+社会实践"育人体系的构建和实施，以虚拟场馆、仿真布局、主题活动、社会实践、志愿服务等多元化载体，实现全员覆盖，以达到实践育人和立德树人的教育目标。①

（3）整合提升思想政治教育教研成果转化效能。"微社会"育人模式的创立、平台的搭建和活动的开展，久久为功，能够为思想政治教育理论研究指出新的方向，开辟新的领域，凝练新的研究成果，造就新的理论人才。因为，思想政治教育"微社会"育人不仅是受教育者的实验室，更是教育者的研究室，以教育理论指导教育实践改革创新，用教育实践改革创新推动理论发展，形成科研与教学的良性互动机制，能够有力地加强思想政治教育教学和马克思主义理论学科建设。实践出真知，而研究的目的又在于应用。思想政治教育"微社会"育人秉持"教研相长、以研促教、于教中研"的理念，以富有针对性的科研促进教学，在教学实效性中积累科研素材，通过多种途径，有效实现科研成果向教学的转化。从实际出发，将有价值、可操作性强的思想政治教育研究成果应用于思想政治教育的工作实践，为改进教学方法，提高教学技能和教学质量提供理论指导，从而盘活长期以来停留在文字上的思想政治教育研究成果，实现思想政治教育的研究服务于教学和社会的目的。②

二、平台的规划维度与目标向度

1. 基于新媒体新技术环境的立德树人平台

伴随人工智能、虚拟仿真和大数据技术的蓬勃发展，新媒体新技术已经

---

① 邓纯余：《新时代思想政治教育社会化的理论与实践审视》，《思想理论教育》2022 年第 8 期。

② 杨建义：《思想政治教育理论成果实践转化探析》，《思想教育研究》2013 年第 7 期。

成为现代生活的重要组成部分，已成为落实立德树人的前沿阵地，通过新媒体新技术平台进行内容传播、思想引导和价值引领，营造富有时代感和吸引力的教育环境，具有重要的意义。

（1）思想政治教育虚拟仿真教学平台。思想政治教育"微社会"育人的显著特点是现场感和情境性，这是"微社会"育人在"实践"维度上的一个优势。但是，相当一部分"现场"和"情境"并不完全等于现实生活中的现场和情景。一般而言，它是现实生活中现场和情景的模拟，或者说是经过整理、设计过的"现场"，是专为教育教学而营造的一种"情境"。"微社会"育人通过新媒体新技术的综合运用——尤其是虚拟仿真技术——推进虚实融合，加强思想政治教育与社会生活的有机结合，设计的"现场"尽可能贴近当代现实、贴近历史场景，系统呈现中国近现代180余年、中国共产党百年、新中国七十余年、改革开放四十余年奋斗历史中的全景面貌、立体影像，在鲜活体验中揭示历史运行的内在逻辑，搭建实践养成与理论教育相互赋能、优势互补、一体推进、融合发展的思想政治教育实践育人新格局。加强红色文化资源的开发和创造性转化，加大"虚拟场馆"研发力度，丰富"虚拟馆库"建设，打造思想政治教育云端场馆，构建线上线下混合式实践育人模式。通过虚拟仿真技术实现学习者身处实景、触摸实物、耳闻解说、对话现场等多元智能刺激，突破思想政治教育实践育人的地域性限制，以期青少年能"不出户，知天下；不窥牖，见天道"。打造思想政治教育虚拟仿真实验教学"金课"，推进思想政治教育虚拟仿真实验教学再上新台阶、展现新作为，为改革与创新新时代思想政治教育提供新模式、新方案，切实提升思想政治教育实践育人的亲和力、针对性、实效性。[1]

（2）思想政治教育智媒体传播平台。思想政治教育立德树人的成效一定程度上取决于所采取的方法手段对青少年和社会生活的适应情况。当前，

① 沈震、杨志平：《思想政治理论课教学与新媒体新技术相融合的若干思考》，《思想理论教育》2017年第3期。

思想政治工作面临着全新的媒体环境,将各种智媒体工具更广泛地应用到思想政治教育中已是大势所趋。新时代的青少年是伴随着网络时代出生和成长起来的一代,更容易接受分享型、互动型、去中心化的媒体传播方式和"精准滴灌"的信息推送。在智媒体时代背景下,只有把握传播规律演进,把各类媒介传播模式纳入思想政治教育工作之中,才能更好地贯彻立德树人的教育理念。"微社会"育人深刻把握思想政治工作规律,集中优势资源推进媒体融合,借助智媒体平台、现代化信息技术手段,开展思想政治教育工作,满足了以"00后"为主体的青少年的日常信息需求,多元化、即时性的信息符合当前青少年的资讯获取偏好,增强了思想政治教育的交互式体验。"微社会"智媒体平台建立了一个统筹理论与实践、课堂与课后、校内与校外、线上与线下的系统性综合性一体化思想政治教育育人体系,实现了新媒体与传统媒体融为一体、齐唱共鸣,在智媒体时代牢牢把握住了思想政治教育工作话语权,实现了真正意义上的"一站式"育人。[①]

2. 基于"三全育人"视域的综合实验平台

课程思政分别从全员育人、全程育人、全方位育人视域提出了新时代思想政治教育的多维育人体系,"微社会"育人平台利用新媒体新技术从人间、时间、空间向度架构课程思政、大中小学思政课一体化、大思政课建设成果的宣传展示平台和研究实践平台。[②]

(1)"大思政课建设"服务平台。一是构建"大思政课"工作格局。思想政治教育"微社会"育人牵头成立"大思政课"研究中心,以更大的战略格局、更大的学科合力、更大的资源整合,努力探索形成"大思政课"建设的有益经验。统筹"大思政课"的教学研究与建设工作,特聘专家为

---

① 杨仲迎、吴保磊:《全媒体样态在高校思想政治教育中"融作用"之探究》,《黑龙江高教研究》2018年第11期。

② 宋丹:《试析高校思想政治工作与信息技术的融合》,《学校党建与思想教育》2021年第12期。

"大思政课"建设提供精准指导，推广"大思政课"建设实践中的优秀成果，推动形成齐抓共建"大思政课"的思政工作新格局。二是开展"大思政课"特色实践。习近平总书记强调，"大思政课"我们要善用之。思政课不仅应该在课堂上讲，也应该在社会生活中来讲。这一重要讲话意涵丰富、直抵人心，为思想政治教育进一步改革创新指明了方向、提供了遵循。"微社会"育人以青少年为中心，以特色实践活动为抓手，创新育人形式，激发教学活力，将青少年的思想政治教育与特色主题实践活动结合起来，着力培养青少年爱党、爱国、爱人民的深厚情感，引导青少年树立正确的世界观、人生观、价值观，扣好人生第一粒扣子。组织开展"流动课堂"，将思想政治教育设在爱国教育基地、扶贫一线、工厂社区，把思政小课堂同社会大课堂结合起来，在行走课程的实践中培养青少年的爱国心、报国情、强国志。例如作为农业院校，"微社会"育人可以组织开展田间地头的"大思政课"，让青少年体会农业生产的不易，感悟党带领人民解决"三农"问题、实现脱贫攻坚的伟大成就，树立强农兴农的决心。三是加强"大思政课"资源建设。"微社会"育人积极探索思想政治教育实践育人的生长点和延伸点，充分利用时事政治、国计民生、舆论热点、行业发展等贴近生活、贴近青少年的特点，推广共享时代榜样、英雄模范、行业标杆、典型事迹、经典案例等思想政治教育教学资源库、教学素材库，分享思想政治教育学习教参、教辅、网络课程、电子图书等资源，拓展共享内容，为"大思政课"建设提供丰富多样的优质教学资源，实现资源内外联动，努力培养德智体美劳全面发展的社会主义建设者和接班人。①

（2）"大中小学思政课一体化建设"展示平台。思想政治教育是一个"跨学段"的有机整体，贯穿大中小学，伴随青少年成长成才的全过程。推进思想政治教育"一体化"建设，要树立系统思维，打破学段区隔，注重分层分类，统筹好德育目标一致和内容梯度衔接的关系，统筹好教育主体的

---

① 朱好婷：《高校思想政治教育要主动"破圈"》，《人民论坛》2020年第30期。

整体性和不同学段教学规律的关系，通过改革创新打造思政金课。为促进教育教学一体化，思想政治教育"微社会"育人可以推动成立区域性大中小学思政课一体化建设指导委员会，推进大中小学思政课课程内容、教学评价、资源环境、教师专业发展等方面的一体化发展，推出一些示范课程、培养一批优秀师资，为思想政治教育一体化提供"样本"，为在大中小学各学段一体化联动式推进"思想政治教育"建设集思广益。例如，有计划地定期组织各学段的思想政治教育工作者集体备课、磨课，通过统筹设计，有机衔接各学段思想政治教育教学重点。围绕同一主题，各学段开展一体化教学展示与项目研究。在学段衔接的同时，推动小学、初中、高中、大学内部各年段的教学一体化建设。组织开展大中小学思想政治教育工作者在师资培训、集体备课、教学实践、课题调研等方面的全方位合作，提升思想政治教育工作者的整体素养。

（3）"课程思政建设"宣传平台。思想政治教育"微社会"育人，以立德树人为根本任务，以培养担当民族复兴大任的时代新人为目标，充分发挥自身优势，按照价值塑造、知识传授和能力培养融为一体的人才培养总体要求，紧紧抓住教师队伍"主力军"、课程建设"主战场"、理论教学"主渠道"，制定和出台一系列创新性举措，邀请名师开展课程思政专题培训，举办"课程思政"教学大练兵及教学观摩等活动，从组织保障、目标导向、特色发展、队伍建设、金课建设、青少年培养等方面深入推进课程思政建设，深化课程思政教学改革。立足学科特点，深入提炼各类学科课程所蕴含的思政要素，充分挖掘课程的德育功能，将爱国情怀、"三农"情怀、工匠精神、严谨务实、勇于探索、精益求精的科学精神等"思政元素"以润物细无声的方式自然而然地融入专业课教学过程。将各门课程蕴含的思政元素有效转化为育人优势，发挥育人作用，切实提升课程思政育人实效，培养人格健全、信念坚定、基础知识扎实、专业实践能力强、勇于创新、德智体美劳全面发展的社会主义建设者和接班人。着眼于课程思政的长期效应，通过树立典型，以点带面，全面推进课程思政体系建设，实现知识传授、能力培养与价值引领的有机统一，构建专业课教学与思想政治教育教学紧密结合、同向同行的育人格局，为区域课程思政建设积累更多可推广、可复制的建设经验。

3. 基于"区域联盟"背景的协同创新平台

"微社会"育人以构建"大思政区域联盟"为契机和抓手，架构实践育人的品牌培育平台、合作共享平台和推广应用平台。

（1）实践育人品牌培育平台。实践育人是新形势下思想政治工作的重要载体，是推动形成全员全程全方位育人的有效途径。思想政治教育"微社会"育人以虚拟场馆、仿真布局、主题活动、社会实践、志愿服务等多元化载体，实施"课堂实践、微社会实践、社会实践"三位一体的实践育人体系，推动思想政治教育和新媒体新技术的有机结合，建立线上思想政治教育平台和线下自主实践基地，切实提升"微社会"实践育人的亲和力、针对性、实效性，打造思想政治教育"金师""金课"，引导青少年树牢"四个意识"、坚定"四个自信"，以达到实践育人和立德树人的教育目标。同时，紧扣时代脉搏，结合品牌特色，力争把"微社会"育人运行平台打造成为相对稳定并具有良好教学成果和社会效益的爱国主义教育基地；打造成为管理科学、功能完善、运行顺畅，实用性强，利用率高的思想政治教育实践育人品牌培育平台。

（2）实践育人合作共享平台。思想政治教育"微社会"育人聚焦改革发展过程中困扰教育、科研、管理的核心问题和难点问题，组建教育联盟，构建统一高效、互联互通、安全可靠的思想政治教育实践育人合作共享平台，探索区域性思想政治教育沟通协作机制，实现学校、地方、企业共建共享实践育人新资源，协同开发具有区域特色的思想政治教育新项目。第一，共建思政资源研学基地。建立合力育人机制，打造实践育人高地。强化学校与社会之间的内外协同联动，建立思想政治教育与行业实践的协同育人机制，与地方政府、企业签署共建思想政治教育教学研究基地框架合作协议，协同开设思想政治教育示范课程,丰富思想政治教育建设载体,打造一批思想政治教育实践育人孵化基地和研学基地。第二,搭建区域协作共享平台。勾勒"施工图",敲定"任务书",提高资源整合优化,推进优质教育资源共享,促进资源流动,提升平台利用率,搭建辐射全省思想政治教育实践育人交流展示桥梁、资源汇聚平台,促进对接合作,推广经验做法,共谋创新发展,打造协同育人的新格局,为思想政治教育"微社会"育人提供更加广阔和更加长远的发展空间。①

(3)实践育人推广应用平台。教学研究成果是教育教学工作成就的重要体现,其价值就在于应用,优秀教学研究成果作为教学研究成果的杰出代表,应在更大范围内发挥其对教学改革与发展的引领推动作用,并促进教学研究成果自身持续改进与深化发展。"微社会"育人教学研究成果取之于教学改革研究与实践活动,通过科学合理的教育教学改革方案设计,对教育教学改革与发展的过程与效果进行提炼总结,经过一定范围的教学实践检验,证明其具有良好的实效性与推广应用价值。重视"微社会"育人优秀教学研究成果培育与推广应用,对保障人才培养质量具有重要意义。第一,交流推广建设经验。"微社会"育人开展的工作、探索的教学改革成果,具有很强的可复制性,对思想政治教育教学改革有较高的推广应用价值,可以挖掘多元教育资源、培养青少年自主学习能力提供借鉴。第二,建设成果推广网站。思想政治教育"微社会"育人应建设富有思想政治教育个性特色和课程特点的专门门户网站,一方面是移植和整合更多的内外部实践育人资源,提升实践育人的信息化、网络化和现代化水平,更为重要的是打造一个思想政治教育工作的专业宣传平台,展示"微社会"育人成效,分享"微社会"育人经验。

思想政治教育"微社会"育人平台是新媒体新技术时代思想政治教育

---

① 邓纯余:《新时代思想政治教育社会化的理论与实践审视》,《思想理论教育》2022年第8期。

工作的实践创新成果，优势、特色、效果显著，不仅着眼于施教者，更着眼于受教者；不仅着眼于教育教学，更着眼于科学研究；不仅着眼于当下改革，更放眼于未来发展。随着"微社会"育人模式的实践与成熟、交流与推广，必将在数省乃至全国产生广泛而深远的影响。

第二节　平台的设备与功能

"微社会"育人平台意在构建和开发"高水平校内实践育人大平台"。所谓"高水平"的"高"是指实践育人设备的类型、数量和组成，指导教师的素质、层次和数量，实践育人的模式、方法和实施过程符合立德树人的需要，并有效提升全体青少年的创新意识、创新精神和创新能力。所谓大平台的"大"，体现在规模上，就是具有充足的设备和场地，能够开展较大规模的实践育人活动；体现在类型上，就是建立以学科大类区分的教育平台；体现在功能上，就是育人理念超前，仪器设备、实践手段先进，对资源进行有机整合，资源共享；体现在效果上，就是发现和培养个性化、创造性人才，满足青少年求知识、求创新的愿望。

平台内有全息投影、幻影成像、触摸一体查询机、触碰点播机、模拟真人解说系统、电子翻书、电子沙盘、虚拟仿真体验平台等大中型现代技术设备，设计安装有各种程序、视频、音频、图片、PPT、电子书等软件资源。平台的功能设置，紧扣思想政治教育实践育人的内容安排，围绕"微社会"的核心理念，结合青少年的认知特点，科学规划"资料触摸查询区""实物陈列展览区""3D影像沉浸区""情景模拟表演区""互动交流讨论区"等功能区域，集"收藏、储存、展览、播放、陈列、模拟、表演"等多种传播样态为一体。①

一、人机交互设备精准供给资源

以虚拟翻书、智能查询机、触碰点播机等设备组建"资料触摸查询区"。平台利用现代技术设备系统化地收集、存储、展示各教学模块和实践专题所需的文字、图片、影像等电子资料,触碰点播机的主要功能特色是青少年可以自行选择感兴趣的文字、音视频资料点击切换观看。触摸查询机的主要功能特色是实现青少年课程的自主性学习和测试。所有电子资料由授课教师精心挑选推荐,经"微社会"教研组专门谈论、一致通过后,方能作为常备资料存入机器设备,并适时进项补充和更新。资料内容涵盖各个实践专题,青少年可根据所实践专题进行相关资料的自主查询,也可根据教师的安排利用课余时间进行自我学习、自我教育。

二、物理仿真设备体验具身沉浸

以数字沙盘、微型景观、单元陈列柜等设备组建"实物陈列展览区"。平台搜集中国近现代以来富有年代感和代表性的各种文物、器具、论文、著作等实物,不仅用于陈列展出,同时还要收藏保存,作为实物资料供师生研究学习。该区域主要利用桌型展柜、柱型展柜等进行年代展品的陈列、展览,"实物陈列展览区"又细分为"红色文化主题展区""年代社会生活变迁展区"和"师生实践作品展区"。"红色文化主题展区"通过草鞋、军装、马灯、大刀、图书等展示近现代以来中国共产党领导中国人民进行革命、建设和改革的艰辛历程。"年代社会生活变迁展区"通过制作沙盘、模型、场

---

① 宫长瑞、轩宣:《数智化思想政治教育的图景展现及其实践策略》,《思想教育研究》2021 年第 11 期。

景模拟等形式，把变迁的历史、社会搬进校园，通过陈列新中国成立后不同年代的代表性生活物品来展示、讲述中国人寻梦、逐梦、筑梦、圆梦的辉煌征程。"师生实践作品展区"主要陈列师生各思想政治教育专题的调研成果、汇报成果和展示成果。

三、智能模拟设备再现全息感知

以环幕影院、全息影像、虚拟展馆等设备组建"3D影像沉浸区"。平台预先购置红色影视资料，包括电影、电视剧、纪录片等，每逢重大节庆日或纪念日，比如七一、十一等，全天候开放，进行展播。借助3D技术构建3D立体影院，加深青少年对于过往峥嵘岁月的沉浸式感受。3D影像具有主体突出、科技含量高、效果逼真等特点。青少年在体验过程中可以真实感受到影片中的各种物件扑面而来，仿佛置身于影片的环境中，感受高新技术带来的新奇体验。例如，徐克执导的3D电影《智取威虎山》在播放后，青少年反响强烈，认为徐克把经典样板戏改编成精彩恢宏的大片，既忠于原著，让大多数熟悉样板戏的老一辈人看得舒心并完全接受，又用震撼的战争场面和3D超视觉，进一步丰富了年青一代观摩的刺激需求。

四、情景构建设备营造演艺氛围

以音响、灯光、舞台、LED大屏等实景演出设备组建"情景模拟表演区"。受教育者在教育者引导下，利用现代化声光电系统搭建情景模拟表演舞台，在模拟历史或现实的特定场景中，开展表演、辩论、体验、互动等形式的教育活动。思想政治教育"微社会"育人要求青少年把对每一个实践专题的理解以作品的形式呈现出来，不同学科专业背景的青少年，结合所学，创作书法、绘画、手工等形式多样的作品，除此以外，还有很多作品是以节目或活动的形式在情景模拟表演区来进行的。为了让青少年更好地体验曾经的峥嵘岁月,"微社会"育人平台应按照标准化的行政班级购置情景模拟演出服装和道具。服装有红军服、农民服、八路军军装、新四军军装、五四青少年装、民国文人装等;道具有红军大刀、步枪、驳壳枪、斗笠等。青少年可以编排的特色节目有虎门销烟、五四运动、遵义会议等,组织的特色活动有模拟总理答记者问、家乡美:人文地理秀等。节目和活动形式新颖,内容积极,参与面广泛。

五、数字互联设备泛在信息互通

以互动大屏、智能留言系统、虚拟讲解等设备组建"互动交流讨论区"。受教育者在进行专题实践之前进行方案策划、活动组织、节目编排,专题实践之后进行效果评价、体会交流和经验总结的区域。在思想政治教育"微社会"育人辅导教师的指导下,实践小组成员利用课余时间进行实践专题的讨论,主要包括确定活动或节目的名称、呈现形式、主创人员、参与人员、服务人员等。专题实践后,由各实践小组组长组织组员进行实践感受、感触、感想的交流,辅导教师进行实践总结,进一步提升实践专题的高度、延伸实践专题的深度、拓展实践专题的广度,使青少年深刻领会思想政治教育相关理论内容的重要性。

除此之外,平台的功能设计没有止境,可以根据教育者设计的实践育人形式不断变化,平台区域规划在可容纳范围内,可以不断拓展丰富。比如,为了完善平台功能,在虚拟仿真展馆的建设基础上,新建红色资源书吧,购置大量历史伟人、历史事件和红色展馆画册,组成多维度、多层次、立体化的平面图文展区等。

思想政治教育"微社会"育人平台立足思想政治教育目的和人才能力培养目标,融合新媒体新技术资源,合理设计、科学开发实践育人平台,并根据具体情况来不断更新、完善实践育人设备与功能,构建健全、规范、科学的实践育人体系。它是在原有的理论教育和校外基地实践基础上建构的校内新媒体新技术教育和学习平台，能够移植多样化教育资源、提供多元化教育场域、整合多课程教育内容、完成多层次教育任务、达成全方位教育效果、实现多维度教育评价，有效推动形成了理论与实践同步，成长与创新并行的育人新格局。

第三节 平台的管理与维护

思想政治教育"微社会"育人平台的实质是为教育者、受教育者创造了一个进行数字化教育与学习的资源中心，为全面开展思想政治教育实践育人提供坚实的基础。随着信息化教学的迅速发展，"微社会"育人在整个教育领域的应用将越来越广，作用也越来越突出。针对现有平台在运行过程中产生的相关问题，只有科学规范平台的管理体制、维护体制，通过对制度建设、设施设备和人员培训等方面进行管理与维护，才能保证整个平台尽可能发挥其作用，更加稳定、高效运行，更好地支持新媒体新技术化的教育与学习。①

一、推进平台特色管理制度体系的构建与实施

"无规矩不成方圆"，教育管理规范化制度化是保障平台正常教学秩序、提升教育质量和效果的前提与基础。思想政治教育"微社会"育人是一个面广量大、组织复杂的过程，更需要建立健全平台制度体系来规中求实、规中求新、规中求优，提高育人的科学性、创新性和可操作性。一是健全规章制度，细化分工责任。思想政治教育"微社会"育人平台要实现高效运行，

---

① 李荣胜：《论高校思想政治教育无形资源的开发与应用》，《学校党建与思想教育》2022 年第 10 期。

必须针对各项具体工作建章立制，形成一系列切实可行的管理制度，规范平台各个环节的管理，如《"微社会"基层教学组织章程》《"微社会"育人平台管理制度》《"微社会"育人平台建设规划》《"微社会"育人教育质量监控制度》《"微社会"育人平台人员岗位职责》《"微社会"育人平台使用记录》《"微社会"育人平台安全管理制度》《"微社会"育人平台技术人员工作日志》等。二是完善内控制度，强化执行落实。"微社会"育人完善教师指导细则、学生实践手册等制度规范，用规范来确保"微社会"育人的教育目标、教育内容、教育方法、教育手段和组织形式有章可循、有序开展；严格依据人才培养方案和教学大纲、教学计划，组织落实集体备课、授课设计、质量评价反馈等教育环节各项任务，统一规划"微社会"育人调度安排，保证平台有序、高效地运行。三是完善过程管理，强化效果评价。突出思想政治教育"微社会"育人的过程管理，保证育人课程开出率，实现育人的全程监控。从开始选择实践专题，到制订实践计划，开展实践活动及总结和交流实践经验，强调对育人过程的各个环节进行严格控制和规范管理，实现个性化与模块化的有机结合；建立实践育人运行情况统计和分析系统，实现育人数字化管理，及时准确地提供实践育人的各种信息；强化思想政治教育"微社会"实践育人的效果评价，设置两级教学运行督导和教育质量评价反馈机制，并对指导教师、实践对象分别建立教育考评体系和效果评价体系。[1]

二、提高平台智能设施和数字资源的运维投入力度

进入新时代，新一代信息技术的日趋成熟，不仅为教育信息化提质升级与持续发展提供了新动能，也为思想政治教育的改革创新创造了新机遇。与

---

[1] 杨仲迎、吴保磊：《全媒体样态在高校思想政治教育中"融作用"之探究》，《黑龙江高教研究》2018 年第 11 期。

传统的思想政治教育模式相比，"微社会"育人在内容、方式、时间、空间上都发生了较大变化，需要加强常规的基础设施建设和活动基地建设等，更需要利用虚拟现实、建模仿真、在线开放平台、大数据等新媒体技术，构建全方位、全过程、全天候的智能支撑体系，打造更加智能、高效、便捷的智慧系统，例如购置智能化教育分析系统和评价系统，形成全过程的动态监测数据，开展智能教育诊断和多元学习评价，精准评估教育效能，改善教育供给与学习需求的匹配度。① 因此，需要多渠道筹措资金建设基础设施完备、教学设备配套齐全、硬件现代化水平高、软件品种功能齐全、教育教学资源丰富、档案管理科学的实践育人平台，助力教育教学、管理服务的改革攻坚，赋能思想政治教育的创新发展。增强平台财力支撑，加强智能化教育设施和数字资源的建设"规划——建设——运维——优化"投入力度，营造良好的教育教学环境，是实施思想政治教育"微社会"育人的重要保证，也是支撑思想政治教育"微社会"育人持续稳步发展的关键基石。②

三、强化平台教师媒介素养和新媒体技术应用能力

新时代的思想政治教育越来越需要媒介技术与资源的支持，而日益复杂的媒介环境也对教师的媒介素养提出了新要求，为教师的专业发展赋予了新内容。一是教师要转变运用新媒体新技术的观念意识。媒介素养是新时代教师队伍必备的素质之一，提高媒介素养能力的关键在于教师的主观能动性，平台教师要紧跟时代脉搏，树立终身学习意识，自觉增强媒介素养的自我教育，主动学习相关技术知识，了解新媒体新技术的运行特点和工作机制，将

---

① 杨业华、刘靖君：《高校思想政治理论课教学环境建设探析》，《思想理论教育导刊》2011 年第 4 期。

② 王健、郑旭东：《新时代信息化促进高校思想政治教育的思路、框架与建议》，《电化教育研究》2022 年第 1 期。

新媒体新技术熟练融入教学模式，善于利用新媒体新技术推进教育革新，提升运用新媒体和新技术的认同度、达成度、协同度等，充分发挥平台多媒体设备及多媒体教学软件的最大使用效益，既要做青少年的理论导师，又要做实践导师。① 二是平台或学校要强化新媒体新技术培训学习。新媒体新技术更新迭代速度飞快，对"微社会"育人工作构成了较大挑战。平台应完善长效培训机制，通过开展线上线下专家讲座、常态化专题研讨会、教学经验交流会、现场参观考察、多媒体课件制作竞赛、现代教育技术成果展示会等形式，加大网络技术、在线平台、管理软件等新媒体新技术的全覆盖式培训和指导，提升平台教师实践育人的专业水平，培养教学特色鲜明、教学内容前沿、教学手段先进、教学效果显著、教学经验丰富的思想政治教育"微社会"实践育人师资队伍。②

党的十八大以来，以习近平同志为核心的党中央把思想政治教育工作摆在突出位置，发表了一系列重要论述，作出了一系列重大决策部署加以推进。习近平总书记强调指出，思想政治工作关系培养什么样的人、如何培养人以及为谁培养人的根本问题，事关党的领导，事关中国特色社会主义事业后继有人，是一项重大的政治任务和战略工程。无论是从党和国家的重视和要求来看、从面临的形势和挑战来看，还是从教育的职责和使命看，加强和改进新时代新形势下的思想政治教育工作，都有着特殊的重要性和现实的紧迫性。思想政治教育"微社会"育人注重完善思想政治工作体系，遵循思想政治工作规律，遵循教书育人规律，遵循青少年成长规律，因事而化、因时而进、因势而新，不断提高工作能力和水平，不断创新思想政治工作内容和形式，推动思想政治工作同新媒体新技术高度融合，构建"多维联动，多元协同"教育体系，建设青少年体验社会，读解、参与并见证中华民族

① 曾静平：《高校思想政治工作之新媒体素养五法则》，《中国高等教育》2018 年第6 期。

② 于乐、唐登蓥：《信息技术与高校思想政治理论课融合的实践性思考》，《学校党建与思想教育》2018 年第 9 期。

伟大复兴的平台，教育引导广大青年形成正确的世界观、人生观、价值观，增强中国特色社会主义道路、理论、制度、文化自信，确保青年一代成为社会主义建设者和接班人。

| 第四章 |

思想政治教育 "微社会" 育人的组织运行

在《关于费尔巴哈的提纲》中，马克思强调："全部社会生活在本质上是实践的"。"全部社会生活"，既包括物质的社会实践活动也包括精神的社会实践活动。思想政治教育在其本质上就是一种有目的进行的既改造主观世界又变革客观现实的、富有实践性的对象性活动。在对思想政治教育实践育人范式模型、专题设置、运行流程、教学效果、保障机制进行广泛而深入的调查研究基础上，针对育人现状存在的普遍性实践难题，例如教育内容上存在条块分割及重复交叉；实践活动覆盖面较小，青少年参与程度不高；实践活动形式陈旧单一，难以满足新时代青少年的要求；实践组织缺乏有效的指导和管理等，国内部分高校探索提出思想政治教育 "微社会" 育人模式。

思想政治教育 "微社会" 育人是在青少年完成相关理论学习任务之后，独立设置的实践性环节，其目的是培养青少年综合运用马克思主义的立场、观点和方法，发现、提出、分析和解决问题的能力，是对青少年实践能力的具体训练和考察过程，是教育对象应进行的一种综合性训练。科学规范的组织运行是实践 "微社会" 育人模式和平台功能的关键所在。"微社会" 育人锚定实践育人改革和发展中存在的问题，对思想政治教育实践育人的内容和流程进行优化完善，并对实践育人的形式进行改革创新，构建系统而富有操作性的实践育人内容体系、流程模式和保障机制。①

第一节 "微社会"育人的内容选择

新媒体新技术的引入为思想政治教育创新提供了新的思路，为全员全程全方位思想政治教育的实现提供了可能性。新媒体的发展带来了信息手段的扩展，打破了教育资源的跨时空传递瓶颈，新技术的运用带来了传播手段的拓宽，实现了优质教学资源的互通共享，为新时代的思想政治教育提供了极为丰富且新鲜的资料资源，推动了思想政治教育内容的优化创新。

一、"微社会"育人内容选择的原则

1. 引导性原则

在新媒体新技术相对开放的传播领域内，存在大量虚假、诈骗、煽惑、敌视、暴力、恐怖、色情等各种有害信息，毒害社会生态、消解社会共识，对缺乏辨别能力的青少年产生了极为不良的影响。习近平总书记指出："如果一个社会没有共同理想，没有共同目标，没有共同价值观，整天乱哄哄的，那就什么事也办不成。"② 新时代的思想政治教育工作者要正视思想意识多元多样，舆论态势日益复杂的局面，敢于创新、善于通变，深刻理解利用网络新媒体凝聚社会共识的意义，充分发挥新媒体凝聚社会共识的重要作用。针对青少年在新时期出现的新问题、新情况，"微社会"育人要涤荡思想迷雾、增进价值认同，把以爱国主义为核心的民族精神教育、以改革创新为核心的时代精神教育、社会主义核心价值观教育、科学发展观教育、集体

---

① 梁铭：《思想政治教育如何彰显实践育人功能》，《人民论坛》2021 年第 8 期。
② 《习近平关于网络强国论述摘编》，中央文献出版社 2021 年版，第 70 页。

主义精神教育、人文和科学精神教育等纳入青少年思想道德素质、科学文化素质和心理健康素质协调发展的思想政治教育新体系中，加强教育引导，重视建构信息传播的伦理规范。

2. 正能量原则

立德才能树人，德是评价教育质量的首要标准，也是青少年成长成才的前提和基础。青少年是国家的未来，民族的希望，其思想道德建设的成功与否，关系着社会的稳定和发展，关系着民族的兴衰，决定着国家未来的命运，因此要加强对青少年的社会主义核心价值观教育，注重思想政治教育、品德教育。基于新媒体新技术的思想政治教育"微社会"育人充分考虑新时代青少年的思想政治教育接受规律，坚持文化知识学习与思想品德修养的统一、理论学习与社会实践的统一、全面发展与个性发展的统一，为他们的全面发展和综合素质提升提供更多更强大的正能量，使思想政治教育的社会价值功能和个体价值功能得到充分体现。①

3. 人文性原则

思想政治教育的根本宗旨是解决青少年在世界观、人生观、价值观、政治观、法治观和伦理观等方面存在的问题，新媒体新技术时代的思想政治教育工作要围绕青少年的成长需要而展开，尊重和倡导青少年自立性、独立性、能动性和创造性的发挥。"微社会"育人利用新媒体新技术优势及时有效地关注和解决青少年思想问题和实际问题，以生为本，因材施教，关心每一个青少年，充分尊重、信任他们，解决青少年学习和生活中遇到的困难；引导青少年树立正确的价值观念，使其能够辨别是非、善恶、美丑，能够抵

---

① 陈志勇：《新媒体时代的大学生思想政治教育》，中国文史出版社 2014 年版，第34—35 页。

制各种诱惑，能够调适自身心态、控制言行，使自己合乎社会主流价值评判标准。①

4. 生活化原则

生活化是指教育生活化、生活教育化的辩证统一。生活与教育是同一过程，著名教育思想家陶行知先生深刻指出"生活即教育"，教育不能脱离生活，生活也不能脱离教育是生活教育理论的核心。新时代增强思想政治教育的吸引力和实效性应该注意将目标设定、理论内容、活动实施等具体化、具象化，与青少年的现实生活实际相联系，与青少年的成长发展实际相结合。思想政治教育必须注重在现实生活的背景中学习，回归到生活中去，与社会生活融为一体，把思政小课堂同社会大课堂结合起来，倡导在解决实际问题的过程中，深入理解思想政治理论的核心概念。"微社会"育人一方面加强思想政治教育同生活的联系，将富有教育意义的生活内容纳入到课程领域，纳入课程组织结构中加以统整，引导学生在处理纷繁复杂信息的过程中明辨是非，树立正确的世界观、人生观和价值观；另一方面有目的、有意识、有计划地创设贴近生活实际的情境，将受教育者置于生活之中，在潜移默化中使其接受教育，引导受教育者在社会生活的实践中利用科学理论对现实问题进行剖析，达到自我教育的目的。

二、"微社会"育人内容选择的特征

1. 科学性与时效性相融合

新媒体新技术环境下，新时代青少年追求个性自我，思想认识和价值取

---

① 顾钰民：《新时代思想政治理论课传统优势同信息技术高度融合研究》，《思想理论教育导刊》2018 年第 9 期。

向呈现多元化的特征，思想政治教育"微社会"育人工作者必须转变对青少年思想政治教育工作的理念、创新方式方法，根据不同的青少年，制定并围绕具体的、不同的工作目标设计教育内容，及时开展教育引导活动，并且紧跟时代步伐，紧密联系青少年思想实际和身心发展的特点，把时效性、新闻性与传统思想政治教育内容有机结合起来，吸引青少年关注思想政治教育内容，将国家大事、百姓难事、感人故事、身边典型引入思想政治教育内容，作为思想政治教育的活素材、好教材，提升青少年思想政治教育的科学性、针对性和时效性。

2. 层次性与递进性相统一

"微社会"育人将思想政治教育内容分为三个层次，并围绕这三个层次合理开发和创新教育内容：第一层面是核心内容，即思想政治教育相关课程群建设；第二层面包括与核心内容相符合的背景知识介绍和述评，如参考资料、典型案例以及与其相关的链接网站等；第三层面则为核心内容的延伸，如名师讲座、学术论坛等。随着思想政治教育内容的层次递进，新媒体新技术得以发挥优势，渗入到育人全过程中来，建立一个传统性教育内容与创新性教育内容相结合的思想政治教育内容体系，实现思想政治教育功能的优化创新。

3. 普遍性与个性化相结合

准确了解新媒体时代青少年的特征，是开展思想政治教育的必要前提。新时代广大青少年的思维方式、交往方式和行为方式发生了深刻变化，思想政治教育不能用单一的内容、千篇一律的方式进行。"微社会"育人从受教育者的生理、心理和思想实际出发，承认个体发展的差异性，注重个性的丰富性，去理解教育对象的个性，实施个性化思想政治教育，即在思想政治教育过程中，根据教育对象类型的不同和个体差异的实际，实施不同的教育内容和教育方法。个性化教育方法的核心是充分尊重教育对象个体的差异性、独特性和自主性。当然，在尊重学生个性发展的同时，也要有效地把握普遍性的思想政治教育目标。坚持普遍性与个性化相结合的原则，是新时代增强高校思想政治教育实效性必须坚持的重要原则。

三、"微社会"育人内容的场域与样态建构

青少年对思想政治教育不感兴趣的主要原因是，教育方式几乎完全以教育者单方面讲授灌输为主，青少年课堂参与度低，缺乏有效互动，更谈不上因材施教，个性教育。新时代的思想政治教育工作者要树立受众思维或者说是乙方思维，在输出内容时，要从受众即受教育者的角度去思考，构建可感知的内容体系。内容的智能化、场景化、角色化和活动化对教育者来说是一个呈现结果，但对受教育者来说是一个从零到一的体验过程，变"单向灌输"为"双向互动、全员参与"。[①]

1. 历史场域：虚拟再现时代风云

虚拟仿真等高新技术的勃然兴起，为过往历史的情境再现和仿真模拟提供了物质技术条件。思想政治教育工作者在进行理论教育和实践育人时可以充分利用虚拟仿真技术与教育有机融合带来的变革契机，让思想政治教育的理论内容"活"起来，使得教育手段更加丰富多样，带给青少年直观、形象、立体、多维的感官刺激，让青少年观察到在现实生活中不能观察到的事物。借助虚拟仿真技术，思想政治教育工作者可以对无法到达的场地和过往的历史情景进行仿真，借助视觉、听觉、触觉等信息的共同作用形成新的育人模式。比如，"微社会"育人在讲授红军长征有关内容时，可以通过虚拟现实技术模拟红军长征过程中的地理环境、气候条件等，通过场景再现、交

---

① 周红、巩倩倩：《新媒体技术与高校思政课融合路径探析》，《电化教育研究》2020 年第 10 期。

互体验，让青少年沉浸其中，体会红军爬雪山、过草地的艰辛，理解伟大的长征精神，学习红军勇往直前、不畏艰难的高尚品质。

虚拟仿真技术通过创设教育环境，能够全方位调动教育对象的视觉、听觉、触觉等，激发学习动机、增强学习体验、创设心理沉浸感、实现情境学习和知识迁移，达成身心感受的联结，显著增强教育对象的感受力和接受度。"微社会"育人模式利用虚拟现实技术可以将遍布各地的红色展馆，比如中央编译局的马克思主义传播史展览馆、广东省深圳市深圳博物馆的改革开放展览馆、江苏省南京市的侵华日军南京大屠杀遇难同胞纪念馆、辽宁省抚顺市的雷锋纪念馆、河南省兰考县的焦裕禄纪念馆等，开发建设成与实体馆内容完全一致的虚拟馆，使青少年足不出户即能获得深入现场参观的沉浸式体验。[①]

2. 社会场域：场景模拟典型事件

缺乏真实社会环境是传统思想政治教育成效不足的重要原因之一。因此，思想政治教育"微社会"育人创新教育方法、教学手段，创设场景模拟教育法，即在教育者指导下，让青少年在接触和感受一种近似于真实的环境和条件中进行学习和实践。尽管模拟的环境与条件与真实的环境与条件有一定差距，但它却具有真实情况不具备的显著优势，有助于提高青少年的学习兴趣，改变以往理论教育枯燥无味的局面，可以使青少年触景生情，激活思维，融会贯通所学知识，这不但活化了所学知识，而且还可以使青少年更加深刻地理解语言之外所传递的丰富信息。因此，能够有效地增强思想政治教育育人的效果。"场"与"景"的复合构成"场景"，"场景"是一种"同时涵盖基于空间和基于行为与心理的环境氛围"。典型事件的场景模拟，一般是通过事件场景的布置，或者通过语言、图片、视频等设置仿真场景，

---

① 田珊：《数字化红色文化资源赋能高校思政课的价值及路径探析》，《思想理论教育导刊》2022 年第 7 期。

让青少年进入所设置场景之中，犹如身临其境，从而产生情感的体验和思想的共鸣，在不知不觉中学习、内化理论知识。

思想政治教育输出的一切内容都要建立在能够与教育对象的交互之上。知识和理论的价值附属于应用场景的，只有强化体验，教育对象才能感受到真正的价值。当下教育对象所缺的可能并不是某些理论，而是缺少一些应用场景。"微社会"场景模拟教育，注重遵循受教育者认知产生原理和身心发展规律，是能够迅速提高受教育者素质教育水平的现代化育人手段，不仅丰富了理论学习方法，有效地调动了青少年学习的积极性、主动性和参与性，增强了教育效果，还充分发挥了思想政治教育培养社会主义合格建设者和接班人的功能，同时也符合思想政治教育与时俱进的理论品质。①

3. 文化场域：角色扮演历史人物

思想政治教育"微社会"育人按照教育目标的要求和理论内容的安排，指导青少年自主设计作品、编排节目，运用角色扮演创设育人情景，如小品、相声、话剧、舞台剧、情景剧、音乐剧、模拟会议等。首先，教育者应该起到良好的指导作用，向青少年讲明教学活动的目的和要求以及具体的内容范围。其次，指导青少年按照要求，结合实际，制定出角色扮演活动的具体题目，并制订出具体的实施方案，提交"微社会"育人指导小组审核、修改、通过后，组织青少年进行排练。最后，青少年在"微社会"育人平台进行展示表演。展演结束后，围绕所扮演的角色，青少年可以从活动的价值和意义、表演的内容和形式等方面开展讨论，讨论过程中，指导教师应当给予及时的点评、总结和提升。这样不仅可以使青少年从中获得喜悦、满足、成就等积极的情感体验，使青少年在愉悦的过程中把晦涩的理论知识内化于心，同时，也有利于培养青少年主动学习、表演表达、自主创新、组织

---

① 孙璐杨、伍志燕：《智媒体时代大学生思想政治教育的特征、挑战与对策》，《黑龙江高教研究》2022 年第 8 期。

协调和统筹管理的能力。例如,在"中国近现代史纲要"课程的学习过程中,思想政治教育"微社会"育人组织青少年编排《虎门销烟》《五四运动》《八七会议》《遵义会议》等节目,通过情景再现,模拟表演关键性历史人物,简单明了地让新时代青少年清楚了历史选择中国共产党、选择社会主义道路的必然性,既达到了预设的教育目的,又收到了良好的教育效果。①

4. 治理场域:活动展示时事政治

传统的说教式灌输教育法过分强调了教育者的主导作用,忽视了青少年的主体性作用,造成了青少年的学与教育者的教处于一种相对割裂的状态;原有的思想政治教育育人范式只是简单交代是什么,理论知识的学习也一直采用简单的死记硬背的方法,一定程度上,使青少年对思想政治教育产生了倦怠,甚至是厌烦的心态。新时代,新媒体新技术环境下的思想政治教育工作者如果仍然采用以往说教式的教学方法,就很难调动青少年学习的积极性和主动性,培养青少年的学习热情和兴趣。思想政治教育"微社会"育人,一方面采用活动展示法,使青少年更好地理解理论,获得知识,学会运用马克思主义的基本原理来认识问题、分析问题和解决问题,活动展示的每一环节都需要青少年主动参与和积极配合,充分发挥了青少年学习的主体性作用。另一方面,由于"微社会"育人活动展示的内容、形式及取材不再是刻板艰涩的概念、判断、推理等逻辑形式和逻辑演绎,而是活生生的事实、景观以及真切实在的亲身体验,因此,这种育人方式可以达到"润物细无声"的理想教育境界,可以使枯燥的理论化作生动、鲜活的情景内容进入青少年的视线和头脑,使之成为思考的对象,并赋予它价值和意义,对它做出价值的判断和界定,进而触动青少年心灵,成为他们内心的价值观念和价

---

① 李东坡、郭佳琪:《思想政治教育环境艺术化塑造研究》,《湖北社会科学》2019 年第3 期。

值体系。①

四、"微社会"育人内容的呈现形式

新媒体新技术的迅猛发展使思想政治教育产生了全方位、多维度的变革，并为之提供了更为高效、更加便利的传播形式，有力地推动了思想政治教育时空、主客体和技巧的嬗变。思想政治教育工作者依托新媒体新技术跨越了教育者与被教育者交流沟通的时空障碍，延展了教育素材，拓宽了教育资源，丰富了教育载体，实现了优质红色教育资源的共建共享，促进了思想政治教育的内容优化和形式创新。思想政治教育"微社会"育人重在移景、造境、塑心，创设与理论学习相交融的年代情景和社会环境，鼓励青少年加强自主学习、自我教育和自我管理，其育人的具体呈现形式随着内容设置、科技发展和教师素养提升可以不断拓展与更新。

关于党史、新中国史、改革开放史、社会主义发展史等，采取"立言者：红词脱口秀""国家记忆：中国纪事本末""鸿图华构：马克思主义迹循"等呈现形式，运用红色虚拟场馆等载体，让青少年感知并内化；关于世情、国情、党情、民情等，采取"家乡美：人文地理秀""乡土筑梦：社会主义新农村典范""行知课堂：社会调查""舟水政治：人民历史作用论"等呈现形式，运用仿真实物造型等载体，让青少年调研并宣讲；关于中国特色社会主义道路自信、理论自信、制度自信、文化自信等，采取"哲学王与理想国：新民说中国梦""春华秋实：我的中国心""文化方舟：礼敬中国"等呈现形式，运用幻影成像、全息投影等载体，让青少年认同并坚定；关于伟大建党精神、中华民族伟大复兴中国梦、中共一大到二十大等，采取"国运千钧：革命建设改革在家乡""强国有我：微课大赛""弘开玉局：中共一大

---

① 宗爱东：《思想政治教育回归生活世界：目标与路径》，《上海交通大学学报（哲学社会科学版）》2022 年第 2 期。

到二十大"等呈现形式，运用微型实物布局、主题党团活动等载体，让青少年理解并弘扬；关于伟人成长、名人事迹、重大历史事件、重要社会事件等，采取"印象中国：伟人零距离""立德者：美丽中国故事汇""青春有约：主题专访"等呈现形式，运用戏剧舞台角色扮演、实体场馆场景再现等载体，让青少年缅怀并铭记；关于社会公益、生态伦理、美丽中国建设、社会主义核心价值观等，采取"陆岛：志愿服务活动""杞忧：环保 DIY 作品展""梦马笔枪：文明校园行""风华阳光：公益海报/广告大赛"等呈现形式，运用教育资源库、教学资料库等载体，让青少年思考并践行。

总而言之，思想政治教育"微社会"育人充分发挥虚拟仿真的技术优势创设新的体验环境和学习情境，创新实践育人的呈现形式和载体，实现了由"教师为中心"向"青少年为中心"的转变，使得理论教育不再是简单的"我讲你听"，而是要充分激发青少年学习的自觉性、积极性和主动性，把被动学习变为主动学习，把单向传递变为双向互动，把主要用"心"学习变为"身心"并用，真正让青少年成为了学习的主人，较大程度上弥补了传统教学模式的不足，显著提高了教育质量和实效，切实增强了育人效果。①

第二节 "微社会"育人的方式创新

一、思想政治教育方式的新时代因应与对接

立身之本在于立德树人，坚持立德树人就要善于抓住思想政治教育这个关键。思想政治工作关系培养什么样的人、如何培养人以及为谁培养人这个

---

① 齐佳：《新媒体与学校思想政治教育发展策略》，《中学政治教学参考》2021 年第 31 期。

根本问题,必须坚持正确政治方向,必须切实加强和改进思想政治教育工作。随着信息时代的到来,以互联网、人工智能、大数据为代表的新媒体新技术已经深入到社会各个角落,也融入到教育的各个层面,渗透到每个青少年的学习和生活环境中,深刻地影响着他们的思想观念、日常交往和学习行为。新媒体新技术的日益普及给以传播主流文化为主的思想政治教育工作提供了新的载体和机遇,也带来了巨大的压力和极大的挑战。①

1. 思想政治教育模式的因应与对接。习近平总书记明确指出,"现在,媒体格局、舆论生态、受众对象、传播技术都在发生深刻变化,特别是互联网正在媒体领域催发一场前所未有的变革"。② 微博、微信、数字广播、短视频、大数据、云计算等新媒体新技术层出不穷,影响力与日俱增,新媒体新技术时代已经到来。青少年思想政治教育工作面临的"最大变量"就是新媒体新技术,因为青少年往往是最新科技、最新技术的最新接收者,教育者却往往是被动、落后地使用新媒体新技术。新媒体新技术的快速发展对原有的教育时空有限、教育对象和信息有限、教育内容陈旧呆板、教育形式单调的思想政治教育模式形成了巨大的冲击,提出了巨大挑战,实现了革命性的变革,青少年生长并生活在海量信息供应下,对知识掌握的宽度和深度不再仅仅依赖课堂和教师,对社会问题的认识也不再单向度地依赖教育者的教育。③ "一支粉笔、一块黑板、一本书"面对面灌输的思想政治教育工作模式已经过不了时代关,教育者必须把握新媒体时代思想政治教育的特点和规律,拓宽思想政治教育的途径,丰富思想政治教育的内容,研究新技术即时高效的信息传播形态,提高思想政治工作科学化、信息化水平,变"最大变量"为"最大增量"。④

---

① 余友情:《新媒体技术对高校思想政治教育的影响》,《山西财经大学学报》2021 年第 S1 期。

② 《习近平关于网络强国论述摘编》,中央文献出版社 2021 年版,第 66 页。

③ 朱妤婷:《高校思想政治教育要主动"破圈"》,《人民论坛》2020 年第 30 期。

④ 王爽:《新媒体时代大学生思想政治教育的挑战与创新》,中国言实出版社 2014 年版,第 55—60 页。

2. 思想政治教育主体的因应与对接。思想政治教育主体功能的充分发挥，对思想政治教育的高效和实效、思想政治教育工作的开展具有重大的理论价值和实践意义。然而，网络已经成为青少年寻求知识不可或缺的手段和工具，成为青少年学习生活的"第一环境"，青少年的学习、生活等都处在网络多声道话语体系的包围中。互联网、智能手机等新媒体新技术正在创造着一个"人人都有麦克风"的空前活跃的世界，由于网络空间的角色意识淡化、群体去中心化和交往去边界化等特征，改变了信息产生和扩散方式，同步、实时和多向度接收信息变为现实、泛化性和多向性传播信息成为可能，也打破了传统信息"点对面"的传播格局，信息传播不再是上下一律、一以贯之，青少年对教育者的知识依赖度大大下降，导致作为教育主体的思想政治教育工作者的"权威性"遇到了巨大的冲击，"主导性"受到了严重的削弱，"引领性"陷入了前所未有的危机，大大增加了思想政治教育的工作难度。新时代的思想政治教育工作者要通过培训、学习等各种举措，深刻把握青少年成长规律和新媒体舆论传播规律，增强接受新鲜事物的敏锐性、提高媒介素养和运用水平以及良好的收集信息、分析信息的能力，摆脱信息劣势，积极"入网""入圈"，深入青少年世界，说服并引导青少年接受主流价值观。①

3. 思想政治教育导向的因应与对接。习近平总书记在多个重要场合指出，意识形态工作是一项极其重要的工作，要牢牢掌握意识形态工作领导权，能否做好意识形态工作，事关党的前途命运，事关国家长治久安，事关民族凝聚力和向心力，是一个看不见硝烟的重要战场。新时代，新媒体已经成为思想文化信息的集散地和社会舆论的放大镜，意识形态斗争的主战场，成为舆论新格局的重要组成部分。网络平台的开放性、共享性，使得信息呈现爆炸性增长趋势。西方某些国家妄图利用社会问题煽动社会不良情绪，削

---

① 马云志、付静伟：《思想政治教育话语权威的现实困境及其超越》，《思想教育研究》2022 年第 7 期。

弱社会主义意识形态的控制力，破坏我国社会稳定；境外敌对势力利用技术优势伺机进行意识形态渗透，传播腐朽落后的资产阶级思想文化，冲击青少年原有的价值体系和行为观念，导致其理想信仰迷失、价值观念混乱，对思想政治教育工作造成了不可低估的挑战。青少年时期正是塑造人的"三观"阶段，作为青少年的"政治领路人"，思想政治教育工作者要牢牢掌握舆论工作主动权和主导权，必须因势而谋、应势而动、顺势而为，主动适应国内外舆论环境变化，注意辨析网络政治文化领域的苗头性、倾向性问题，密切关注网络舆情、关注青少年思想政治动态，把握正确舆论导向，用深入浅出的理论解说为党发声、为国陈情，加强对媒介信息的准确判断和理性筛选，以专业视角引导青少年学会理性思考，扎实做好思想政治教育工作，不断增强社会主义意识形态的凝聚力和引领力。①

4. 思想政治教育价值的因应与对接。随着新媒体新技术的普及崛起和广泛应用，青少年的生活方式、思维方式、行为方式、思想观念以及社会心理都发生了前所未有的深刻变化，原有的以单向、正面灌输为主的思想政治教育模式已经不能适应于"大众麦克风"的新媒体时代，这对思想政治教育的手段、效果都构成了严峻的挑战。泛在化的网络和新媒体的普遍使用使信息传播内容呈现出裂变式的爆发性增长状态，思想观念和舆论舆情复杂多元，各种话语体系不断涌现，众声喧哗，泥沙俱下，难以有效地控制，对是非辨别能力不高、人生观和价值观正在形成的青少年影响很大。新媒体新技术时代的思想政治教育工作者要承担立德树人的使命就必须开阔思维视域，顺应舆论格局变化，融新媒体新技术和思政教育传统优势于一体，了解在新媒体新技术环境下成长的一代青年人的思考模式和行动逻辑，用贴近青少年、贴近时代的方式传承红色基因，让主流价值实现"智慧化""智能化"传播；必须顺势而为，参与公共事件讨论和网络舆论引导，直面各种错误观

---

① 邹慧、徐志远：《基于新媒体技术的思想政治教育创新研究》，《广西社会科学》2016年第2期。

点和思潮,将价值引导融汇在一个交流思想、相互倾听的开放空间之中,积极探索话语权创新,让主旋律的传播更加年轻化,让正能量的传播入耳、入脑、入心。①

5. 思想政治教育时空的因应与对接。在传统的思想政治教育模式下,教育者是思想的布道者、理论的传授者,高高在上,教育过程就是教师主体向学生客体的单向传输,缺乏动态交互,带有明显的自上而下的"管理性""指导性"痕迹。新媒体的飞速发展和新技术的应用创新为丰富青少年思想政治教育方式提供了坚实的技术支持,提供了丰富的信息资源和便利的交流方式,增强了思想政治教育工作的辐射力,也改变了思想政治教育主体和客体之间的地位、关系。作为新媒体时代的思想政治教育工作者,应当适应现代传播方式和传播手段发展的新趋势加强和改进思想政治教育,更新对教育方式的认知,突破交互时空的限制,利用媒介生态的变化,打造主流价值发声的泛在阵地,建立主流价值与青少年之间的新链接,优化育人交互时空。作为受教育者,青少年应当打破教育者与教育对象的疆界,变被动接受为自主学习,增强主体意识、参与意识,充分发挥内生动力作用,增强自我效能感,利用"碎片时间"通过新媒体新技术进行无边界、全时空学习。②

二、"微社会"育人方式创新的多元探索

1. 理论教育、校内体验和社会实践:"三位一体"协同育人

思想政治教育"微社会"育人以科学实践理论、认知发展理论、主体间性理论、社会在场理论和媒介丰裕度理论为指导,利用新媒体新技术——

---

① 纪谦玉:《新媒体视域下思想政治教育创新研究》,《教育理论与实践》2016年第3期。

② 周红、巩倩倩:《新媒体技术与高校思政课融合路径探析》,《电化教育研究》2020年第10期。

尤其是虚拟仿真技术——构建"三位一体"的育人体系、多层次全方位的育人环节,实现了课堂理论教育、校内体验教育、社会实践教育的有机统一与有效结合。①

第一,构建以"翻转课堂"为主导的课堂理论教育,培养青少年运用马克思主义基本原理认识、分析、解决问题的能力。"翻转课堂"是一种将传统课堂与在线教学结合起来的混合教育模式,在知识的传授、能力的提升和情感的培养等各方面,改变青少年的被动地位,"以青少年为中心",充分体现青少年的中心地位,使青少年的主体角色贯穿在整个学习过程中,实现有效的教育互动。"微社会"育人翻转课堂的主要创新特色是,通过改变教育程序、技术载体拓展学习时空,将思想政治教育延展到课前与课后。在指导教师的精心组织下,以课前视频学习、课堂交流讨论、微课展示和小组课题合作等互动讨论式、自主探究式、项目合作式的教育方法,让所有的青少年都参与到自主性、开放性的学习中,提升青少年的自主性、实践性和体验感,提高思想政治教育的问题导向性,增加青少年和教师的有效互动和个性化沟通,实现"塑造型"育人向"成长型"育人、"灌输式"教育向"启发式"教育、"接受性"学习向"探究式"学习的翻转,适应了当代教育民主化与信息化的发展趋向。②

第二,构建以"微社会平台"为依托的校内体验教育,提升青少年对"四个自信"的情感体验、理性认知和价值认同。人无精神则不立,国无精神则不强。红色教育资源是中国共产党长期革命斗争实践的产物,蕴含了优良的党风党纪、崇高的理想信念、高尚的道德情操、厚重的先进文化、科学的执政意识,具有超越时空的强烈震撼力、突出的感染力和强大的教育功能。"微社会"育人以平台建设为抓手,全面整合优质教育资源,打造红色

---

① 陈士军、张伟:《从统一性到多样性:高校思政课实践教学创新机制》,《中学政治教学参考》2022 年第 12 期。

② 沈震:《思想政治理论课全员深度互动教学的新思考》,《思想理论教育导刊》2018 年第 12 期。

智能化、开放式课堂。"微社会"平台是联系课堂理论教育和社会实践教育的过渡性介体和有机化延伸，其核心建设理念和体验方式是：依据马克思主义认识论和心理学认知原理，在充分尊重青少年学习主体性和个体差异性的基础上，利用虚拟现实、全息投影、幻影成像、人工智能、智慧教室、互联网+、大数据、慕课等新媒体新技术，微型实体陈列布局等新智慧新方案，移植和融合多种红色教育资源，模拟历史情景、社会环境、红色展馆等实体或虚拟景象，打造专业化、数字化、多功能、一站混合式思想政治教育"微社会"实践育人平台，通过体验式、情景式、践行式、翻转式教学，在虚拟仿真"微社会"教育背景下，让青少年"足不出校"即能感受"走向社会"带来的情感体验和理性认知。①

第三，构建以"基地研学"为主线的社会实践教育，培养青少年服务社会、传承文化的意识和能力。社会实践活动一直以来都是青少年接触社会、体验生活、服务大众的好机会。思想政治教育理论不应只是试卷上的考题，而是真正体现为为民造福的理论政策；革命精神、中国精神、抗疫精神、建党精神等社会主义先进文化也不仅仅是存在于政治课本中，而应深深地印在每个人的心中。在翻转教学、体验教育的基础上，"微社会"育人应以社会实践基地为第二课堂，利用课余时间或寒暑假，通过典型参观、实地考察和社会调研等形式对青少年进行党史、新中国史、改革开放史、社会主义发展史、中华优秀传统文化、革命文化、社会主义先进文化和理想信念等方面的教育，使青少年在真正意义上体会源远流长、博大精深的中华文化，感悟红色文化，传承红色精神，追忆峥嵘岁月，坚定理想信念。②

2. 虚拟场馆和实体展馆："虚实相生"同向育人

新媒体新技术的出现使得思想政治教育的教学手段更加丰富多样，更加

① 高义栋、闫秀敏、李欣：《沉浸式虚拟现实场馆的设计与实现——以高校思想政治理论课实践教学中红色 VR 展馆开发为例》，《电化教育研究》2017 年第 12 期。
② 邓纯余：《新时代思想政治教育社会化的理论与实践审视》，《思想理论教育》2022 年第 8 期。

富有时代感和吸引力,"微社会"育人能给青少年提供更加直观、形象的多重感官刺激,让青少年观察到在现实生活中不能观察到的事物。借助虚拟现实技术,思想政治教育可以对无法到达的场地和过往的历史事件进行模拟仿真,借助视觉、听觉、触觉等信息的共同作用形成新的教育方式。比如,我们常说,"苦不苦,想想红军二万五;累不累,想想雷锋董存瑞"。教育者在讲授红军长征有关内容时,可以通过虚拟现实技术模拟红军长征过程中的地理环境、气候条件,再现雷锋、董存瑞的人生历程和伟大人格,通过场景再现、交互体验,让青少年开启古今"穿越之旅",沉浸其中,体会红军爬雪山、过草地的艰难困苦,理解伟大的长征精神,学习雷锋、董存瑞勇往直前、服务人民的高尚品质和奉献精神。

过去的展馆展览都是实物展示,有时间和空间上的限制,而虚拟现实技术打破了空间以及时间的局限,用身临其境的方式呈现出大量信息。"微社会"育人将虚拟场馆和实体展馆建设相结合,为新时代思想政治教育注入技术活力,"虚实相生"打造了一个一站式、多功能、可拓展、无限次使用的红色资源高度融合平台。平台可以根据思想政治教育的活动内容和专题设计需要,实现多主题供给、多渠道保障,连类而及,不知凡几。变换和营造不同的实践育人教育环境,鱼龙百变,出奇不穷,实现人文与科技相融会,课堂和社会互贯通,极大提高"微社会"育人模式的实用性和平台的利用率。

总之,"微社会"育人通过开发多样性的虚拟场馆和多元性的实体展馆,构建了思想政治教育海绵型平台,对外吸收积蓄优质红色资源,对内释放红色文化正能量。一是,使得思想政治教育的教学方法更加丰富多样,给青少年提供直观、形象的多重感官刺激,让青少年亲身体验别样人生的伟大人格,体味红色岁月的峥嵘历程。二是,实现了"以青少年为主体"的革新初衷,激发了青少年学习的自觉性、主动性,取得了良好的教育教学效果和广泛的认可赞誉。①

3. 日常会展和实践体验:"馆课结合"联动育人

在进行参观考察、社会调查、座谈研讨、社会服务等丰富多样的校外实践的基础上,部分高校将日常思想政治教育与思想政治理论课协同育人的好经验、好做法提升凝练为稳定的、可持续的、可推广的"微社会"实践育人模式,并立足工作实际,着眼未来发展,加强顶层设计,注重系统建构,采用课内实践和课外实践、校内体验和校外实践,分散型基地和稳定型平台相结合的方式,打造可以综合日常会展和实践体验的"微社会"实体平台②,构建日常思想政治教育与思想政治理论课交叉交融、同向同行、合作联动、功能互补的工作格局,完善联动管理机制,提升内容协同、过程协同、资源配置协同、队伍协同的能力。

虽然多头齐进,多元滚动的平台体验虽然在一定程度上解决了思想政治教育实践育人的全员参与问题,但是,毕竟参与时间有效,教学效果受到一定影响。因此,在校外基地实践和校内平台体验之外,思想政治教育实践育人还通过微型实物陈列布局构建"微社会"实体展馆或布置小型展览,并在正常工作时间全天候开放,弥补校外基地实践代表性不够,校内平台体验学时不足的缺陷,在精准滴灌的同时,以日常展览的方式大水漫灌,夯实思想政治教育"微社会"实践育人全员参与的教学效果。

日常会展和实践体验的育人效果寒木春华,各有千秋,两者相结合的"微社会"育人场馆更符合新时代思想政治教育实践要求、更具实效性和可行性,为青少年营造了自主学习、合作探究、师生互动、生生互动的智能体验环境。相得益彰的两种育人方式使师生互动的范围达到了前所未有的广

---

① 田珊:《数字化红色文化资源赋能高校思政课的价值及路径探析》,《思想理论教育导刊》2022 年第 7 期。

② 冯刚、高静毅:《思想政治理论课与日常思想政治教育协同育人的实践维度考察》,《中国高等教育》2019 年第 17 期。

度、深度和效度，更好地实现了探究式学习和"精准教学"的目标理念。①

4. 年度会演和精品表彰："学赛融合"多彩育人

为了更好地学习宣传贯彻习近平新时代中国特色社会主义思想和党的创新理论，更好地改变青少年对于思想政治教育工作的刻板印象和定式思维，增强思想政治教育的时代感和吸引力，"微社会"育人在安排实践育人专题的同时，积极鼓励青少年以微电影、书法作品、情景剧等形式展现对专题内容的理解，遴选实践育人专题教育过程中的优秀节目、活动、作品等，组织开展一年一度的实践育人年度会演暨精品表彰大会，并将会演活动的参与情况纳入创新创业学分统计，激励青少年的参与热情，提升教学的质量和效果。

年度会演和精品表彰大会是对思想政治教育"微社会"实践育人成果的一次华丽展示和系统呈现，彰显"学思合一，侧身践行"的立德树人理念，以创新自觉和实际行动传承红色基因。年度会演和精品表彰活动要主题鲜明，站位高远，规模宏大，策划独到，形式多样，富有吸引力、感染力和震撼力，充分展现马克思主义学科的价值引领、思想高度和理论魅力，展示思想政治教育"微社会"育人昂扬向上、团结奋进、开拓进取的教育成果，体现时代新人"撸起袖子加油干"、弘彩未央、寻梦远航的精神风貌，达到思想性、艺术性和观赏性的高度统一。②

总而言之，"微社会"育人以"校内实践教育"消除理论学习与社会实践之间的掣肘因素，以"文科实验室"模式创新性解决全员参与实践活动的难题，以"微社会"教育方式再现红色历史足迹，以"虚拟场馆"体验式学习方式重塑思想政治教育形象，开启了思想政治教育校内实践育人的新

---

① 郁有凯：《图像化思想政治教育"内化于心"机制探析》，《思想教育研究》2022年第4期。

② 李东坡、郭佳琪：《思想政治教育环境艺术化塑造研究》，《湖北社会科学》2019年第3期。

篇章。

第三节 "微社会"育人的运行过程

思想政治教育涉及的青少年人数众多，如何保证全员行之有效地参与实践活动，是思想政治教育改革的一个重要组成部分，同时也是思想政治教育工作的热点、重点和难点。在现实条件有限的前提下，要使思想政治教育的实践活动更具现实性、针对性和可行性，就需要更富有操作性的育人方案和运行过程。科学化、规范化的运行流程是思想政治教育"微社会"育人功能实现的关键所在。因此，必须建立健全"微社会"实践育人教育运行体系和效果评价指标体系，包括组织方式、主题设定、教学目标、实施路径、评价机制等。"微社会"育人坚持"青少年唱主角，指导教师做引导，体验践行是关键"的理念，遵循"教师引导，青少年主体，资源搭台"的原则，紧密结合世情、国情、党情、社情、舆情，有机联系实践育人教育实际与青少年学习生活实际，采用"体验式教育法"和"践行式教育法"，来开展实践育人，通过"微社会"平台多种功能的系统发挥与配合，来实现教育目的，形成手段先进、创新明显、管理科学的系统化实践育人流程。大体可以按照"咀英华，钩玄要：确立专题""互师生，学相长：解说专题""微社会，诉家国：体验专题""行示范，以作则：践行专题""评促教，谱华章：评价专题"五步流程来进行。

一、咀英华，钩玄要：确立专题

由"微社会"育人指导团队紧扣思想政治教育目标要求，通过网络征集、问卷调查等方式收集、梳理、分类青少年关注的热点、难点问题，依据课程体系、教育内容和不同学科专业青少年的特点、特长，分析提炼，确立以问题为导向、富有学科或专业特色、既有针对性又系统化的实践专题，提升教育效能，例如，"马克思主义的产生与发展""社会主义新农村典范""家乡美：人文地理秀""文明校园行"等。育人专题的设置突出"国情省情、中国历史、时事热点、先进典型"等重点内容，力求丰富充实、科学严谨、贴近实际。"微社会"育人团队集体制订实践育人的实施计划和落实方案，细化实践育人的流程和环节，完善或更新实践育人的电子资料。依据不同实践专题的要求，教师采用教学讨论、集体备课的方式，共同商议教学方式、内容框架，精心准备文本、图片、PPT、音像、实物等教学资料，储存于不同的功能区，并根据需要及时补充，及时更新。平台教师需要事先向青少年详细说明每个实践专题的教育目的和意义、教育内容和实践流程，明确指出其在思想政治教育框架体系中所处的理论位置和重要性。[1]

二、互师生，学相长：解说专题

思想政治教育的重心不是知识本身，而是思辨过程。"微社会"育人团队指导教师在授课过程中，应积极探索不同的教学方式，多视角、多维度进行知识讲解，既要注重发挥教师的引导作用，又要注重发挥青少年的主观能动性，引导青少年学会辨别、思考，然后树立正确的世界观、人生观、价值观。在思想政治教育"微社会"育人模式中，师生需要根据各自对实践育人专题的理解，制作PPT课件或电子展板并借助"平面资料呈现区""实物陈列展览区"加以互动展示和讲解，实现讲授型与互动型相结合。青少年展示是指由指导教师指定的实践小组组长或青少年自主推选的代表来解说课件内容并交流制作的缘起、初衷、过程、体会、经验等，鼓励运用所学知识，从理论高度对历史事件、社会事物进行客观、理性、科学的思辨分析，提高青少年的认知水平、思辨能力和理论素养。通过青少年教青少年，还课堂于青少年，让青少年在自己的语言中得到知识和教育。师生之间、各实践小组之间，各出所学，各尽所知，各展所长，如切如磋，如琢如磨，共同研究学习，互相取长补短。

"平面资料呈现区"和"实物陈列展览区"主要内容包含课程体系的平面展示、实践专题的电子展示、年代变迁的实物展示。课程展板由教学经验丰富的教师精心编排，使青少年一目了然地了解思想政治教育的课程体系和内容相关性。专题展板主要展示各门课程的实践育人的专题内容。每一个专题都是经过"微社会"育人团队反复推敲、论证，最后集体决策确立的。实践专题要突出与国情和省情相结合、理论与实际相联系的特点：比如"中国近现代史纲要"课的"辛亥革命在家乡"、"毛泽东思想和中国特色社会主义理论体系概论"课的"社会主义新农村在身边"、"思想道德与法治"课的"家乡美：人文地理秀"等。

三、微社会，诉家国：体验专题

为加强青少年对国情国史和峥嵘岁月的"在场感"，"微社会"育人平台设立"实物陈列展览区""资料触摸查询区""3D 影像播放区"等。运用实物陈列、虚拟场馆、全息投影、3D 影院等技术设备模拟社会情境，带给青少年身临其境的体验和感受。

"实物陈列展览区"发黄的马列原著展示着马克思主义创立的艰辛和不易，草鞋、步枪能把青少年的思绪带到战火纷飞的岁月。"资料触摸查询区"可以安排三种主要设备：触碰点播机、触摸查询机和虚拟场馆。触碰点播机的主要功能是青少年可以自主选择感兴趣的视频资料敲击切换观看。触摸查询机的主要功能是实现青少年课程的自主学习和自我测试。购置红色影视资料，包括电影、电视剧、纪录片等，设置"3D 影像播放区"，不仅可以带给青少年视觉的冲击和心灵的震撼，也使得各种人物和事件触手可及，呼之欲出，给青少年以最酷的沉浸式体验。每逢重大节庆日或纪念日，比如七一、十一等，思想政治教育"微社会"育人平台保持全天候开放，进行红色影视展播。

特别值得一提的是，安装在"资料触摸查询区"的虚拟场馆利用虚拟现实技术将红色展馆制作成完全一致的虚拟馆，使青少年足不出户即能获得现场参观的沉浸式体验。青少年通过自主选择虚拟场馆，便仿佛穿越时空，置身于井冈山、遵义、延安、西柏坡等革命圣地，思想政治教育课堂也化身为历史和现实的"微社会"。真人解说、电子沙盘推演，生动再现了红军长征中飞夺泸定桥、四渡赤水等历史事件，让青少年发自内心地领略毛主席用兵如神的风采。"虚拟场馆""3D 影院""360°全息投影"等，能够让青少年置身其中，身临其境地接受红色岁月的精神洗礼，实现了"人文与科技相融会，课堂和社会互贯通"的设计初衷。①

四、行示范，以作则：践行专题

为增强青少年理论联系实际的能力和学以致用的素养，思想政治教育"微社会"育人在运行平台设立"情景模拟表演区""互动交流讨论区""红色资源书吧"等，致力于思想政治教育的艺术化、生活化。

每一次专题体验课，都由"微社会"育人指导教师和参与课程的青少年共同确定实践主题，参与对象以小组为单位把对每一个专题的理解以作品的形式呈现出来，或自行策划相关思想政治教育精品活动，每学期末，由"微社会"育人指导教师优中选优地确定入选的实践小组进行年终汇报演出和作品展示展览。不同学院的青少年，结合自己的所学专业创作书法作品、绘画作品、手工作品等，除此以外，还有很多作品是以节目或活动的形式在

---

① 高义栋、闫秀敏、李欣：《沉浸式虚拟现实场馆的设计与实现——以高校思想政治理论课实践教学中红色 VR 展馆开发为例》，《电化教育研究》2017 年第 12 期。

"情景模拟表演区"进行。思想政治教育"微社会"育人平台应专门兴建室内演出舞台并购置相关配套设备。例如,为了让青少年更好地体验峥嵘岁月,"微社会"育人按照标准行政班级,购置充足的、多样化的演出服装和表演道具。服装有红军服、八路军军装、五四青少年装等;道具有红军大刀、步枪、驳壳枪等。青少年可以编排一些比较有特色的节目,例如《虎门销烟》《五四运动》《遵义会议》等,组织一些特色活动,比如"模拟总理答记者问""家乡美:人文地理秀"等。① 在"互动交流讨论区",实践小组成员讨论某个专题的作品设计时,比如"模拟召开遵义会议""模拟批斗地主大会"等,可以由来自多个不同学科专业的青少年各抒己见,集思广益,通力协作,自编自导自演。在"红色资源书吧"青少年们查阅文献资料、讨论作品设计方案、总结参与经验、交流思想体会等。红色书吧的设计应体现传统与现代相结合的特色,既有传统的纸质书吧,又有现代的电子书吧。"微社会"育人极大地调动了青少年的兴趣和积极性,实现了"让社会走进课堂,让课堂走向社会"的教育目的。

五、评促教,谱华章:评价专题

在传统的思想政治教育模式下,对教育对象的考核基本分为两个部分:一是对其理论知识掌握程度的考核,一是对其社会实践活动表现的考核。前者是一种静态的、量化的考核,后者至今学术界仍没有共同认可的科学的、完善的、成熟的考核标准或评价指标体系。因此,思想政治教育成效的考核基本就是以青少年期末书面考试成绩为标准,但是,这并不能充分准确地反映青少年的学习态度、感悟程度、价值认同和信仰形成。许多青少年学生平时逃课、上课不听讲、自由散漫,只是在考前集中突击,只注重死记硬背知

---

① 杨晓帆:《思想政治教育对象"由知到行"转化的内涵、机制与实现路径》,《理论导刊》2021年第10期。

识点，对于理想信仰、价值观念缺乏认同，更没有内化于心，外化于行，不认真探究、理解思想政治教育课程博大精深的理论知识及深刻内涵，更无法用所学理论知识观察社会、分析社会及个人所面临的人生问题，仅仅是功利化应对考试。如果育人考核不关注过程，就会使思想政治教育的效果大打折扣。

思想政治教育"微社会"育人积极探索实施多元化、灵活化、过程化的考核机制。首先，"微社会"育人考核内容多元化。对青少年学习效果的考核不仅包括对其理论知识掌握水平的书面考核，还要包括其在"微社会"育人平台实践中的态度、方法、成果等表现。指导教师指定专人记录每一个青少年在活动中的表现，比如在其观看、讨论、演讲、辩论、表演时的言行。根据其学习的态度，分析、解决问题的能力及其人生观、世界观、价值观等思想观念表现进行综合性整体评价，并进行规范性量化。其次，"微社会"育人考核方式灵活化。对青少年评价的主体，不仅包括教师、辅导员，还要包括实践活动小组成员、同班同学及青少年自评等。这有助于形成一种重视青少年思想品德、政治素养的氛围与合力，激发青少年学习思想政治教育的积极性、主动性。最后，"微社会"育人考核机制过程化。"微社会"育人模式的考核，会将青少年在课堂、"微社会"平台、社会研学基地三个载体中的学习活动看作是一个连续的、动态的过程，把过程考核作为教学质量评价的一个重要手段，把青少年在每个环节中的表现都纳入考核体系。这不仅能有效激发青少年平时的学习热情，也会使青少年真正学有所获、学有所用。①

思想政治教育"微社会"育人运行过程的关键在于，把时间和课堂交还给青少年，最大限度地发挥青少年的主观能动性，使青少年在做中学习，在做中体验，教师的角色只是引导者和参与者。从实践育人专题的确立、解

---

① 王双群：《新媒体环境下思想政治理论课教学方法创新的思考》，《思想理论教育导刊》2015 年第 11 期。

说到体验、践行和评价，指导教师应充分利用平台功能区，使青少年从虚到实，从耳到眼，从手到心沉浸于"微社会"育人环境之中。① 当前学界和高校对"微社会"育人运行流程体系和评价反馈机制的探索刚刚起步，需要研究、探讨、修正的空间还有很大，模式和平台也还有待进一步发展、完善。实施思想政治教育"微社会"育人的部门和学校应进一步固优势、补短板、堵漏洞、强弱项、促提升，投入更多的时间、精力做更加深入的探讨和研究，凝练思路、勾勒框架，使其运行过程和各方面机制更加成熟、更加定型，逐步实现思想政治教育"微社会"育人组织运行的制度化、程序化、规范化，更好地发挥引领示范作用。

第四节 "微社会"育人的运行保障

党的十八大以来，以习近平同志为核心的党中央高度重视思想政治教育，坚持将马克思主义学院作为重点学院、马克思主义理论学科作为重点学科、思想政治教育作为重点课程加强建设，思想政治教育"微社会"育人也作为高等学校或马克思主义学院思想政治工作的特色项目加以建设。较之传统思想政治教育，"微社会"育人难度更大、标准更高、任务更重，相关部门或高校应设立专门的基层组织来保障相关工作的开展，并从机构设置、师资配备、机制构建等各个方面着力打造保障链条。②

一、"微社会"育人的机构保障

思想政治教育"微社会"育人模式创设之后，关键在于如何保障有效

① 邹慧、徐志远：《基于新媒体技术的思想政治教育创新研究》，《广西社会科学》2016年第2期。
② 李荣胜：《论高校思想政治教育无形资源的开发与应用》，《学校党建与思想教育》2022年第10期。

使用。在思想政治教育"微社会"育人的保障机制中，机构保障是基础。机构设置的目的在于构建常态化运行架构、做好顶层设计、规范组织实施、加强部门协调联动等。"微社会"育人的实施是一个复杂的系统性工程，一方面，需要考量实践平台的综合使用、统筹协调问题，需要探索校内"微社会"育人与校外社会实践高度融合的综合育人体系，制定实践育人与理论教育彼此促进的实施方案，考虑在特定功能区设计相应的育人内容，最充分地使用育人平台。另一方面，庞大的青少年人数、繁重的育人工作、细致的教育环节、全方位的组织运行，需要设置专门的思想政治教育"微社会"实践育人机构、配备专业的师资队伍和工作人员负责组织、管理、协调教育活动的开展。① "微社会"育人设置的机构主要职责应包括建立健全管理和运行制度，制定和落实实践育人教育大纲、教育计划及实施方案；指导、协调、监管及评估实践育人的教学运行，统一规划实践育人专题，统筹安排平台建设和使用调度；协调校内外实践育人资源，构建"大思政"工作格局，保障"微社会"育人模式与平台的良好运转，提高育人质量和教学效果。②

二、"微社会"育人的人员保障

在思想政治教育"微社会"育人模式下，教师的角色定位是教育主导人，教师在教育过程中承担着"引路人"和"指导者"的角色。所以，教师素养及其学识水平直接决定着教育模式的成败、平台运行的好坏。因此，要重视并推动"微社会"育人师资队伍建设，为"微社会"育人的推进和完善，提供强大的智力支持和坚实的人才基础。一要配齐配强师资队伍。实施"微社会"育人的部门和高校要将师资队伍建设作为重中之重，加大人才引进力度，提高引进待遇，与此同时还积极创设条件，鼓励教师在职攻读

① 杨业华、刘靖君：《高校思想政治理论课教学环境建设探析》，《思想理论教育导刊》2011 年第 4 期。

② 王树荫：《中国共产党百年思想政治教育基本经验》，《教学与研究》2021 年第 5 期。

博士学位，优化和提升教学队伍学历、职称结构。通过"引进与培养并举"的人才战略，努力提高教师、工作人员的学历层次和技能素养，实现师资队伍量上的增加和质上的提高。二要助力教师专业技能成长。完善教师和管理人员日常培训制度建设，组织平台教师积极参与专业发展培训，科研资料网络查询技能培训，新教师岗前教育技能培训等。支持教师通过多种渠道进修学习，提高教师职业和理论素养，开阔成员学术视野。每年安排一定数量的教师参加专业学术会议，以会代训，提高教师素质，优化知识结构，提升学术生产力。鼓励教师尤其是青年教师参与各级各类教育技能竞赛和教学研讨会议，并给予必要的政策倾斜或物质奖励。三要完善人才梯队建设。"微社会"育人应实行青年教师导师制度，为新入职教师配备专门的指导教师，注重"以老带新"，采取"传帮带"等形式，以老带新、新老结合，做好青年教师的培养工作，帮助新进教师早过教学关、技术关和科研关，提高业务能力和技术水平。[①]

三、"微社会"育人的资源保障

资源保障是思想政治教育职能实现的基础性条件和有效载体，也是影响思想政治教育质量和效果的重要因素之一。提升思想政治教育资源的开发、利用与保障水平，是顺应我国素质教育改革的必然要求，同时也是推进青少年综合素养建设的必然需要。丰富的教育教学资源有助于教师丰富教学形式，增强学生学习兴趣，更好地提供优质教育服务，发挥组织和引导作用，提升思想政治教育成效。在加强传统的思想性、知识性文献资源建设的基础上，"微社会"育人应依托多媒体教学设备、网络教学平台、数字图书馆等新媒体新技术设备优势，提升校内外红色资源、文化资源、科技资源和自然

---

① 傅江浩、赵浦帆：《高校思政课教学媒体技术融合改革创新》，《湖北社会科学》2019年第12期。

资源等教育教学资源的整合力度和开发效率，使之系统化、条理化、知识化，不断充实优化"微社会"育人资源信息数据库，尤其是党史、新中国史、改革开放史、社会主义发展史、中华民族发展史和习近平新时代中国特色社会主义思想的专题数据库、虚拟展馆系统，并分门别类地将其与思想政治教育教学内容有机衔接，形成具有时代特色的思想政治教育资源体系，并积极构建与地方政府、高校等共享资源的互利多赢格局，提高教育教学资源的利用成效，从而为"微社会"实践育人提供坚实的基础保障。

四、"微社会"育人的机制保障

科学、规范的机制保障，是思想政治教育"微社会"育人高效有序开展的关键。一是构建常态化教研机制，助推教师教育能力提升。高质量的教研活动是思想政治教育工作者专业成长的必然要求，是促进平台发展、教师发展、青少年发展，提升教育品位的必由之路。思想政治教育"微社会"育人应强化教研常态机制，建立教育目标责任制度，制订科研合作计划，有效利用平台育人资源，定期组织集体备课、专题学术研讨、金师金课评选、读书沙龙等活动，以问题研究为核心，选择具有共性的育人问题，作为"微社会"教研活动的主题进行研究，有的放矢地开展教研，增强教研的目的性、减少随意性，形成重研讨、重互助、重实践的新型教研风气。二是优化实效性考评机制，促进育人工作提质增效。考核评价是"微社会"育人系统运行的一个重要环节。考核评价应紧紧围绕思想政治教育目标以及青少年在参与实践活动中的表现情况和团队协作状况等，进行科学、严格的考评，考核结果按照一定的比例计入总成绩。通过目的性导向和系统化指标的考核评价能够了解实践育人目标达成度、理论掌握度、知识运用度、能力提升度和价值养成度的实现状况以及如何提高改进，从而推动"微社会"育人的规范开展和全面深化。三是架构多维协同机制，擘画"大思政"育人同心圆。"微社会"育人有序运行，离不开主管部门的领导、其他部门的参与以及专业院系的配合，因此，要有足够的思想自觉和行动自觉，跳出固定思维局限，打破专业知识体系，以马克思主义学院为主导，联合宣传部、校团委、学生处等职能部门，信息工程学院、艺术学院等专业院系，多方合力形成"大思政"育人格局，构建同心同向同行、全员全程全方位育人的工作体系，形成立德树人的协同落实机制，确保"微社会"育人各种要素的勠力同心、有机联动，推进思政课程与课程思政的精准衔接、同向发力，不断提高思想政治教育能力和水平。①

加强和改进新形势下的思想政治教育工作，是一项事关中国特色社会主义事业后继有人的重大政治任务和战略工程。做好新时代的思想政治教育工作，必须顺势而为，因势利导，推动思想政治教育与新媒体新技术的高度融合，推进理念思路创新，内容形式创新，方法手段创新，运行流程创新，增强工作时代感和实效性，思想政治工作就会纲举目张，存在的基本症障才会迎刃而解。

---

① 张文强：《新时代构建高校思想政治教育协同机制研究》，《国家教育行政学院学报》2019年第12期。

第五章

思想政治教育"微社会"育人的
高校课程实践

思想政治理论课(简称"思政课")是思想政治教育的主渠道,是立德树人的关键课程,长期以来在学校课程体系中居于重要地位,党的十八大以来,党和国家给予了思政课前所未有的重视和越来越高的期待。以提高教学实效性、增强学生获得感为目标,高校思政课也经历了多次、多方面的改革,实现了从理论讲授偏向到实践参与与理论讲授相结合的形式转变,从课堂教学偏向到"课堂+社会"的空间转化,从理论灌输偏向到灌输与启发、价值引领与知识传授并进的理念转化,从教师主体偏向到教师教学主导和学生学习主体的角色关系转变,从学习效果的单一性结果评价偏向到多元性过程评价的评价方式转变等。在教材体系改革、教学理念更新、教学方法探索、教学平台建设等多方面均有突破。

思想政治教育"微社会"育人高校课程实践是在"微社会"实践育人平台将课程内容与地方知识和红色资源进行融合,建立情境体验场景,通过大学生的真实参与和互动、获得真切体验、确立真心信仰的方式实施高校思政课实践教学,简称思政课"微社会"实践教学。思政课"微社会"实践教学创建了"参与—体验—信仰"的学习模式,实现了思政课实践教学的全员覆盖、多元参与,使思政课实践教学进入了构建"课堂讲授+微社会体验+社会实践+网络实践"全方位实践教学体系的阶段，促进了学生知、情、意、行多维提升，是近年来高校思政课实践教学改革创新向精向微发展的重要举措。

第一节　高校思政课教学面临的
困境与突破

　　课程内容、教学方法、大学生接受度是影响高校思政课教学实效性的三个关键因素，所有的教学改革和研究或创新内容、或改革方式方法、或研究学生，都会围绕着这三个因素或因素之间的关联。就目前的教学改革来看，方式方法的改革成果最为突出，但多数的方法改革因局限于课堂教学空间、采用单一的手段和缺少对思政课整体性的考量，难以实现对课程内容的自觉转化、难以实现全体学生的有效参与和较高的满意度，难以实现多维教学目标。思政课"微社会"育人实践试图解决高校思政课现存的课堂教学难以实现课程实践育人的全面性和课程目标的多维性、课程内容难以转化为学生成长的智慧、社会实践难以契合课程内容和满足学生的多样性需求以及教学的整体性不足等问题。

一、抽象教学内容具象化，适应大学生认知特点

　　从课程类型上看，高校思政课主要是理论课。理论总是以论证的方式概括一定领域的普遍规律，表现为由一系列概念、观点构成体系的知识体系，是对现实的抽象和升华，具有抽象化和体系性的特点。"马克思主义理论教育，特别是党的创新理论教育，是其基础性和核心性内容。这些内容具有很

强的理论性。"①就高校思政课现开设的课程而言,"思想道德与法治"课侧重揭示个人与社会的关系、个人成长成才的规律,"中国近现代史纲要"课重在揭示中国近现代社会变革、中国人的道路选择规律,"马克思主义基本原理"课通过讲授马克思主义的世界观、方法论,揭示世界、人类社会、资本主义发展的一般规律,"毛泽东思想和中国特色社会主义理论体系概论"和"习近平新时代中国特色社会主义思想概论"揭示马克思主义中国化的发展历程、理论成果和基本规律,均体现着对各类规律的把握。因此,高校思政课具有较强的抽象性、体系性和逻辑性,是思政课教学中师生面临的"事实",也是思政课教学改革创新的重要出发点之一。

从课程的学习者——大学生身心发展的阶段性特点来看,"当代青年思想活跃、思维敏捷,观念新颖、兴趣广泛,探索未知劲头足,接受新生事物快,主体意识、参与意识强,对实现人生发展有着强烈渴望。这种青春天性赋予青年活力、激情、想象力和创造力,应该充分肯定。同时,青年人阅历不广,容易从自身角度、从理想状态的角度来认识和理解世界,难免给他们带来局限性。这是青年成长的规律,我们要尊重这个规律。"② 以有限的人生阅历和相对感性的思维发展接受抽象程度高、体系性强的理论,确实存在着认知能力有限导致的兴趣不足和理解困难的客观情况,这一问题对于非双一流高校、非文科专业的学生可能更为突出。学生思政课调查也证实了这一点,2017 年某高校"思想政治理论课学情"调研回收的 1215 份有效问卷显示,学生对"形势与政策"课和思政课喜欢的程度依次为"形势与政策"课(320 人,26.3%)、"中国近现代史纲要"课(285 人,23.5%)、"思想道德与法治"课(264 人,21.7%)、"毛泽东思想和中国特色社会主义理论体系概论"课(187 人,15.4%)和"马克思主义基本原理"课(159 人,

---

① 刘建军:《论高校思想政治理论课的课程属性和教学难度》,《广西大学学报》2020 年第 3 期。

② 习近平:《在纪念五四运动 100 周年大会上的讲话》,《人民日报》2019 年 5 月 1 日。

13.1%）。学生对后两门课喜欢程度低，主要原因是内容抽象难懂。① 可以说，课程内容抽象性强是学生学习兴趣不高的重要因素之一。

"在教育教学规律中，大学生成长规律是基础。它揭示了大学生身心发展和成长成才的规律性，是我们开展教育教学活动的基础。教育教学的规律是建立在遵循学生成长规律基础上的，不能脱离这个基础而独立运行。"② 当代大学生在经济全球化、互联网时代、中国实现基本小康之后出生，他们具有从互联网获取信息、知识和进行娱乐的习惯，在表达和行为方式上呈现明显的要求平等、追求个性、物质丰富年代以学习兴趣为主要学习动力等特点，以理论灌输为主的传统教学方式难以适应当代大学生的学习特点，因此也难以实现其教学的实效性。实现思政课教学的目标，就需要从当前大学生的行为特点和认知方式出发，创新教学方式，使抽象化程度高、规律性强的理论转变为一定程度上可感知、可体验、可践行的场景和活动，实现教学内容的创造性转化。为解决思政课这一难题，近年来，实践教学的形式创新始终是高校思政课研究和探索的重要方向。十多年过去，作为思政课实践教学主要方式的校外社会实践存在着走马观花、难以全员参与的问题，校内调查难以唤起学生的参与兴趣，在此情形下，建设实践平台，借助信息技术将部分教学内容转化为可感的具体形象、场景和活动过程，符合学习者"由景生情、由情入理"的精神发展过程，缓解学生的感性认知与课程内容抽象性之间的对立，使学生在实践体验中唤起学习兴趣、加深认知感悟，动态、系统地耦合"具象"与"抽象"，势在必行。

二、兼顾宏大叙事与个体体验，促进学生"身心在场"

存在主义认为，语言是存在的家。表达思想的话语方式一定程度上影响

---

① 参见徐俊蕾：《理论性与实践性相统一的教学实践探索——以河南科技学院"马克思主义基本原理概论"课为例》，《河南科技学院学报》2019 年第 6 期。

② 刘建军：《全面把握思想政治理论课建设的基本规律》，《思想教育研究》2017 年第4 期。

着思想的表达效果。长期以来，宏大叙事"以其宏大的建制表现宏大的历史、现实内容，由此给定历史与现实存在的形式和内在意义，是一种追求完整性和目的性的现代性叙述方式"①，是社会科学的主要叙事方式。受解构主义思潮的影响，20 世纪 80 年代以来，个人叙事、情感叙事、生活叙事反宏大叙事逐渐成为社会学、历史学、文学研究和表达的重要方法。话语权、叙事方式日益成为意识形态研究的重要议题。习近平总书记强调，"要用好课堂教学这个主渠道，思想政治理论课要坚持在改进中加强，提升思想政治教育亲和力和针对性，满足学生成长发展需求和期待。"② 亲和力和针对性的实现离不开教学叙事方式和话语方式从传统宏大叙事转向寻找宏大叙事与个体命运之间的契合点，在促进学生的"身心在场"中实现思政课亲和力和针对性。

思政课是以课程的形式将党和国家意识形态转化为个体的知识、能力和价值信仰，本质上是实现国家意识形态的个体认同。思政课具有宏大叙事的特点。从教学内容上看，"中国近现代史纲要"课展现了中国 1840 年以来的屈辱、抗争、探索、奋斗的历程，"马克思主义基本原理"课提供了人类认识世界、改造世界的观点和方法和实现全人类的解放的目标，"毛泽东思想和中国特色社会主义理论体系概论"和"习近平新时代中国特色社会主义思想概论"课则力图在马克思主义中国化的历史与逻辑相统一中展现中华民族实现民族复兴"中国梦"的百年奋斗及其探索成果，"思想道德修养与法律"课虽侧重个体成长但仍以时代、国家、民族为叙事主体构建课程体系，均具有一定程度的宏大叙事的特点。从思政课的功能上看，实现价值引领与政治认同功能必然要求以国家需要、民族复兴主题来进行叙事言说，作为学习者的学生往往是被引领的对象。从语言范式看，思政课要根据主流意识形态的要求解释世界、解释历史、论证现行制度、道路和文化的合理

---

① 邵燕君：《宏大叙事解体后如何进行宏大的叙事》，《南方文坛》2006 年第 6 期。
② 《习近平在全国高校思想政治工作会议上强调 把思想政治工作贯穿教育教学全过程 开创我国高等教育新局面》，《人民日报》2016 年 12 月 9 日。

性，往往通过宏大叙事来实现。但是，思政课的学习者则是在特定历史阶段成长、拥有独特阅历、情感需求、思维方式的个体，思政课既是促进社会整合、社会认同的重要保证，也是促进个体社会化、成为合格公民的重要工具。如果不能解决宏大叙事与个体体验之间的对立，思政课教学就难以实现价值引领和政治认同的国家目标和促进个体成长成才的个体目标。不能放弃思政课的宏大叙事，但也不能完全忽视个体体验，因此，"寻找个人命运与宏大历史的契合点，恢复个体对历史的真实触感，在终极关怀中培养个人不断开放的现实视野，这才是真正意义的宏大叙事。"[1]

从人的认知发展规律来看，受教育者能否接受某种学说、接受程度如何，往往与该学说能否精准地把握和满足教育者的精神需求相关。"理论在一个国家实现的程度，总是取决于理论满足这个国家的需要的程度。"[2] 同样，理论对学习者需要的满足程度，往往制约着理论在学习者的实现程度。革命年代，无数仁人志士选择马克思主义信仰，是因为马克思主义提出的平等、自由的社会理想契合了那个年代青年反侵略、反专制、实现个人自由的愿望。当前，思政课能否满足学习者的需要，不仅取决于其内容的科学性，还取决于思政课的呈现形式、话语方式能否契合学习者的精神需求和言说。从话语特点看，思政课教材又以政治话语、学术话语为主，教师如果缺少话语自觉，往往导致"政治话语、官方话语、意识形态显性话语遮蔽了个体话语、生活话语，远离社会现实境遇和受教育者的生活世界"[3]。因此，新时代，思政课要将马克思主义理论的讲授与解青年思想之惑、引青年人生之路结合起来，将理论转化为视角、将方法转化为能力、将理想转化为意志和行动，用学生喜闻乐见的方式言说，为学生提供心智成长的滋养，达到"对课程中教育的生命意义和人的生存状态的充分关怀"[4]。

---

[1] 侯彦杰：《思想政治理论课的宏大叙事与个人言说》，《思想政治研究》2019年第3期。
[2] 《马克思恩格斯选集》第1卷，人民出版社1995年版，第11页。
[3] 高洪波：《思想政治教育话语范式转换研究》，浙江大学出版社2012年版，第161页。
[4] 王德如：《课程文化自觉》，人民出版社2007年版，第97页。

新时代的思政课要实现宏大叙事与个体言说的辩证统一，需要彻底改革忽略学生的兴趣、情感、需求的传统灌输式教学模式，将学生从"失语"状态转变为表达的主体，实现学生从"身在心不在"转变为"身心在场，精神在场"。这要求教师必须将学生的兴趣、情感、需求作为教学改革和设计的重要考量因素，精准把握学生特征、创设学生参与课程的机会，将学生产生情感共鸣、形成信念共识的生活实践基础纳入课程，利用分析社会发展热点培养学生全面和深度分析问题的能力，着眼未来社会生活变革引导学生规划人生，将理论知识转化为助力人生发展的智慧和能力。还需要创设实践场景和对话平台，将个体的实践参与和个体经验纳入课程教学过程，将宏大叙事与关照个体境遇结合起来，通过多种形式的学生参与和表达使课堂教学由教师单向度输出变为师生、学生之间的多向度互动，改变传统思政课理论讲授以国家、民族为单一维度的宏大叙事，改变思政课长期以来形成的"理论+例子"论证式话语范式，使教学更符合人的认知发展规律、信息传播规律、意识形态具象化规律，也使学生学习由被动接受转变为有创造、有参与、有体验的主动学习。

三、遵循价值观塑造和信仰确立规律，解决知信分离问题

"知识性与价值性，是内含于思想政治教育活动中的两种基本元素。在现实的思想政治教育中存在着知识性与价值性分离的现象，直接影响到思想政治教育的实际效果和目标的达成。"[1] 知识是对一定领域现象背后的本质和规律的总结，具有可经验性、可证实性；价值则是客体对主体需要的满足，是一种关系，带有主体性、多维性；信仰则是主体在生活实践基础上和思想理论指导下对一定价值理念的坚守，是一种精神自觉，带有一定的超越性、超验性。长期以来，高校思政课教学存在着两类倾向：知识本位和价值

---

① 董雅华：《论思想政治教育的知识性与学理性》，《贵州社会科学》2017 年第 2 期。

本位。"知识本位"倾向即教师将大部分精力和时间用于知识的讲解，课程目标以知识理解和掌握为主要目标，以知识的掌握程度评价学习效果，价值引领这一维度往往被弱化，导致"中国近现代史纲要"课变成了历史课，"马克思主义基本原理"课变成了哲学课、政治经济学课等；"价值本位"倾向则被部分教师理解为"政治立场正确"的单一价值追求，导致在马克思主义理论的科学性、逻辑性被弱化，也导致对学生科学理性、人文情怀、健康人格等方面的全面塑造这一目标的忽略。两类倾向的共同错误在于忽略了思政课是知识性与价值性相统一的课程。

习近平总书记指出："思政课教学改革要坚持价值性和知识性相统一，寓价值观引导于知识传授之中。"[①] 按照存在主义的观点，唯有体验是最真实的，也是不可替代的；从心理学来看，体验是情感生成的前提，有体验才有真正的情感融入和认同，才会有真信仰。中国古人形象地用"通情达理"形容感性与理性、情感与理论之间的关系，"通情"方可"达理"，有情感唤起才能有信念树立、理性自觉的可能。信仰、信念的确立，要以理论的科学性、真理性为前提，还包含着对所指向的理想的热爱以及向着理想努力的意志和行动，可谓涵盖了知、情、意、行四个层面。

思政课是知识讲授和价值引领相统一的课程。"思想道德与法治"课旨在价值上引领学生做时代新人，也贯穿着时代特点、个体与社会关系、道德和法治知识；"中国近现代史纲要"课讲的是 1840 年以来中国人民所经历的屈辱、抗争、探索、奋斗的历史，为的是让学生在价值层面明确中国人民为什么选择了马克思主义、中国共产党、社会主义和改革开放；"马克思主义基本原理"课以马克思主义基本观点和方法为主要内容，根本目标是让学生坚守人民立场、坚持辩证唯物主义和历史唯物主义、坚定共产主义理想；"毛泽东思想和中国特色社会主义理论体系概论"和"习近平新时代中国特色社会主义思想概论"课以马克思主义中国化的历史进程、理论成果

---

① 《习近平谈治国理政》第三卷，外文出版社 2020 年版，第 330—331 页。

等知识为主，贯穿着中国共产党坚守人民立场追求中华民族伟大复兴的价值观。因此，教学内容和教学目标的真理性和价值性相统一决定了思政课既要将知识理论讲透彻明白，又要实现价值引领，最终达到确立信仰和坚定信念。

知识性与价值性既不是并行的，也不是主次的，而是相互支撑、相互嵌入的。"在思政课中知识只是信念的载体，知识传授只是价值观塑造的途径。教师不仅要遵循知识传授的规律，还要遵循价值观塑造和信仰形成的规律。"① 价值、信仰中包含着丰富的情感、意志等精神性因素，其生发难以用单纯的知识讲授方式促成，其评价也难以用标准化的考试来达到。实现对学生的价值引领，不仅需要把科学的理论讲清楚，还要唤起学生的情感共鸣、坚定学生的精神信念。这一方面需要教师在课堂上讲出理论蕴含的情感、以真切的情感感动学生、用自己对理论的信念感染学生，习近平总书记提出思政课教师"情怀要深、人格要正"的素质要求，就是要发挥思政课教师人格情怀的价值引领作用；另一方面要基于价值观塑造和信仰形成规律，建构能够让学生真正参与、真切体验的教学平台，提供呈现思想政治教育主题的空间场景，开展学生广泛参与、真正参与的实践活动，为学生的情感生发、意志锤炼和信念坚定提供"场"，使价值引领奠基在身体力行的实践和真实的情感体验基础上。

四、创新实践教学形式，突破"课堂讲授+社会实践"模式

2005 年，中央宣传部、教育部《关于进一步加强和改进高等学校思想政治理论课的意见》指出，高等学校思想政治理论课程都要加强实践环节。教育部《高等学校思想政治理论课建设标准（2011）》指出："实践教学纳

---

① 刘建军：《论高校思想政治理论课的课程属性和教学难度》，《广西大学学报》2020 年第 3 期。

入教学计划、落实学分、教学内容、指导教师和教学经费。实践教学要覆盖大多数学生。"2015 年教育部下发《高等学校思想政治理论课建设标准》则明确了实践学分（本科 2 学分，专科 1 学分）、教学内容、指导教师和教学经费，要求实践教学要覆盖全体学生，建立相对稳定的实践教学基地。《高等学校思想政治理论课建设标准（2021）》也延续了之前关于实践教学各方面的规定标准。随着课程建设标准对实践教学重要性的凸显和规范性要求，多数高校建立各类实践教学基地，思政课逐渐形成了"课堂讲授为主、社会实践为辅"的思政课教学模式。

社会实践大致分为假期社会实践和课程社会实践两类。假期社会实践即由学生在寒暑假自行参与社会实践、撰写实践总结、教师批阅即获得学分的模式；课程社会实践，即由马克思主义学院组织、课程主讲教师实施，按照"建立社会实践基地—任课教师带领学生代表参观—学生代表讲给其他学生"① 的实践流程实施，学生获得实践学分。这两种模式一定程度上起到了关联课堂与社会、开阔学生视野、深化理论理解的作用，但也存在着不足，或难以体现教师的指导、随意性较大，或难以覆盖全体学生，或实践活动单一，或难以与思政课教学内容有效结合等问题。也有少部分学校探索了覆盖全体学生的社会实践教学，但囿于经费支持有限、外出安全隐患、实践基地接待能力有限、新冠疫情防控无法出行等因素制约，要么浅尝辄止，要么重回少数学生代表进行社会实践的模式。从整体上看，"课堂讲授+社会实践"的教学模式存在着相对单一的实践形式，既难以涵盖社会生活的复杂性，也难以与思政课教学内容形成有效的对接实现教学的针对性，教学过程的统一性也难以满足学生个性化学习需求。

解决"课堂讲授+社会实践"教学模式存在的问题，需要构建"一个衔接课堂教学和社会实践的过渡环节——模拟社会实践微型教学平台"，"既

---

① 刘中元：《涉农专业大学生思想政治理论课实践教学模式创新——以河南科技学院"I-V-S-S"模式为例》，《吉林工程技术师范学院学报》2013 年第 2 期。

能与课堂教学有机结合,又能把社会环境引入教学背景"①,即"微社会"实践平台。"微社会"实践有利于形成"课堂 + 微社会 + 社会"的思政课教学模式:课堂负责重点、难点知识的讲授,"微社会"实践实现学生对理论背后的历史社会情境的初步体验、补充深度关联课程内容的地方知识和将部分可践行的理论转化为活动,社会实践则以学生课程核心素养强化、实践能力提高为目标。同时,以校内实践场馆为主要形式的"微社会"实践平台分担了社会实践的部分功能,增强了课程与实践之间的关联度,提供了学生参与课程的多样化选择,使实践教学覆盖全体学生成为可能,一定程度上突破了近年来形成的"课堂讲授+社会实践"教学模式。

五、突破课程分立,实施整体性教学

按照系统论的观点,整体是由部分构成,但又不是不同部分的简单相加;整体功能的发挥依赖于不同构成部分之间的有机协同,因此,整体功能也非部分功能的简单相加。"协同即协同作用之意,是指在复杂大系统内,各子系统的协同行为产生出的超越各要素自身的单独作用,从而形成整个系统的统一作用和联合作用。"② 不同部分之间协同的实现,需要有整体性的机制来保障。高校思政课是由一系列必修和选修课程构成的体系,又与学校日常思想政治工作相配合,共同实现思想政治教育育人。因此,从协同角度看,思政课首先要通过课程之间的相互配合、协同作用,实现思政课的整体性教学,实现课程的育人目标。

从思政课课程体系来看,"思想道德与法治"课回答了当代青年要成为什么样的人,"中国近现代史纲要"课回答近代中国为什么选择了马克思主义、中国共产党、社会主义和改革开放,"马克思主义基本原理"课进一步

---

① 毕昱文:《高校思想政治理论课"课堂+微社会+社会"教学模式创新探索》,《河南科技学院学报》2015 年第 8 期。

② 许国志:《系统科学》,上海科技教育出版社 2000 年版,第 9 页。

解答马克思主义是什么、为什么行，"毛泽东思想和中国特色社会主义理论体系概论"和"习近平新时代中国特色社会主义思想概论"课则从马克思主义中国化时代化角度回答中国共产党为什么能、中国特色社会主义为什么好和中华民族伟大复兴的中国梦在不同阶段的实现。各门课程在内容上各有侧重，又存在着逻辑关联，共同实现对大学生的社会认知和政治认同教育及价值引领。但在教学实践中，大部分教师只关注自己所授的课程，存在对其他课程乃至思政课教学整体目标关注较少、单打独斗、配合不足的情况，导致部分教学内容重复讲授、个别课程偏离整体目标的后果。在实践教学层面，大部分高校采取的也是各门课程孤立、分散进行实践教学，实践专题设置囿于教师视野、课程资源制约，实践形式较为单一、学生的参与不足或流于形式，实践资源整合不够，难以实现以实践教学补充、印证理论教学，也难以达到学生在态度、情感、意志、信念方面的有效提升。

"整体性实践教育是种科学思维方法，其出发点与最终目的是实现系统功能的增强和创新，从而达到最佳教育效果。"① 要实现对学生情、志、行、信的有效引导，就需要超越思政课不同课程的知识框架、克服实践教学孤立、分散进行导致的弊端，对思政课的整体内容进行科学整合，融合地方知识、学生特点、平台条件进行设计，确立能够综合多门课程的理论要点、采取多种实践形式、实现多维教学目标的综合性实践专题，通过一定的实施机制，实行综合性、整体性实践教育，保证思政课的整体教学效果。

第二节　高校思政课的"微社会"育人的现实基础

静态地看，课程是"为实现学校教育目标而选择的教育内容的称谓"②，

---

① 杨小秋：《浅析整体性教育实践》，《教育探索》2008 年第 11 期。
② 参见顾明远：《教育大辞典（增订合编本）》，上海教育出版社 1997 年版，第 892 页。

强调教育内容是课程的核心；动态地看，课程是"有组织地重建知识和经验而得到的系统阐述的有计划、有指导的学习经验和预期的学习效果，在学校的帮助下，推动学习者的社会能力不断地、有目的地向前发展"①，强调课程的育人功能。无论强调教师在授课中重建知识和经验，还是学生通过课程学习获得社会能力，教学过程都是一个实践性的动态过程，而非静态的课程内容。近年来，伴随着知识诠释学、价值学等的兴起及其理念和方法的影响，教育界逐渐达成了对于课程认识和实践的共识，即课程文化自觉——"人类对课程发展方向的理性认识和把握，并形成主体的一种文化信念和准则。人们自觉意识到这种信念和准则，主动将之付诸实践，在文化上表现为一种自觉践行和主动追求的理性态度，其目的是为了加强对课程文化转型、取舍、选择和改造的自主能力，以适应新环境、新时代。"② 思政课"微社会"实践本质是思政课面向新环境、新时代所进行的教学模式创新，其能够实现，根源在于思政课无论在课程属性、课程内容和课程目标都具有较强的实践维度，也在于近十年来新时代思政课践行课程文化自觉已成为共识，思政课所探索的情景融入教学法、课堂"微社会"、平台虚拟仿真等教学方法方兴未艾，为探索"微社会"实践育人积累了经验。

一、思政课的实践性："微社会"育人课程实践的课程基础

首先，对课程属性的把握往往决定着教学方式方法的选择。对思政课根本属性的认识经历了从一维的理论性到理论性、实践性、价值性多维并存的过程。长期以来，思政课被称为"政治理论课"，其政治性、理论性毋庸置疑，2004 年《中共中央国务院关于进一步加强和改进大学生思想政治教育的意见》提出社会实践是思想政治教育的重要环节，学界对思政课的实践性

① 参见［瑞典］托斯顿·胡森等：《简明国际教育百科全书：课程》，江山野译，教育科学出版社 1991 年版，第 65 页。
② 王德如：《试论课程文化自觉与创新》，《课程·教材·教法》2004 年第 11 期。

得到深入研究和贯彻。2019 年习近平总书记在思政课教师座谈会上再次强调思政课教学要坚持理论性和实践性相统一,"马克思主义是在实践中形成并不断发展的,要高度重视思政课的实践性,把思政小课堂和社会大课堂结合起来,在理论与实践的结合中,教育引导学生把人生抱负落实到脚踏实地的实际行动中来"①。只有全面理解思政课的实践性,才能坚持理论性与实践性相统一,才能实现思政课育人的全面性。

理论性即抽象性、逻辑性、系统性;实践性即感性、能动性、条件性。理论性回答"是什么、为什么",侧重知识性、学理性,通过论证构建知识;实践性强调"做什么""如何做",侧重体验性、过程性,通过践行形成生活。理论性和实践性之间的对立统一来自于理论与实践的二元区分。理论以寻求普遍规律为目的,需要充分地论证并构建完整的体系,具有高度的概括性、抽象性、逻辑性、系统性,是人类理性思维的成果;实践是人们在一定社会历史条件下能动地改造世界的活动,具有直接现实性、自觉能动性、社会历史性,是社会生活的本质。按照黑格尔的说法,"在对立中,有差别之物并不是一般的他物,而是与它正相反对的他物;这就是说,每一方只有在它与另一方的联系中才能获得它自身的本质规定,此一方面只有反映另一方,才能反映自己。另一方也是如此;所以,每一方都是它自己对方的对方"②。理论性与实践性的统一则表现为双方的相互依存、相互印证和相互促进。

思政课理论性与实践性的统一体现在课程内容和课程目标层面。从呈现形态看,高校思政课的教学内容以思想和理论为主,要系统地、准确地、透彻地讲授理论,理论性是其基本属性,区别于日常思想政治教育。但是,思政课的内容中还包含着国家意识形态所倡导的情感、态度、价值观和方法,它们是生活的、实践的,长久影响着个体的为人处世方式。因此,实践性也是思政课教学内容的重要属性。从教学目标看,高校思政课要实现

---

① 习近平:《思政课是落实立德树人根本任务的关键课程》,《求是》2020 年第 17 期。
② 黑格尔:《小逻辑》,贺麟译,商务印书馆 1980 年版,第 254—255 页。

的价值引领和政治认同目标也包括理论和实践两个维度：理论维度——知识理论的理解、掌握和认可；实践维度——确立正确的世界观、人生观和价值观，对中国特色社会主义的认同和践行，深度思维能力、分析复杂问题的能力。

思政课理论维度和实践维度的关系有别于理论与实践的一般关系，理论学习为价值引领和政治认同实现提供基础，而价值引领和政治认同作为目标本质是实践性的。"理论性教学是指以传授理论、论证观点、展开 论述、获得结论为特征的教学环节和教学活动。实践性教学则是指以指导学生运用理论、掌握方法、训练技能、锻炼能力、接触社会、开展实践、提高素质为特征和目的的教学环节和教学活动。"① 思政课的理论性与实践性相统一，意味着教师要在观念上以"掌握理论—应用方法—确立信念"代替单一的理论思维，教学内容的组织和教学形式的选择既要考虑理论讲授的彻底性，还要考虑对学生能力提升和精神成长的促进性。要促进学生能力提升和精神成长，课程必须参与学生的生活、思想的建构。这种建构要建立起思政课与学生人生的关联，将理论转化为学生成长的精神资源，一方面是转识成智，将思政课的观点和方法转化为包括思维能力、价值判断、身心调整等为人处世的智慧，另一方面是社会理想个体化，即在认同马克思主义的社会理想和当代中国的发展道路的基础上，将个人的人生价值追求与实现与社会发展紧密结合。思政课教学方式必须体现一定的实践性，即促进学生在情感、意志、信念等价值观层面的培育，这构成了以"微社会"实践嵌入、补充课堂理论讲授的内在基础。

二、情境体验教学模式："微社会"育人课程实践的经验基础

20世纪90年代，美国加利福尼亚大学、伯克利加州大学的教授让·莱

---

① 王荣发：《思想政治理论的实践本性及其实现路径》，《思想教育研究》2009年第1期。

夫与独立研究者爱丁纳·温格共同提出一种学习理论，强调学习在于为学习者提供一种学习样态并将其向真实生活境域转换，实现教育双方共建共享、教育意义、有效生成、教育目标有机达成，突出人的认知与学习的情境性特征，被称为情境学习理论。哈贝马斯在 1994 年出版的《后形而上学思想》一书中也提出了“情境理性”的知识观，认为“个体的理性认知总是内嵌于特定情境中、并随着这一特定情境的变化而随之调整，任何一种特定情境都是个体在特定时空节点发生着的认知与体验过程，任何先验的、普适的、机械的理性都是不存在的”。①

十余年来，情景体验教学模式的重要性已经达成共识，“情景的引入、创设是这种教学模式的关键，要彻底改变传统的‘灌输—接受’教学程式，把学习过程改变为体验过程，使思政课教学不再只是一些呆板晦涩的概念、判断、推理等逻辑形式，而是充满鲜活生活情景以及真切实在的亲身体验历程。”② 在情境体验教学模式实践中，思政课探索了以下几种类型：其一，采取积件式课件，“把单一的文字语言转换成多种媒体语言，静态的文本转换成动态的图像，平面的视角变成立体的界面，无声的语言转化为有声的语言，单一的画面转化为多频的画面，使教学内容更直观、清晰、生动、形象，具有现场感和立体感，从而使教学内容对学生产生吸引力和感染力”③，力图在“传递—接受”教学运行模式内提供情景化体验；其二，以浓缩性情境创设课堂“微社会”，“通过课内社会实践的方式，师生共同合作，借助于相关电子设备，如照相机、摄影机、电子录音笔、电脑等，把师生观察和记录的社会，浓缩成可展示的教学材料，带进课堂，融入课堂，成为课堂

① ［德］哈贝马斯：《后形而上学思想》（新编版），曹卫东等译，译林出版社 2012 年版，第 58 页。

② 李平辉：《高职院校思政课情景体验教学模式的设计与运用》，《改革与开放》2019 年第 13 期。

③ 李梁：《基于媒体视阈的“传递—接受”模式 设计及有效应用研究——积件式课件在高校“思想政治理论课”教学中的效能探索》，《思想教育研究》2010 年第 2 期。

教学的第一手资料"①；其三，真实实践性情境，安排学生进行戏剧表演、
音乐、绘画作品展示、"热点话题翻转式课堂"等在课堂现场实践方式创设
情境；其四，视频展映；其五，社会实践现场教学，利用真实的社会场景或
者创设情境尤其是以浓缩性情境创设课堂"微社会"、真实实践性情境，突
破了传统的"理论—灌输"教学模式，使思政课教学成为建构情境、体验
意义的过程，是思政课教学研究自觉借鉴教育学、心理学、哲学理论创新成
果，使教学改革向着更加符合认知发展规律、信息传播规律方向和发挥学生
学习主体地位，一定程度上起到了引出问题、场景烘托、论证理论等目的。
情景融入教学方式在思政课的广泛使用，为开展"微社会"实践育人的课
程实践提供了经验支撑。但是，现行情境体验教学也存在着缺少实践体验平
台、内容综合性不足、学生参与度低、刺激—体验多元性差、实践评价—反
思机制不健全等问题，需要建设"微社会"实践育人平台、创建更优化的
育人模式对其进行发展。

三、地方文化："微社会"育人课程实践的资源基础

"修身、齐家、治国、平天下"，传统中国人生命价值是由内向外漾开
的，同时也是符合人的精神发展规律的。思政课只有遵循学生身心认知发展
规律，才能达到其实效性。从类别上看，思政课是国家课程——课程由国家
规定、教材由国家审定、课程内容以国家和民族的历史和现实为主。但学习
者却是生活于特定时空场域之中，生活体验既有共性又有差别，其情感的萌
发、认知的发生总是首先与长期所生活的时空场域密切相关。课程的国家性
与学习者的地域性之间的对立是教材体系向教学体系转换时必须关照的问
题。按照建构主义的观点，学习者生长的时空场域构成了学习者情感倾向、

---

① 黄英：《课堂微社会：高校思想政治理论课课内实践教学的有效形式》，《广东培正学
院学报》2012 年第 9 期。

知识理解和信念建立的"前存在",影响和制约着学习者理解新知识和价值。因此,大多数国家都将地方文化作为重要的育人资源,发挥其在公民共同体意识培养中的的作用。

地方文化包括某一地域或行政区范围内的地理景观、经济社会、生活风俗等物质文化和历史沿革、历史事件、历史人物、传统思想等历史文化。地方文化带有地方生活气息和乡土情味,学习者对自己家乡的文化资源拥有天然的亲近感,亲近感、亲切感容易引起学生的情感共鸣,因此,地方历史文化作为思想政治教育的资源具有天然的优势。苏联教育家加里宁也指出爱国主义教育首先要从深入认识自己的故乡开始。认识故乡包括对故乡的现实和历史、物质文化与精神文化的认识。地方的物质文化构成了学习者生活的物质环境,对家乡地理景观的认识往往能提升学习者的家乡自豪感,对家乡经济社会发展水平及其影响因素的认识则使学习者能够客观全面认识家乡,而对生活风俗的认识有利于地方文化的传承。往往伴随着学习者生活场域的扩大,其情感和认知等的对象也从家乡的亲人、山水到家乡的经济、历史、文化,甚至超越地域性扩展到国家、民族,同时,情感和认知的多维性、复杂性也在不断提升,这些是个体生命精神成长的见证,也是促进个体精神发展的动力。可以说,爱家乡是爱国的直接表现和基石,有对家乡的情感认同、深刻认知,才能形成对国家的热爱和认同。因此,将地方文化适当地融入思政课教学是促进学生情感认同的重要路径。同时,学案则是学生熟悉的家乡文化阐释思政课理论,有利于实现理论具象化,达到提升思政课的亲和力的目的。

在地方文化的融入途径上,当前高校思政课教学探索了三种途径:其一,将地方历史文化在相关课程中进行穿插讲解或案例分析,构建具有地方特色的思想政治理论课教学体系;其二,开展研究教学,利用地方文化作为学习研究对象的直观性、搜集资料便利性,提升学生运用所学知识独立解决问题的能力；其三，参观见学。① 三种融入方式各有优劣：第一种方式与课程内容紧密结合但体验性不足；第二种方式充分发挥了学生学习主体地位，但教师的主导作用发挥不足、难以保证研究质量；第三种方式体验性强，但参与度不高、与课程内容的关联性较弱。基于此，根据思政课实践教学主题，借助新媒体新技术手段再现与课程的高关联的地方历史和现实文化，实现学生对地方文化的全面参与和体验，成为创新地方文化资源融入思政课途径的重要趋势。"微社会"育人的课程实践正是创新地方文化资源融入思政课途径的尝试。

四、场馆、设备与技术："微社会"育人课程实践的物质基础

教学活动需要借助一定的物质设备来实现，因此，教学模式的根本性创新往往是教学空间场所、设备手段和组织方式的创新。传统教室具有师生位置相对稳定、设备同质性高等特点，主要满足教师主讲、学生主听的需要，对教学中的互动性、实践性、体验性实现不够；近年来，信息技术给人们的生存方式带来越来越突出的改变，知识的呈现和传递的革命性变化，以智能终端普及、宽带覆盖以及无线网络覆盖三个基础设施支撑的智慧教室力图实现教学空间对师生互动、分组讨论、信息共享、个性化学习、合作探究等多方面功能的满足，是对传统教室的超越。但是，对于高校思政课而言，智慧教室受教室面积小、师生流动性强、实践条件不足等制约，难以实现思政课进一步改革创新要求的融情景创设、实践体验、师生互动、个性化学习等多方面功能。思政课专属的体验场馆，应该遵循思政课模拟现实—历史情境创设、学习主体多元刺激—体验、多种信息手段共用、"师生互动""生生互动"等目标来建设，本质上是一种微型社会

---

① 王鑫宏：《地方历史文化在思想政治教育中的育人机制分析》，《现代商贸工业》2018年第5期。

实践场馆。

近十年以来，国内高校融合信息数字技术与思政课，建设微型社会实践场馆，冠之以理想信念馆、校内实践平台、国情国史体验馆、思想政治教育体验中心等名称，提供了聚散自如、虚实结合、动静有序的实践空间。第一，情景创设的实物和电子设备。伟人雕像、英雄群体浮雕、（仿）历史物品、绘画作品、历史进程图、学生优秀作品等实物性陈设，多样、可选、可控的电子设备能够展示现实—历史场景图片、画面、音视频资料，实现了虚实结合的情景创设。创设的情境建构了思政课实践的学习环境，烘托了实践氛围，使思政课的学习在"仿社会""微型社会"的环境中进行。第二，实践体验的空间和设备。作为真实实践场所，微型社会实践场馆拥有满足学习者进行真实实践的舞台及背景空间、服装、道具、录像机等设备，使实践活动高质量地开展。第三，虚拟仿真体验设备。作为真实场馆的拓展，利用计算机图形学技术构建数字化展览馆，将重大历史事件、典型历史纪念馆及其陈列移植到计算机进行展示，学生"通过设备控制虚拟中的对象，与虚拟情境中的物体和人物开展交互性活动，便于发挥学生的主体性和积极性"，"在增强互动性、复原历史情景、降低社会实践成本、升华实践教学内容等方面独具优势"[1]，随着虚拟仿真技术与思政课的融合不断推进，虚拟仿真体验教学已成为新型育人方式。最后，讨论—交流—表达的空间。舒适、宽松的讨论空间使讨论者处于相对放松、自由的状态，为思维火花的释放、多样观点的交锋提供了条件。场馆与课程相结合，实现了课堂空间的拓展转变了教学内容呈现方式、教学流程的创新改变了学生传统学习方式，实现了思政课实践教学改革创新。

---

① 刘新刚：《高校思想政治理论课虚拟仿真体验教学改革创新若干问题探讨》，《思想教育研究》2021 年第 12 期。

第三节 高校思政课"微社会"
育人的实践模式

　　实践教学的核心要义在于体验、践行。确定实践主题、创设实践情境、设计和实施实践环节、评价实践效果，构成了相对完整的实践过程，在此意义上，"微社会"实践与其他实践教学形式相似。依托"微社会"实践平台创设实践情境、关联多课程的相关知识、设计多样化实践形式，使"微社会"实践具有了综合性、多样性、情境性等特点，既不同于课堂教学和社会实践，也超越其他单一的实践教学形式，一定程度上创新了思政课的教学模式。

一、整合教学内容和实践资源，确定"微社会"育人主题

　　确立思政课"微社会"实践主题是实施"微社会"实践教学的第一步。为达到良好的预期效果，"微社会"实践教学主题的选择、实践环节的设计不仅要考虑对教学目标的达成情况，还要考虑对教学内容的整合、适应学习主体的身心发展和实践活动方式的特点、可以依托的文化资源和场馆、设备和技术等物质因素。

　　"微社会"育人实践主题的选择和确立应该遵循以下原则。第一，综合性原则——整合、综合多门课程的相关教学内容，弥补各理论讲授中各课程单打独斗导致的综合性不足，在理论与实践的真正统一中促进思政课整体性教学目标的实现，也避免出现实践教学简单重复或照搬理论而导致学生实践兴趣缺乏的后果。第二，情境性原则——将主题转化为音乐、绘画、故事、地图、影像等具象艺术和创设的虚拟仿真场景，使学生置身于情境的感染之中，为学生提供丰富的视听体验，在感官体验中唤起学生的情感和信念，化

抽象理论为具象体验，实现"微社会"模仿社会、虚拟社会的目的，是"微社会"实践教学的核心原则。第三，实践性原则——在实践环节设计上适应大学生实践活动特点，发挥大学生学习主体地位，在大学生生活的再现中实现对课程内容的建构和知、情、意、行的确证，以生活体验理论、以理论反思生活，是"微社会"实践教学的根本原则。第四，地方性原则——通过融合地方文化资源，提升学生的学习兴趣和关注愿意，使发生在大学生脚下、教材无法呈现的历史和文化细节鲜活生动地呈现在"微社会"实践平台，不仅补充了学生对地方历史文化的认知，也把学生的家国情怀建立在对家乡的全面深入认知和真实的情感基础之上。第五，能力发展与价值引导原则——"微社会"实践培养学生关注社会的情怀、运用所学理论辩证分析问题的能力和坚定中国特色社会主义共同理想信念，这是由实践教学的目标所决定的。

基于以上原则，思政课"微社会"育人实践教学确立了"身边的榜样，奋斗的力量：学习新乡市先进群体""凝望乡土：我看家乡的乡村振兴""保家卫国，血沃中原：抗日战争在河南"等实践主题。专题均整合了多门思政课的相关内容、创设了情景化体验，融入了地方性知识，通过学生多样性的实践参与，促进了学生综合能力的发展和价值观的培育。如"凝望乡土：我所观察和体验的乡村振兴"主题综合了"思想道德与法治"课中的"尊重和传承中华民族传统历史文化"、"马克思主义基本原理"课中的"社会存在与社会意识"、"毛泽东思想和中国特色社会主义理论体系概论"课中的"社会主义制度的建立"、"习近平新时代中国特色社会主义思想概论"课中的"建设美丽中国"和"建设现代经济体系"等理论内容，以绘画、照片、影像的资料呈现出农村生产、交通、生活、文化等方面的历史和现状，使学生处于历史—现实的情境之中，在今昔对比中理解并认同中国特色社会主义道路，也为学生记住乡愁、厚植家国情怀提供了氛围。

二、创设"微社会"情景，设计实践流程

首先，围绕主题准备图文音视频资料。教师准备各类资料，利用体验馆的各种软硬件设备设施，全方位立体化创设主题情景。第一，将主题分解为多个子专题，精选图文资料制作成 PPT，在电子显示屏循环播放；第二，将教师查阅的文字的文史资料、测试题存放在电子查询器供学生查阅和测试，电视纪录片和微视频资料在电子播放器、触碰点击器，提供了学生自主学习的平台，也拓展了学生对历史人物、历史事件细节的认知，解决因课堂授课时间所限制无法详细讲解的细节、情节等内容；第三，与教育信息技术公司合作开发与主题相关的虚拟历史事件和虚拟场馆，为实现虚拟仿真实践育人提供条件。还有，根据"微社会"实践主题，设计各类文艺形式、辩论题目等实践形式，供学生自主选择和参与。

其次，设计实践流程。流程的安排应该遵循从感性到理性、从情感到信念的发展过程。第一步，学生置身于"微社会"场馆所创立的主题情境之中，目之所及、耳之所闻、手之所触均为与主题相关的信息，获得多元、全面的感官冲击；第二步，在仿真体验区、知识抢答区、讨论分享区分别进行知识回顾、仿真体验和讨论表达，唤起已有理论知识和生活经历；第三步，进行实践项目展示。实践项目从资料查阅、道具转唄、排练发挥着团队成员之间的协作，也体现着团队的创意，其呈现既是团队学习成果的展示，也是同学们相互学习实现"朋辈教育"的机会。

再次，培训学习骨干。思政课"微社会"实践育人实现全员学生参与，实践教学班级规模相对较大，教师带领教学班全体同学进行"微社会"实践确实存在着空间不足、秩序混乱、协调困难等问题。因此，教师从每个教学班选拔热爱思政课、乐于奉献的学生作为"微社会"实践组长，先对组长进行实践流程、实践内容、操作方法、组织技巧等内容的培训，为"微社会"育人实践的实施提供了人员保障。

最后,组织学生准备"微社会"实践形式。教师提前将班级分组,要求每组各选择一个实践项目,小组在查阅资料的基础上,结合兴趣、特长、知识背景等选择情景剧、三句半、朗诵、合唱、辩论赛、歌舞等形式对主题进行呈现,填写"'微社会'实践教学精品方案策划书"。准备过程中,教师需要帮助部分小组选择项目形式、关注学生实践项目的准备进度、帮助实践小组项目准备道具等,为实现人人有参与、组组出精品的"微社会"育人实践准备关键环节。

三、聚散有序,实施思政课"微社会"育人实践

为实现全体学生在有限时间进行多种形式、多个环节的体验式学习,在借鉴博物馆、纪念馆运行经验的基础上,基于"微社会"的功能和区域划分,经过多次实践运行、反思和优化,"微社会"实践育人平台总结了一套人人充分参与、各组互不干扰、效率高实效好的活动流程。

第一步,教师集中讲解,发挥教师主导作用。首先,"微社会"实践主题一般都关联多门课程、涉及多个视角,连接历史与现实,学生进入"微社会"育人实践平台后,教师向全体学生介绍"微社会"实践主题,讲解主题的知识基础,既是对理论知识的回忆,也为实践活动的开展作了理论铺垫。其次,教师给学生交代实践流程、实践要求和时间安排等,保证"微社会"实践过程有条不紊、进展有序。

第二步,组长带领组员体验学习,发挥学生学习主体地位。教师介绍学习要求之后,由各组组长带领组员在"微社会"育人实践平台的平面资料展示区、电子资料互动区、3D影视播放区、虚拟场馆体验区、交流互动区五个区域完成五项学习体验活动。各组以不同顺序开展,实现了在既定时间内人人参与所有环节的体验。

第三步,情境表演区实践汇报。结束五步学习体验后,全体同学集中到情境表演区,在学生主持人的组织下,各组将准备的情景剧、辩论赛、合

唱、三句半、朗诵等形式的实践成果进行展示，其他同学在欣赏之后利用网络教学平台进行打分，同时师生对展示的成果进行点评、提出建议等，在互学互评中实现长见识、提能力、促发展、共认同的目标。

四、多元评价，总结思政课"微社会"实践育人成效

教学评价是对教学过程和教学结果对教学目标达成情况效能的考核，是教师反思和改进"如何教""教什么"的重要契机，也是学生反思"学到了什么"——获得感的载体，还是优化未来教学活动的起点。因此，教学评价是教学活动的重要环节。对于思政课"微社会"实践来说，学生评价、教师评价和社会评价各有侧重，又相互配合，通过评价推动教学改革创新。

首先，组织学生进行自我评价。作为学习主体和"微社会"实践，学生的获得感评价是教学评价的重要组成部分。国情国史体验馆"微社会"实践教学结束之后，教师要求每个实践小组对"微社会"学习过程、实践项目、收获与不足和心得体会等进行反思总结，写出总结报告、提出改进意见，完成"微社会"实践的反思环节。学生的反思总结一方面培养了学生将反思作为实践环节进行实践的意识和能力，助力其成人成才所需综合能力的培养；另一方面，学生的反思总结也为教师知晓学生"微社会"实践获得感、兴趣、需求、建议和意见的契机，以学生反馈提高"微社会"实践教学的针对性和实效性。

其次，教师对"微社会"实践育人模式学生学习质量以及育人模式的评价。第一，以教学目标评价学生"微社会"实践学习效果。一方面，将小组实践项目的呈现成果所得平均分作为实践成绩，计入学生平时成绩，作为学生学习过程考核的重要依据；另一方面，观察学生"微社会"实践学习过程中的学习状态，发现学生"微社会"实践的兴趣点，在经验中探索"微社会"实践教学内容优化与方法创新。第二，教师的教学反思。"微社会"实践是实践教学体系的重要构成部分，"微社会"实践与课堂教学、社

会实践的关系、"微社会"实践教学主题设置、流程安排是否合理,对"思政课"教学目标的达成程度如何,如何进一步提升"微社会"实践对学生的吸引力、感染力和参与的积极性,教师对这些问题的思考是促进"微社会"实践教学改革创新、思政课教学实效性提升的重要动力。

还有,社会对思政课"微社会"实践教学的评价。思政课"微社会"实践平台建设、实施近十年来,通过教师发表相关论文、参与教学研讨会、赴平台参观交流等机会向同行推介,"微社会"实践的教学理念、模式逐渐被高校同行和教育主管部门所接受,围绕"微社会"实践运行机制、育人模式等研究得到了政府相关部门的资助和肯定,某些特色活动得到了新闻媒体的关注,这些都使"微社会"实践育人平台和育人模式辐射到更大空间,对整个人文社会学科的实践平台建设、实践教学模式改革产生一定影响。

第四节　思政课"微社会"实践育人典型案例

在尊重和适应大学生认知发展特点基础上,基于高校思政课课程体系和地方文化资源,经过不断开发、建设和完善,"微社会"实践教学团队建立了综合性、实践性、情境性较强的思政课"微社会"实践课程,包括一系列在内容上各有侧重、形式上各有特色的实践主题,以情境性、体验性补充了理论讲授的思辨性、抽象性,也架起了课堂教学和社会实践之间的桥梁。

一、身边的榜样,学习新乡市先进群体

新中国成立以来,新乡接续涌现出郑永和、史来贺、刘志华、吴金印、

裴春亮等人为代表的一批基层党员干部典型，他们为实现共同富裕带领群众艰苦创业，奉献在先、一心为公，形成了践行党的群众路线的先进群体。"新乡先进群体"展现了信念坚定、对党忠诚、依靠群众、为民服务，实事求是、与时俱进、崇尚实干、艰苦奋斗，清正廉洁、甘于奉献等鲜明的精神特质，他们的精神具有教育、凝聚、塑造和推动等日益凸显的社会功能。① "新乡先进群体"构成了新乡高校乃至河南高校开展思政课实践教学的重要资源。"微社会"实践教学充分挖掘新乡先进群体这一重要的红色育人资源，开展情景融入教学，设计了"身边的榜样，学习新乡市先进群体"这一"微社会"实践主题，旨在使学生了解先进群体的先进事迹，拓展对新中国尤其是改革开放以来经济社会发展实际的认识，深化对马克思主义的人民立场、中国共产党的群众路线的理解，激发学生看齐意识，树立集体主义、为人民服务的价值观，坚定投身中国特色社会主义现代化建设的信念。

首先，"身边的榜样，学习新乡市先进群体""微社会"实践主题整合了五门理论课多个章节的教学内容，是一次综合性较强的课程。第一，新乡先进群体所秉持的积极向上的人生态度、为理想信念奋斗、人民至上集体至上的价值观为"思想道德与法治"课第一章"领悟人生真谛把握人生方向——正确的人生观"、第二章"追求远大理想鉴定崇高信念——坚定信仰信念信心"、第四章"遵守道德规范锤炼道德品格——社会主义道德的核心与原则"② 内容的学习提供案例。第二，新乡先进群体带领群众创业致富的经历能够为"中国近现代史纲要"第八章"中华人民共和国的成立与中国特色社会主义建设道路的探索——社会主义建设的良好开始"和第九章"改革开放与中国特色社会主义的开创和发展——改革开放和现代化建设新局面"③ 教学内容提供鲜活的生活基础。第三，先进群体践行群众路线、坚持人民利益第一的事迹是对"马克思主义基本原理"课"导论——什

---

① 王明科：《试论新乡先进群体的精神内涵与社会功能》，《中州学刊》2017 年第 1 期。
② 参见本书编写组：《思想道德与法治》，高等教育出版社 2021 年版。
③ 参见本书编写组：《中国近现代史纲要》，高等教育出版社 2021 年版。

么是马克思主义"、第三章"人类社会及其发展规律——人民群众在历史发展中的作用"① 等相关观点的佐证。第四,先进群体所在的村庄、社区、城镇的历史变迁,有助于学生理解"毛泽东思想和中国特色社会主义理论体系概论"课第十章"'五位一体'总体布局——实现经济高质量发展、建设社会主义文化强国、建设美丽中国"②,同时,先进群体所体现的优秀共产党员精神对学生理解第十四章"坚持和加强党的领导——实现中华民族伟大复兴关键在党"③ 提供了资源。第五,"先进人物群体"立足基层、扎根基层,他们的故事也是农村脱贫、乡村振兴的故事,因此,可以与"形势与政策"课中所讲授的"乡村振兴"等农村主题相呼应。以一个实践主题,关联起多门课程,践行综合学习理念。

其次,"身边的榜样,学习新乡市先进群体"这一"微社会"实践主题充分融合了地方社会文化资源。史来贺与刘庄村、郑永和与方山、刘志华与京华实业、张荣锁与辉龙村、耿瑞先与耿庄村、裴春亮与裴寨、吴金印与唐庄镇,他们的故事均发生在新中国成立后尤其是改革开放后的新乡,作为思政课的教学资源具有特别的价值。第一,较近的时空距离容易使学习者产生亲近感,容易产生认同感和自豪感;第二,先进群体的身份大都是村(社区)党支部书记、镇(县)党委书记,均为基层干部,语言平实、行动务实,与学习者的身份距离较近,容易激发学习者的看齐意识;第三,部分学习者来自新乡甚至先进群体所在的村镇,能够以自己的经历、经验证明、补充先进群体及所在村镇的历史和现实,使学习者的学习体验更真实可信。

在"微社会"实践教学平台,教师先带领学生集中回顾了相关理论知识和介绍实践流程,学生分组在组长带领下完成观看故事、查询资料、讨论等实践环节,最后集中进行实践作品汇报,完成实践学习体验。

---

① 参见本书编写组:《马克思主义基本原理》,高等教育出版社 2021 年版。
② 参见本书编写组:《毛泽东思想和中国特色社会主义理论体系概论》,高等教育出版社 2021 年版。
③ 参见本书编写组:《毛泽东思想和中国特色社会主义理论体系概论》,高等教育出版社 2021 年版。

"身边的榜样，学习新乡市先进群体"主题实践流程

第一步 （集中）	教师讲解：相关理论知识、实践流程
第二步 （分散）组长带 领组员交互 进行4个环节	故事观看：观看史来贺与刘庄村、刘志华与京华实业、张荣锁与辉龙村、耿瑞先与耿庄村、裴春亮与裴寨、吴金印与唐庄镇、郑永和与方山的故事
	资料查询：先进群体的文字资料、思政课相关理论知识、测试
	话题讨论：新乡市先进人物的共同特点是什么？ 先进群体出现的原因是什么？
	辩论：市场经济条件下集体主义精神过时了吗？
第三步 （集中）	实践作品汇报会：你的名字，我的力量 情景剧：学生自导自演，再现先进人物的先进事迹 朗诵：再现先进人物经典语句、致敬先进人物 讲解：来自先进人物所在村镇的学生补充当地先进人物带领群众创业奋斗的故事细节、场景变迁 歌舞：赞美先进群体

　　"身边的榜样，学习新乡市先进群体""微社会"实践教学过程中，先进群体在基层的奋斗事迹诠释了共产党员的理想信念，在感动学生的同时为学生树立了鲜活、感性的人生榜样；对先进群体出现的文化、历史、自然、经济等多方面原因的讨论，锻炼了学生的理论思维能力；对市场经济条件下是否需要集体主义精神的辩论，旨在深化学生对先进群体所呈现的集体至上价值观的理解和认同；情景剧、朗诵、歌舞等实践作品使学生体验先进群体的人生经历、心路历程和信念追求，并表达对先进群体的情感和向往，是一种价值确认。"微社会"所构建感性认知—理性思辨—情感表达—价值确认逐层递进，符合学生的精神认知发展规律，既有社会发展变革客观过程也有精神信念力量，也符合思政课知识性与价值性相统一的要求。

　　在课后评价反思中，学生普遍认为在"身边的榜样，学习新乡市先进群体"实践学习中，近距离、更真切地认识了身边的先进人物，也从平凡岗位上的基层干部的言行深刻理解了共产党的理想信念、奋斗精神和服务宗旨，可亲又可信。从长远效果来看，当前乡村振兴的实现需要各类人才支持，部分大学生将在毕业后将走进基层，先进群体脚踏实地、坚持不懈的工作作风和群众至上的价值观将为他们提供重要的人生指引、精神滋养和动力支持。

二、凝望乡土，我看家乡的乡村振兴

实施乡村振兴战略，是党的十九大作出的重大决策部署，是决战全面建成小康社会，全面建设社会主义现代化国家的重大历史任务，也是新时代"三农"工作的总抓手。将乡村振兴作为教学内容是引导大学生关注"三农"问题、认识国情省情、厚植家国情怀、树立人与自然和谐共生理念的重要渠道，对大学生未来投身乡村振兴具有重要价值。因此，基于当前实施乡村振兴国家战略的大背景、河南作为农业大省和部分学生来自农村地区的现实条件，"微社会"实践育人教学团队设计了"凝望乡土：我看家乡的乡村振兴"这一实践主题。

首先，"凝望乡土，我看家乡的乡村振兴"实践主题融合了思政课四门课的相关理论内容，能够为思政课多个理论提供实践支撑。第一，学生对乡村振兴的观察能够为"思想道德与法治"课第三章的"坚持爱国爱党爱社会主义的统一"和"继承优秀传统文化"提供情感支持，从爱家乡升华至爱国并坚定中国特色社会主义道路自信，从乡村变迁理解和认同中国优秀传统文化的和合共生、天人合一内涵。第二，学生对乡村历史变迁的了解、对乡村振兴的观察和思考，有助于深化对"中国近现代史纲要"教材中第十章"中国特色社会主义进入新时代"中决战脱贫攻坚取得决定性胜利、全面建成小康社会宏伟目标的实现等内容的理解。第三，全面深刻理解乡村振兴所包括的产业兴旺、生态宜居、乡风文明、治理有效、生活富裕,对学生感性把握"毛泽东思想和中国特色社会主义理论体系概论"课第十章"'五位一体'总体布局"中的经济高质量发展、完善社会治理体系、建设社会主义文化强国、建设美丽中国等内容具有重要的意义。第四,为"形势与政策"课"乡村振兴"专题提供具象案例和感性认知,帮助学生在乡村发展的历史进程和全方位中理解乡村振兴战略。

其次,"凝望乡土,我看家乡的乡村振兴"这一"微社会"实践主题能实现学生的多方面参与,对学生的成长具有突出的意义。第一,农业、农村和农民的转型和发展是我国现代化的重要课题,这一实践主题有助于引导学生近距离观察农村社会、分析不同类型的乡村实现振兴的阻碍因素,并思考乡村振兴的可行性实现途径,这对提高学生辩证分析和解决问题的能力,促进学生的当下成长和未来成才至关重要。第二,按照乡村振兴的规划,到2050年实现农业强、农村美、农民富的乡村全面振兴,这离不开一代又一代青年的参与和奉献,因此,引导青年大学生认识和感受农村社会、关注农村发展,对推动大学生投身乡村振兴具有重要的引导作用。第三,中国有着悠久的农业文明,农村曾是中国人生活的主要场域,农耕社会所形成的乡愁是中国人重要的共同情感,在城市化快速推进的时代背景下,这一实践主题对于促进学生理解农村文化、激发学生对乡村、自然的情感,对留住乡愁,传承农耕文明建设中国人的精神家园具有重要的促进作用和格外突出的意义。

在"凝望乡土,我看家乡的乡村振兴"主题的"微社会"实践过程中安排了教师集中讲解理论和介绍实践流程、学生分组完成多项实践任务,最后集中进行实践作品汇报的流程,聚散结合,在倾听、观看、思考、讨论、表达中完成了体验过程。

"凝望乡土，我看家乡的乡村振兴"主题实践流程

第一步 （集中）	教师讲解：相关理论知识、理论知识"微社会"实践主题和实践流程
第二步 （以小组为 单位分散）	视频观看：乡村振兴中的先行村庄
	资料查询：乡村振兴相关文献、研究资料
	话题讨论：当前阻碍乡村振兴实现的因素有哪些？
	学生故事讲述：乡村振兴路上的家乡
	规划：为家乡的乡村振兴建言献策
第三步 （集中）	实践作品汇报会：我看家乡的乡村振兴 情景剧：学生自编自演，展现乡镇村振兴路上的家乡面貌、农民生 　　　产生活、难题与解决等 朗诵：致敬决胜脱贫攻坚的典型人物、表达乡愁 讲解：乡村调查、志愿活动、乡村振兴奋斗故事等 歌舞：赞美美丽乡村，歌颂乡村振兴路上的奋斗精神

"凝望乡土，我看家乡的乡村振兴""微社会"实践主题学习从学生观察家乡、讲述家乡开始，通过查询典型村庄的乡村振兴经验、讨论家乡乡村振兴的阻滞因素，然后结合实际提出家乡乡村振兴的方案，促进了学生实地调研、整理资料、语言表达、分析问题和解决问题等综合能力的提升。部分学生能够结合所学专业提出为乡村振兴提供技术支撑、部分学生还结合团委所组织的大学生暑期"三下乡"社会实践活动的所见、所闻、所做、所思、所获进行讲解、表演，实现了专业知识、社会实践和思政课的有机融合，体现了专业育人、实践育人和思政育人的综合育人理念。

"凝望乡土，我看家乡的乡村振兴"实践主题结束后，学生普遍认为"微社会"实践平台的资源感性、生动展现了新时代走向乡村振兴的农村、农业、农民的风貌和故事，为城市成长的学生全面认识农村、农民和农业打开一扇窗，为乡村美丽的自然风光、发展的巨大潜力、美好的前景所吸引；涉农专业的大学生则表示这一"微社会"实践专题在促进其对乡村振兴的全面认知基础上将个人职业发展规划与国家发展战略、区域发

展政策相关联起来。总体来看，这一实践专题达到了引导学生关注农村发展、理解国家乡村振兴战略、坚定为乡村振兴贡献力量、记住乡愁、传承文明的目标。

三、保家卫国，血沃中原，抗日战争在河南

习近平总书记在全国思政课教师座谈会上的讲话中指出："中华民族几千年来形成博大精深的优秀传统文化，我们党带领人民在革命、建设、改革过程中锻造的革命文化和社会主义先进文化，为思政课建设提供了深厚力量。"① 充分恰当地将中华优秀传统文化、革命文化和社会主义先进文化融入思政课教学，既能够实现理论、思想和价值观的具象化，也能提升课堂教学的吸引力和针对性。"微社会"实践教学平台借助信息技术设备再现地方的重大历史事件、重要历史遗址进行实践教学，是革命文化融入思政课方法创新的重要体现。

抗日战争是中华民族以十四年艰难坚持、巨大的牺牲赢得的反抗外国列强侵略所取得的第一次彻底胜利，是高校思政课重要的教学内容，也是培养学生中华民族共同体意识、珍惜和平的重要途径。对家乡历史—文化的深入了解往往能够激发人们对家乡的认同，进而产生深沉且持久的情感，因此，培育家国情怀总是从培养对家乡的情感开始。基于河南人民在抗日战争中的英勇斗争、河南土地上发生多次战役的历史事实，"微社会"教学团队决定以地方历史确证、补充国家历史，设计了"保家卫国，血沃中原，抗日战争在河南"实践主题。

首先，受全国统编教材篇幅所限，"中国近现代史纲要"课程教材对难以构成标志性事件的区域抗战事件、抗战过程呈现不足，因此，为学生提供家乡真实、详细的抗战资料，既有助于学生深化对教材相关内容的理解，也

---

① 《习近平谈治国理政》第三卷，外文出版社 2020 年版，第 329 页。

能改变学生单纯从影视作品了解历史甚至偶有偏离历史真实的认知情况。其次，以发生在抗战时期的某些事件为契机深化对中国共产党全面抗战路线、国共合作等问题的认识，如通过抗战时期进步青年通过洛阳八路军办事处奔赴延安的故事①，了解八路军洛阳办事处相关情况，进而准确理解抗战时期中国共产党的统一战线理论和政策；通过历史学家范文澜在河南参与抗日统一战线宣传、培训救亡骨干、率领战教团宣传抗日救亡并放弃河南大学教授一职的经历②，理解国共两党在抗战中的不同做法及其不同的抗战路线；通过详细了解豫北会战的历史，理解国民党片面抗战路线存在的问题。最后，大部分学生来自河南各地，学生在了解家乡和祖辈所经历的抗战历史之后，不仅能够真切地感受和理解战争的残酷、祖辈的牺牲、和平的不易，深刻地理解家乡的历史文化，树立家国命运休戚与共的观念，进而将对家乡的情感上升为对国家的认同，成为家乡历史、革命文化的传播者和弘扬者。

"保家卫国，血沃中原，抗日战争在河南"这一"微社会"实践主题依托地方历史知识。鉴于历史久远、真实影像资料不足、历史遗址保留不足的客观情况，"微社会"实践平台以包括历史照片、地图、个人回忆等图片展出的形式再现了日本侵略河南的路线、在河南开展的会战情况、涌现的英雄群体、知识分子的选择、抗战时期的人民生活和社会动员等，力图为学生提供全方位、立体化的河南人民的抗战图景，通过感性图片促进学生地方历史认知，通过地方历史认知形成家国一体的信念，通过两种抗战路线对比增强"中国共产党是抗日战争胜利的中流砥柱"说服力，进而深化对党的群众路线的认识。

在"微社会"实践过程中，教学采取了教师首先在较短时间集中讲解理论和介绍实践流程、学生分组观看抗战图片、查阅抗战人物事件、交流印

---

① 参见戴明予：《奔向革命的起点——忆在洛阳八路军办事处》，《党史博采》1994年第12期。

② 参见王全营：《范文澜与河南救亡运动》，《中州学刊》2003年第11期。

象最深刻的家乡抗战事,最后集中进行实践作品汇报的流程,聚散结合,通过观看、思考、讨论、表达实现了自我学习、朋辈交流学习、实践学习的统一。

"保家卫国,血沃中原,抗日战争在河南"主题实践流程

第一步 (集中)	教师讲解:相关理论知识、理论知识"微社会"实践主题和实践流程
第二步 (以小组为 单位分散)	学生观看图片展:日本侵略河南的路线、在河南开展的会战情况、抗战过程、涌现的英雄群体、抗战时期的人民生活、党的统一战线和社会动员等
	影视欣赏:《1942》(片段)
	资料查询:抗战人物志、抗战史志
	交流:印象最深刻的家乡抗战事 讨论:中国人民取得抗日战争胜利的关键因素是什么?
第三步 (集中)	实践作品汇报会:家乡的抗战 情景剧:再现抗战中的某些片段 朗诵:怀念抗日英雄、反对侵略、珍爱和平 讲解:家乡抗战事迹、抗战时期的著名人物 歌舞:合唱抗战时期歌曲

"保家卫国,血沃中原,抗日战争在河南"这一"微社会"实践活动,从鼓励学生参观纪念馆、倾听口述历史、探访遗址等方式了解家乡的抗战事迹并排练与抗战有关的文艺作品开始,将学生的家庭、家乡故事作为文化资源融入到思政课中,提升了学生的学习兴趣,也提高了学生关注家乡历史、实地考察、挖掘文化资源的能力。实践过程中,学生在"微社会"实践平台参观河南抗战图片展,深入了解十四年抗战期间河南发生的重大事件,在开阔学生视野的同时升华其对家乡土地和人民的情感。最后,在实践作品汇报中,由学生来演绎抗战时期的历史片段和经典文艺作品,在历史的再现中实现了学生的情景体验、情感表达,达到了厚植家国情怀、坚定理想信念的教学目标。

"微社会"实践平台实施"保家卫国,血沃中原,抗日战争在河南"主题结束后,学生普遍表示丰富了对家乡历史的认识,对家乡曾发生过如此激烈的战役感到震惊,也对家乡人民坚持抗战、巨大牺牲感到光荣和自豪,对抗战文艺作品也有了更深刻的感受。人文社会科学专业的同学认为,在了解家乡的抗战历史之后会更有意识地挖掘家乡的历史文化资源,并以自己的方式进行传承和弘扬。在一定程度上,"微社会"实践连接起了课堂理论讲授和社会实践,达到了以文化支撑教学、以教学传播文化、推动文化传播和创新的目标。

四、身临其境,畅游无限,虚拟展馆参观

2016 年,习近平总书记在全国高校思想政治工作会议上提出要运用新媒体新技术使工作活起来,推动思想政治工作传统优势同信息技术高度融合,增强时代感和吸引力。《教育部社会科学司 2020 年工作要点》(教社科司函〔2020〕12 号)明确指出教育部 2020 年重点支持建设一批文科实验室,促进研究方法创新和学科交叉融合,引领学术发展。运用新媒体新技术尤其是虚拟仿真技术创新高校思政课实践教学,是推动思政课实践教学时代化、大众化的重要手段,也是思政课适应信息时代的重要探索。"以传统场馆为基础,利用虚拟技术将场馆及其陈列品移植到计算机上进行展示、宣传和教育活动,突破传统意义上的实践与空间的局限"[1],建立虚拟场馆,使学习者突破时空限制在电脑平台上真实感受展馆及展品,发挥视觉、听觉、触觉等多元信息对学习者的共同作用,实现"身临其境,畅游无限"的红色文化场馆漫游与仿真互动。

虚拟场馆的开发和建设由马克思主义学院主持,艺术设计专业提供仿真

---

[1] 黄瑞新:《高校思政课"微社会"教学模式的创新与实践研究》,《改革与开放》2016年第16期。

造型设计、现代教育技术专业提供技术手段，虚拟仿真设备公司提供设备，前往真实纪念馆取景、选材、制作、完善，是跨学科合作的结果。虚拟场馆可以分为历史人物纪念馆、历史事件纪念馆两类。目前，"微社会"虚拟仿真实践育人团队开发、建设了"马克思主义传播史展览馆""侵华日军南京大屠杀遇难同胞纪念馆""改革开放展览馆"等历史事件虚拟纪念馆和"雷锋纪念馆""焦裕禄纪念馆"等历史人物虚拟纪念馆。

典型虚拟场馆及其关联教学内容

虚拟场馆	关联课程内容
马克思主义传播史展览馆	"马克思主义基本原理"课：马克思主义产生和发展 "毛泽东思想和中国特色社会主义理论体系概论"课：马克思主义中国化
侵华日军南京大屠杀遇难同胞纪念馆	"中国近现代史纲要"课：中华民族的抗日战争 "毛泽东思想和中国特色社会主义理论体系概论"课：新民主主义革命理论
改革开放展览馆	"中国近现代史纲要"课：改革开放与中国特色社会主义的开创和发展——改革开放和现代化建设新局面 "毛泽东思想和中国特色社会主义理论体系概论"：邓小平理论的主要内容 "习近平新时代中国特色社会主义思想概论"：全面深化改革、中国特色大国外交
雷锋纪念馆 焦裕禄纪念馆	"思想道德与法治"：领悟人生真谛　把握人生方向 遵守道德规范　锤炼道德品格 "毛泽东思想和中国特色社会主义理论体系概论"：中国社会主义建设道路的探索——社会主义建设的良好开始 "习近平新时代中国特色社会主义思想概论"：建设社会主义文化强国

"马克思主义传播史展览馆"虚拟场馆是以中共中央编译局的马克思主义传播史展览馆为基础，对馆内的部分文物、资料进行虚拟仿真，再现了马克思主义在中国不同历史时期传播中的重要文献翻译和出版情况以及《共产党宣言》等经典文本在全球范围内的不同文字、不同版本，提供了许多

珍贵的历史资料和历史细节。对于思政课教学来说,"马克思主义传播史展览馆"的资料丰富了马克思主义进入中国、中国人选择和传播真理的历史细节,补充了"马克思主义基本原理""中国近现代史纲要"和"毛泽东思想和中国特色社会主义理论体系概论"课教材相对笼统的概述,也为学生真正认同马克思主义是中国人民的历史选择、坚持真理是共产党建党精神之一等理论提供了更为丰富和可信的证据。

"侵华日军南京大屠杀遇难同胞纪念馆"虚拟场馆是以南京大屠杀江东门集体屠杀遗址,以及遇难者丛葬地所建立的侵华日军南京大屠杀遇难同胞纪念馆为基础,对纪念馆文物陈设、参观过程进行仿真。参观中,学生置身于庄严肃穆的纪念馆,真切看到侵华日军的罪行,体验中华民族近代以来的苦难历史,激发其热爱祖国、报效祖国、珍惜和平的决心,同时在今昔对比中坚定作为中国人的志气、骨气和勇气。虚拟场馆的场景补充了"纲要"课概述性的教学内容难以体现的历史细节,学生在参观体验过程中也实现了思政课培育学生家国情怀的情感目标和爱国报国的价值引领目标。

"改革开放展览馆"虚拟场馆以位于深圳特区的深圳改革开放展览馆为基础,对馆内反映改革开放前后深圳经济社会发展情况的典型实物、图片等进行仿真,力图全面再现改革开放给深圳带来的巨变。虚拟场馆"改革开放展"为"中国近现代史纲要""毛泽东思想和中国特色社会主义理论体系概论"课教材对改革开放相对理论化、概述性的论述做了生动的、丰富的解释,对其深入理解"改革开放是决定中国命运的关键一招""改革开放是我们党的一次伟大觉醒"等论断和坚定中国特色社会主义道路自信具有重要的意义。

"雷锋纪念馆"虚拟场馆是对位于雷锋同志生前工作的地方——沈阳的雷锋纪念馆的虚拟,力图将与雷锋同志相关的实物、资料、经历进行仿真虚拟,再现雷锋同志毫不利己、专门利人的人生事迹和雷锋精神的继承、弘扬情况。雷锋同志是践行"大公无私""我为人人"集体主义精神的典型,是新中国时代新人的标志性人物;雷锋精神是社会主义核心价值观的重要内容,对新时代构建社会主义和谐社会、弘扬社会主义核心价值观具有重要价值。因此,学习先进雷锋事迹、践行雷锋精神对于培育大学生社会主义核心价值观、正确的人生观具有重要的引导作用。

"焦裕禄纪念馆"虚拟场馆是以位于焦裕禄同志生前工作的地方——兰考焦裕禄纪念馆为基础,对馆内的实物、图片、资料等进行仿真虚拟,力图再现焦裕禄同志带领兰考人民治理内涝、风沙、盐碱三害的先进事迹,呈现其为民爱民的公仆风范、求真务实的作风和艰苦奋斗精神。焦裕禄同志是100位新中国成立以来感动中国人物之一,是党的好干部的典型代表;"焦裕禄精神是中国共产党人的优秀代表在社会主义建设时期形成的榜样化的精神,与中国精神具有内在一致性。"[1] 因此,引导学生了解焦裕禄同志的先进事迹、学习并践行其为民情怀和奋斗精神,对大学生践行中国共产党的群众路线、弘扬中国精神具有重要的价值。

虚拟场馆使学生在"身临其境,畅游无限"参观中实现了情境性、自主性的体验式实践学习,解决了参观实体纪念馆涉及的时间、经费、安全等难题。第一,虚拟场馆在一定程度上再现了历史事件、历史人物所在的场景,为学习者创设了超越时空的情景,以具象的情境给学生带来心理沉浸感,激发学习动机。第二,虚拟场馆参观只需要一台联网电脑或者手机就能满足,使大规模学习者突破时空限制的学习成为可能,使学习者根据学习兴趣自主选择学习内容、根据学习状态调整学习节奏,实现了学习节奏的自主掌控、学习内容的个性选择。第三,虚拟场馆集场景、讲解、音乐、手动操作于一体,全方位地调动学生的多重感官参与,实现身心感受的联结,增强学习者的感受力。第四,纪念馆的外观造型、内部设计、文物选择、纪念仪式在一定程度上是设计者和建造者情感的表达,因此,参观纪念馆即使是虚拟纪念馆对情感升华、激发意志具有重要的作用。最后,虚拟场馆建设突破

---

① 南大伟:《论焦裕禄精神的时代价值》,《广西社会科学》2016 年第 5 期。

了个人思维与专业知识的局限，实现了学科交叉融合，创造了"马克思主义学院（思想政治理论）+艺术学院（仿真造境设计）+信息工程学院（虚拟软件研发）"，实现了思政课与信息技术、艺术的有机融合，开创了大思政育人格局。

第五节 "微社会"育人课程
实践成效总结

高校思政课"微社会"实践教学以创设情境化教学场景，在多种类型的教学资源融入和多个环节的教学活动中实现对学生的多元智能刺激，为理解理论性、抽象性较强的教材提供了感性认知，构建了由境生情、由情入理、由内化到外化的学习过程，多维度地促进了教材体系向教学体系转化，使学生真正成为学习的主体，推动思政课教学由传统"教材内容+案例解释"讲授型向活动参与型转变。这一改革使思政课教学更加遵循学生认知发展规律、教育教学规律和思想政治工作规律，较好地落实了习近平总书记在思政课教师座谈会上提出思政课改革创新的方向遵循。

一、创设情景化教学场域，实现全体学生的参与和体验

毛泽东在《实践论》中指出："无论人要认识什么事物，除了同那个事物直接接触，即生活（实践）于那个事物的环境中，是没有法子解决的。"① 按照情境学习理论的观点，认知的发生不是离开社会情境的孤立过程，而是深深嵌入于情境之中。情景学习理论在本质上是符合唯物主义认识论的。对于真理性和价值性兼具的高校思政课而言，学生认知真理和认同价

---

① 《毛泽东选集》第一卷，人民出版社 1991 年版，第 286—287 页。

值不仅需要教师解释理论，更重要的是促进教学内容的情境化，在一定的情境之中实施教学活动。情景化教学关键在于"创设了情境化的学习任务、协作平台、载体支撑与过程评价，以此构建'情境—任务'情境化教学分析框架，创设出由活动任务、活动方式、活动规则、活动环境构成的学习活动模型，并在教学实践中采用设置任务链、明确问题、解决阶段思考重点、默会知识显性化等方式加以应用。"①

"情境—任务"框架是思政课"微社会"实践教学的重要模式。第一，教师依托"微社会"实践平台围绕实践主题所提供的图片、音视频等教学资料、"微社会"实践平台的实物、虚拟仿真场馆共同创设了"微社会"教学情境，学生置身于实践情境之中；学习过程是按照一定的流程、遵循活动规则、完成明确的任务、按一定标准进行评价，是一个在情境中进行的完整的实践过程；最后，学生的实践作品汇报也建构着教学情境。因此，"微社会"实践是师生共同创建学习情境、共同在情境中完成学习任务，在一定程度上实现了学生在仿真情境中的真实参与、真切体验，是"参与—体验"式学习的重要尝试，也解决了思政课教学当前存在的某些问题。

首先，"参与—体验"式学习一定程度上解决了学生对思政课存在的情感疏离。一方面，思政课的教学内容的抽象性、意识形态性决定了其与日常生活之间存在着一定距离；另一方面，思政课教材的学术性、政治性语言风格与学生的日常语言也存在较大的差异。这在一定程度上导致了学生对思政课的疏离感，这种疏离感是制约学生学习兴趣和教学实效性提高的重要阻滞因素。"参与—体验"式学习突出了情境在学习中的关键地位，强调从情境中得到情感体验、理性认知，通过讨论、辩论将共同的感受和认知内化，转化为信念和意志，最后通过表达和行动外化，进一步确认。这种情从境生、

---

① 王立：《情境学习理论下高校思政课创新论析》，《思想政治教育研究》2021 年第 4 期。

由情入理、由内化到外化的学习过程，一定程度上提升了学生对思政课的兴趣和参与程度，缓解了学生对教材和教学内容的疏离感。

其次，"参与—体验"式学习解决了理论宏大叙事与学生个体微观感受之间的对立。思政课是充分体现党和国家意志、关注人类历史和中国社会发展的课程，具有一定程度的宏大叙事性，20 岁左右的大学生社会阅历及理论思维尚有不足，理解思政课的理论体系、内在逻辑有一定难度。思政课"微社会"实践融学生个人生活经历、家乡群体故事、地方历史、虚拟场馆入教学内容，建立起"个人—群体—国家"之间的故事关联，融宏大叙事于微观故事，以个体经历回应抽象理论，使学生在真实的参与、真切的体验中将信仰建立在认知深化、情感确证、意志坚定、行为引导的基础之上。

二、融合多种教学资源和活动形式，促进学生知、情、意、行的综合提升

习近平总书记在思政课教师座谈会上指出，"用新时代中国特色社会主义思想铸魂育人，引导学生增强中国特色社会主义道路自信、理论自信、制度自信、文化自信，厚植爱国主义情怀，把爱国情、强国志、报国行自觉融入坚持和发展中国特色社会主义事业、建设社会主义现代化强国、实现中华民族伟大复兴的奋斗之中。"[①] 奋斗是一种行动，学生未来能否持久地"行"取决于青少年时期的"信"和"情、志"发展如何，思政课的主要目标就是促进学生的"信"和"情、志"向着符合国家需要和个体成才统一的方向发展，并形成相对稳定的价值观。进入新时代，面对"互联网原住民"的学习主体，面对信息技术和虚拟仿真技术与各领域不断融合的加强，"运用新思想新技术新方法新平台助力思政课建设，发挥资源整合优

---

① 《习近平谈治国理政》第三卷，外文出版社 2020 年版，第 329 页。

势，实施思政课混合式教学模式改革，创新思政课的教学方法，增强思政课的育人实效。"①

按照教育心理学的观点，人的精神发展是环境、实践刺激大脑的结果，多元智能发展需要多元刺激。长期以来，思政课教学采取的是"教材观点+案例"的阐释型讲授，对学生以听觉刺激为主；多媒体教学手段使用之后，图片、视频增加了视觉刺激。但是，听觉、视觉仍是相对单一的刺激，对于情感、信念的确立是不够的。思政课要实现对学生"信"和"情、志、意"的全面提升，就需要创设多样刺激情境，提供多元刺激条件。"微社会"实践教学在融合雕塑、图片、视频、文献、书画作品多种类型的静态学习资源的基础上，还设计了参观、查询、讨论、辩论、表演等动态活动，通过多元刺激，促使包含着情感、理性、意志三大精神因素的"信"和"情、志"的共同发展。

在"微社会"实践教学过程中，学生观看图片、微视频属于相对传统的视听刺激，触摸实物是触觉刺激，参观虚拟展馆则使学习者如玩游戏一样地动手、动脑、身心参与；学生讨论、辩论则对具体情境中的共性问题、因果条件等方面进行抽象，需要调动起概括、判断、推理等抽象思维能力；在实践作品汇报环节，学生以情景剧、朗诵、演讲、讲解、歌舞等形式的表演不仅包含着学生的所见所闻，所思所想，也是学生的人生阅历、社会认知、情感态度、艺术才华等方面的全面展示，更是对学生的情感、态度和价值观的再次确证。全身心投入才能带来真正的精神愉悦和精神收获。

从"微社会"实践主题和内容看，"身边的榜样，学习新乡市先进群体""雷锋纪念馆""焦裕禄纪念馆"提供的感人事迹以情动人，使学习者将家国情怀根植于家乡大地和祖国人民；"深圳改革开放馆""凝望乡土：我看

---

① 邱峰：《基于"三全育人"的高校思想政治理论课混合式教学研究》，《西部学刊》2019 年第 8 期。

家乡的乡村振兴"则提供了美丽的图景，使学习者看到中国特色社会主义的优越性，促进学生坚定"四个自信"，感召学生将专业学习、社会实践与强国志向结合起来，"侵华日军南京大屠杀遇难同胞纪念馆""保家卫国，血沃中原，抗日战争在河南"以历史启迪现实，以悲痛生发奋斗力量，唤起学生的强国志、报国行。总之，"微社会"实践教学过程中创设的情境将学习者的情感、理性、意志发展作为重要因素融入其中，以优秀传统文化、革命文化和社会主义先进文化为载体弘扬青年"增强做中国人的骨气和底气"①，培育其对马克思主义、中国特色社会主义的情感认同和心态自信。

三、践行主导性和主体性、统一性和多样性、灌输性和启发性相统一

习近平总书记在学校思想政治理论课座谈会上提出思政课改革创新要坚持"价值性和知识性相统一""统一性和多样性相统一""主导性和主体性相统一""灌输性和启发性相统一""显性教育和隐性教育相统一"等八个统一。② 这为思政课改革创新提供了理论指导和方向遵循。"微社会"实践教学以情境创设和实践体验创新了教学模式，突出学生的学习主体地位，针对学生的差异性实施个性化、多样化实践，融价值、知识于活动之中，克服了传统教学过程中学生学习主体弱化、教学同质化程度高和灌输方式为主等问题，在理论性和实践性相统一中较好地实现了主导性和主体性相统一、统一性和多样性相统一、灌输教育和启发教育相统一。

符合教育教学规律的师生角色定位是提升教学效果的重要保证。"主导性和主体性相统一"对思政课教学中教师和学生的角色定位及其辩证关系的论述为思政课教学改革提供了实践遵循。教师需要通过教学设计和教学环

---

① 参见《习近平关于网络强国论述摘编》，中央文献出版社 2021 年版，第 55 页。
② 参见《习近平谈治国理政》第三卷，外文出版社 2020 年版，第 330—331 页。

节引导学生完成既定的教学目标，学生则在教师的引导下主动建构起对于知识、技能以及方法、观念层面的认知，这即是教学中教师的主导性与学生的主体性。① 教师的"导"体现在把控教学方向、分析学生具体特点、选择合适的教学方法，吸引并带领学生探究和实践；学生的"学"表现为较强的学习兴趣、全身心地参与教学过程，自觉地对教学内容进行内化和外化。教师的主导性、学生的主体性的发挥需要构建合适的教学模式。"微社会"实践育人教学过程对师生角色、交流方式、理论—生活的关系进行了重构。首先，从师生角色来看，教师的主要任务是情景创设、任务创设和组织引导，由传统的讲授者转变为组织者、倾听者、引导者、补充者，总结者，学生由过去的倾听者成为体验者、实践者、分享者、倾听者等多重角色，真正实现教学相长，互为师友；其次，传统理论性教学的"老师→学生"的单主体、单向度交流转变为"老师→学生、学生→老师、学生→学生"双主体、双向度的交流，在教学活动的主体间性基础上增加交流的信息量，增强交流的针对性和有效性。

"统一性和多样性相统一"是事物存在的基本方式。要实现思政课教学的实效性，教学资源、方法就必遵循统一性和多样性相统一的规律。统编教材决定统一的教学内容，教学活动应遵循的思政工作规律、教书育人规律、学生成长规律，都是思政课统一性的具体体现。将学生、学校、地域、文化等方面的特殊性纳入教学设计之中，实现统一的教材体系转化为多样化的教学体系，必须因地制宜、因校制宜、因师制宜、因生制宜地选择教学方式方法和教学资源，实现"统一性和多样性相统一"，才能较好地达成教学目标。在"微社会"实践教学中，一方面基于不同学生群体的成长经历、专业背景、兴趣特征、能力特点、发展需求等进行有针对性的实践主题及实践环节设计，另一方面，根据实践主题对学生的情感认同、价值引领、认知提

---

① 参见田鹏颖、宁靖姝：《论坚持高校思想政治理论课主导性与主体性的统一》，《思想教育研究》2019 年第 12 期。

升、能力发展等目标的实现程度优化选择学生的参与形式，促进了思政课实践教学因材施教、因地制宜，使教学过程呈现了多样性，有效地落实了思政课"统一性和多样性相统一"的要求。

"灌输性和启发性相统一"是由思政课的意识形态属性、立德树人关键课程地位及其遵循教育教学规律的需要所决定的。思政课本质上是进行国家意识形态教育，关乎合格的建设者和可靠的接班人的培养，向青少年灌输意识形态既是国家和社会的需要，也是青少年成长的需要。因此，思政课采取灌输手段具有现实必要性。但同时，思政课要实现育人目标，不能无视、忽视、轻视教育教学的基本规律而忽略了启发性。"思政课坚持启发性就是指在教学中教师在传授马克思主义理论和社会主义主流意识形态时，要充分调动学生学习的积极主动性，引导他们自主学习，不断提高他们批判与建构的能力。"① 在"微社会"实践教学平台，学生徜徉于创设的主题情景之中，从氛围中获得情绪感染、情感激发，在活动参与中体验意志、信念，发挥了学生学习的自主性、协作性、创造性，实现了自主学习、小组学习，达到深化理论认识、升华精神境界、确证理想信念等目标，是一种启发性教学。

四、探索思政课协同育人的新途径，促进"三全育人"的实现

"全员育人、全程育人、全方位育人"（简称"三全育人"）是近年来学界在深化教书育人实践规律基础上的共识认识，日益成为新时代教育教学改革的重要遵循。"全员育人"强调多元育人主体之间合作形成育人合力，"全程育人"侧重育人要伴随人成长的动态过程，"全方位育人"既包括育人手段要全面又指向全面育人目标，体现了系统论的思维方法，强调教育教

---

① 施丽红、吴成国：《高校思想政治理论课坚持灌输性与启发性相统一的实践路经研究》，《思想教育研究》2021 年第 3 期。

学过程中的协同观念。思政课"微社会"实践教学通过跨专业合作、整合地方文化资源、创设主题化情境，开展了多样性体验式教学，有效地将思政课的理论性与实践性、知识性与价值性统一起来，是实现"三全育人"的重要探索，与课堂育人、社会实践育人共同推动思政课立德树人关键课程使命的达成。

首先，"微社会"平台实现了思政课实践教学全员育人。第一，平台建设过程是思政课教师将理念、事件通过信息教育技术设备转化为形象、实物呈现出来，是人文与科技的融合，是思政课教师与艺术设计、教育信息技术等专业教师合作的过程，体现了不同专业教师之间的交流合作；第二，"微社会"实践教学主题和教学流程的设计、确立是不同课程的思政课教师各尽所长、交流合作的成果，体现了思政课教师之间的协作；第三，"微社会"实践平台开设的重大事件纪念日纪念活动、党团学习活动使思政课教师与政治辅导员、党政工作者之间建立起联系，实现了思想政治教育工作者之间的合作育人；第四，从学生覆盖看，"微社会"平台保障了所有学生参与实践教学的均等机会，可谓"育全员人"。总之，"微社会"实践教学通过多方协作、有机配合，改变了过去思政课的教师单一育人主体的局面。

其次，"微社会"实践教学推动思政课实现全方位育人。第一，"微社会"平台作为文化呈现平台，陈列的伟人铜像、虚拟仿真立体像、虚拟场馆呈现了部分模范人物言行、重大历史事件，展示了部分中华传统优秀文化、革命文化和社会主义先进文化，使学生在生动的情境中发生情感共鸣，实现了以文化人；第二，"微社会"实践平台提供了学生表演的舞台，使学生将思政课相关内容转化为文艺节目呈现出来，发展了学生协作、创新等综合能力，实现了实践育人；第三，"微社会"实践平台提供了多个虚拟场馆供学生线上参观，微视频线上展示等拓展了学生的学习时空，实现了网络育人。总之，"微社会"实践教学平台是课堂的延伸和升级，配合课堂教学育人和社会实践育人，在理论育人和实践育人、线上育人和线下育人、环境育人和文化育人相统一中推动思政课全方位育人的实现。

最后,"微社会"实践教学探索了大中小学思政课一体化育人实践。高校思政课"微社会"实践育人的经验表明,依托实践平台进行情境体验式、实践参与式教学是提升思政课实效性的有效手段。中共中央办公厅、国务院办公厅在《关于深化新时代学校思想政治理论课改革创新的若干意见》中指出:"坚持思政课在课程体系中的政治引领和价值引领作用,统筹大中小学思政课一体化建设,推动各类课程与思政课建设形成协同效应。"① 统筹大中小学思政课一体化建设,首先在教材编写、思政课教学内容设置上既要尊重不同学段学生的身心发展水平,也要考虑不同学段之间的侧重点和内容关联,其次要考虑不同学段教学方法相互借鉴。"微社会"实践平台可以根据不同学段学生的生活阅历和思想认知发展水平设计思政课实践主题和实践环节,促进大中小学思政课教学之间的交流和借鉴。如"微社会"实践平台设计的"爱我家乡,爱我中华"实践主题,引导大学生了解家乡和国家深层次的历史文化、形成报国之志、践行家国情怀,对于中学生则进行家乡和国家的经济社会发展现状教育,引导其认识国情省情、关心家国发展,对于小学生则以了解家乡和国家的地理风情民俗文化为主,在其心中种下家乡美、国家好的种子。"微社会"实践平台软硬件设施的灵活性,使其适应不同学段思政课不同学习目标、学习内容以及学生精神发展维度,为探索大中小学思政课一体化提供了新模式。

五、激发情感,坚定信仰,一定程度解决知信分离问题

教育的本质是促进人的精神成长和行为社会化,包含着"知""情"

---

① 《关于深化新时代学校思想政治理论课改革创新的若干意见》,《人民日报》2019 年 8 月 15 日。

"意""行"四个维度。在精神层面，"知"即认知，对客观世界及其发展规律的认识，属于理性思维；"情"是情感，对世界的态度倾向；"意"即意志，属于主体的志向、意念，能够调整身心，后两者属于非理性思维；三要素相互嵌入、彼此影响。"行"是行为，即为人处世的行为方式，"行"是落脚点，受到"知、情、意"的影响和支配。从教育目标来看，"立德树人"即培养行为符合社会文化规范的公民，是对教育活动的目标指向，是一种价值规约。知识是人类对事物本质及其发展规律的总结，指向"真不真"；价值是人类对客体满足主体需要的评价，指向"善不善，美不美"，常常包含着认知、情感、意志。在人类的社会生活中，二者既相互对立又相互制约，统一于人类的社会实践活动之中。思政课作为一种有明确政治目的和意识形态的课程，传播的政治理论和思想观念必然代表着某种价值立场和政治倾向，以培养学生树立科学的世界观、人生观、价值观为根本目标。因此，实现"知识性和价值性相统一"要求思政课教学实践化，在实践过程中较好地将知识性和价值性融合起来，使学生在实践中深化认知、涵养情感、坚定意志、"行"成习惯。"微社会"实践教学通过构建与理论同向同行、融合知—情—意—行四维目标的综合学习活动，在学生的实践参与中激发其向往的情感、增强其奋斗的意志、在行动中体验，进而实现知、情、意、行的全面提升，促进价值观传递和信念信仰确立的实效性。

首先，"微社会"实践平台创设了实践情境，为情感的激发、感染和升华提供了基础。课堂教学侧重理论讲授，为学生提供了理性认知。"从理性认知到价值选择的转化是需要以情感因素为媒介条件的，情感是促使转化的内在动力。"[1] 第一，教师在确立"微社会"实践主题时将情感作为重要考量因素，选择那些能够唤起学生家国情怀的主题；第二，创设"微社会"教学情境时，充分发掘实物、图片、视频蕴含的情感因素，全方位地烘托情

① 董雅华：《论思想政治教育的知识性与价值性》，《贵州社会科学》2017 年第 2 期。

感、渲染气氛；第三，学生进行文艺汇报展示实践作品时，教师注重对学生实践作品中的情感因素进行点评和强化。总之，形成情境烘托情感、氛围感染情感、体悟升华情感，使思政课实践成为有情感温度、积极活泼的过程，为学生意志和信念的形成奠定情感基础。

其次，"微社会"实践教学尊重学生意愿，注重发掘学生学习的自主性、创造性，其增进投身中国特色社会主义建设的意愿和意志。意志是在情感驱动下产生的强烈的意愿和志向，在一定仪式活动中得以强化，"微社会"实践教学通过仪式性活动带来体验和情感升华增进学生投身中国特色社会主义现代化建设的意愿和意志。第一，"微社会"实践主题"身边的榜样，学习新乡市先进群体"提供的先进群体先人后己、无私奉献的高尚品质对大学生提供了做人的道德榜样和精神动力，"凝望乡土，我看家乡的乡村振兴"主题中乡土文化、乡村建设为大学生投身乡村振兴实践提供了图景感召。第二，"微社会"实践教学过程中学生自主选择、自我组织所进行的探究性学习、文艺演出活动，使学生在活动中不断感受和体悟主题所涉人物、事件所承载的期待、愿望，促进学生意愿、志向的生发和强化与思政课的期待同向同行。

最后，"微社会"实践教学以情景体验促进情感升华、以情感厚植促进意志坚定，最终促进学生信念信仰的树立。"信仰作为人的一种特殊的精神状态，是每时每刻都在涌动着的、倾注着人的理性、情感和意志的。"[1] 信仰的确立往往从相信开始、经过信念强化方可达到。"相信"最为基本，"信仰"最为高远。思政课教学的根本目标是要引导学生树立共产主义信仰，但高远的信仰需要在可感知的生活中产生相信和可依赖的信念，并在此基础上发展而来。第一，"微社会"实践教学选择的主题大多以学生家乡的人和事为感性材料，由学生对家乡天然的亲近感上升到对家乡的历史和现实的认可，进而建立对理论的相信；第二，"微社会"实践教学过程中设置的

① 张曙光：《个体生命与现代历史》，山东人民出版社 2007 年版，第 142 页。

讨论环节是对感性感知的追问和反思，经过小组成员畅所欲言、各抒己见的观点表达，使初具理性识别、概括能力的大学生经过比较、反思、追问、判断，形成相对理性的观点，实践主题所蕴含的信念得到确证；第三，实践成果汇报是大学生身体力行地参与课程的过程，汇报展示作为实践活动及实践成果所蕴含的情感、态度和价值观，同时也是观众与汇报者之间情感、信念相互影响的精神交流过程。"微社会"实践教学试图在认知与实践的互动中实现思政课对学生知识性与价值性相统一的引导，为信念信仰的树立提供既有生活感知、又有理性思考，还有情感表达等精神发展的课程基础。

第六章

思想政治教育 "微社会" 育人的日常实践

　　思想政治教育通过对社会成员进行意识形态宣传教育，促进社会成员对国家和社会制度、文化和价值观的认同。思想政治教育包括以课程形式进行的理论化、系统化的思政课教育和日常思想政治教育两种主要形式，二者虽存在实施方式、教育内容、组织方式等方面的不同，但又相互依存、互为补充，共同促进受教育者的思想政治素质提升。作为思想政治教育工作的重要组成部分，日常思想政治教育通常以会议学习、讲座学习、读书（视频）学习、撰写心得体会等形式进行，具有理论性强、集中组织效率高等特点，也存在着学习者的实践参与不足、情景体验缺失、情感升华难以实现、理想信念不易确证等不足，制约着思想政治教育实效性的达成和提升。将日常思想政治教育置于"微社会"实践育人平台，通过历史纪念活动和国情省情教育活动的形式，以实践参与、情景体验的方式唤起学习者的情感认同，构建新的共同记忆，达到思想政治教育育人目标，即思想政治教育"微社会"育人日常实践。

第一节　思想政治教育日常实践的
主要类型和方式

"人的本质不是单个人所固有的抽象物，在其现实性上，它是一切社会关系的总和。"① 人在社会关系的建构中获得社会属性，同时获得社会观念和意识，成为社会存在和精神存在。思想政治教育是人成为社会存在和精神存在的重要途径和重要体现。从行为组织学来看，个体总是处于一定组织和关系之中，被组织和关系所规约，也在组织和关系中获得社会身份和价值归属。伴随着个体获得一定的社会身份，同时被相应的组织和关系赋予一定的内涵、权利和责任。个体对自身社会身份的内涵、权利和责任是否拥有明确、自觉的意识，既影响着主体履行义务的意愿和能力，也影响其所在组织的行动能力和效能发挥。自觉的意识无法自发产生，因此，几乎所有的社会组织都采取一定的形式对其成员实施日常教育，以实现其对组织在思想上的认同和行动上的服从。

"思想政治工作是党的优良传统、鲜明特色和突出政治优势，是一切工作的生命线。"② 1932 年，党中央在给苏区中央局及苏区闽赣两省委的信中提出"政治工作不是附带的，而是红军的生命线"③。新民主主义革命时期，中国共产党充分发挥了思想政治教育在统一思想、动员群众、凝聚力量、鼓舞士气、团结奋斗方面的重要作用，取得了反帝反封建的胜利。在建设时期，毛泽东同志提出了"政治工作是一切经济工作的生命线"④ 的论断，是对经济建设时期政治工作重要性的强调。进入改革开放新时期，"思想政治

---

① 《马克思恩格斯选集》第 1 卷，人民出版社 1995 年版，第 56 页。
② 《关于新时代加强和改进思想政治工作的意见》，《人民日报》2021 年 7 月 13 日。
③ 参见《中共中央文件选集》第 8 卷，中共中央党校出版社 1991 年版，第 310 页。
④ 参见《毛泽东文集》第六卷，人民出版社 1999 年版，第 449 页。

教育为解放思想开山辟路，为中国特色引航指向，为服务大局凝心聚力，为立德树人固本铸魂，为党的领导明理弘道，为推进改革开放和中国特色社会主义伟大事业发挥了生命线作用。"① 在建党百年之际，党中央、国务院印发了《关于新时代加强和改进思想政治工作的意见》，提出"要把思想政治工作作为治党治国的重要方式，完善领导体制和工作机制，完善党委统一领导、党政齐抓共管、宣传部门组织协调、有关部门和人民团体分工负责、全党全社会共同参与的思想政治工作大格局，更好承担起举旗帜、聚民心、育新人、兴文化、展形象的职责使命，着力固根基、扬优势、补短板、强弱项，提高科学化规范化制度化水平的需要"②，其指明的新时代思想政治工作的运行机制、使命担当和工作方向，是新时代思想政治工作守正创新的重要遵循。

一、日常思想政治教育的主要类型

党员教育。党员的身份意识、党性修养和奋斗精神不会自发形成，必须通过经常性的教育活动来培育和强化。党员教育是党的建设的重要内容，也是党的日常思想政治教育工作的重要组成部分，是共产党员保持先进性、党组织保持战斗力的重要保障。"平常时候看得出来、关键时刻站得出来、危难关头豁得出来"③ 是对共产党员在工作生活中发挥吃苦在前、享受在后、发挥模范先锋作用的身份要求。能否发挥"一个党员就是一面旗帜"的引领作用，影响着党组织的战斗力和凝聚力。作为具有高度组织性、纪律性的政治组织，关于党员发展、党员教育，中国共产党已经建立了完善的规章制度，对入党积极分子、发展对象、预备党员的教育内容和教育流程都有清晰

---

① 王树荫、连欢：《改革开放伟大事业成果的生命线》，《思想理论教育导刊》2018 年第 12 期。

② 《关于新时代加强和改进思想政治工作的意见》，《人民日报》2021 年 7 月 13 日。

③ 习近平：《在"七一勋章"颁授仪式上的讲话》，人民出版社 2021 年版，第 5 页。

明确的规定。在教育组织方式上，已经形成了以经常性教育为主，并根据特定形势和任务要求开展党内集中学习教育的优良传统，学习形式也在实践中不断丰富和创新。

团员教育。共青团是中国共产党领导的一个由信仰共产主义的中国青年组成的群众性组织，是党的助手和后备军，也是党的青年工作的重要力量。习近平总书记在纪念五四运动 100 周年大会上的讲话中要求共青团"不断保持和增强政治性、先进性、群众性，坚持把培养社会主义建设者和接班人作为根本任务，认真履行引领凝聚青年、组织动员青年、联系服务青年的职责"①，共青团章程明确规定，中国共产主义青年团加强思想政治工作，把思想政治工作贯穿所开展的全部工作。坚持把帮助青年确立正确的理想、坚定的信念作为首要任务，坚持服务青年的工作生命线。② 共青团工作是中学和大学日常思想政治教育工作的重要组成部分，共青团通过开设团课、组织社会实践、志愿服务、文明倡议等形式开展青少年教育、发展团员，增强团员的身份意识和使命感，提高其思想政治觉悟，引导其拥护中国共产党的领导、认同中国特色社会主义道路。创新团员教育方法和形式提升团员教育的成效，引导青年群体提高本领、关心社会、奉献社会，促进青年健康成长，确保党和国家的事业代代赓续。因此，共青团开展团员教育是日常思想政治教育的重要组成部分，应在新时代守正创新。

少先队员教育。少先队是中国共产党创立并领导的少年儿童群众组织，肩负着通过组织教育培养党的事业接班人的使命。2014 年 5 月 30 日，习近平总书记在北京市海淀区民族小学主持召开座谈会时指出："少先队要坚持开展组织教育、自主教育、实践活动，更好为少年儿童培育和践行社会主义核心价值观服务，把广大少年儿童团结好、教育好、带领好。"③ 少先

---

① 习近平：《在纪念五四运动 100 周年大会上的讲话》，人民出版社 2019 年版，第17 页。

② 参见《中国共产主义青年团章程》，《中国青年报》2018 年 7 月 2 日。

③ 《习近平关于青少年和共青团工作论述摘编》，中央文献出版社 2017 年版，第 34 页。

队章程规定，少先队要举行队会、队课，组织参观、访问、野营、旅行、研学、故事会，开展文化科学、娱乐游戏、军事体育等各种有意义有趣味的活动，以及参加力所能及的志愿服务、公益劳动和社会实践①。由此可见，少先队员日常活动蕴含着组织观念教育、劳动教育、爱国主义教育、行为规范教育、思想品德教育等教育内容；形式上可以分为校内文体活动和社会实践活动；从目标上看，引导少年儿童在活动中认识社会、自我管理、自我教育，增强集体和国家观念、责任意识以及能力本领，促进其健康全面成长和发展。因此，少先队员教育是中小学学生思想政治工作的重要组成部分。创新少先队员教育形式，有利于提升少先队的凝聚力，帮助少先队员系好人生的第一粒扣子。

普通群众教育。为了群众、发动群众、依靠群众是中国共产党百年奋斗征程赢得人民群众支持并取得革命、建设和改革胜利的重要保证。发动群众、依靠群众离不开对群众进行党的方针政策宣传，即群众教育，因此，群众教育是党的思想政治教育工作的重要组成部分，主要表现为社会教育。"社会教育是指学校教育以外的，对不能脱离生产的广大民众进行的教育。它把社会当作教育与教学活动的场所，哪里有群众的生活和生产，哪里就有教育和教学工作。"② 在生产、生活中进行，是群众教育区别于党团教育和学校教育之所在。在中国共产党的百年群众教育史上，群众教育包括普及文化知识、移风易俗、宣传党和国家政策、动员群众参与革命和建设等内容，既提升了整个民族科学文化素质，也促进了群众的政治认同和提升了社会参与意愿及能力，有力地推动了人民群众作为历史创造者的意识觉醒和行动参与，是实现党领导人民群众自己解放自己、创造美好生活的重要保障。

---

① 《中国少年先锋队章程》，《中国青年报》2020 年 7 月 20 日。
② 刘宪曾：《陕甘宁边区教育史》，陕西人民出版社 1994 年版，第 330 页。

二、思想政治教育日常实践的主要方式

在信息交流传播中，形式服务于并影响着内容表达。合适的、恰当的形式往往有助于内容的有效表达，陈旧、落后的表达形式往往制约着内容的传播效果。思想政治教育作为一种思想传播活动，其内容的有效传播离不开有效的传播形式。所谓有效的传播形式不仅要与内容相匹配，还要与受众者接受能力、心理期待相契合。因此，与时俱进地探索日常思想政治教育的形式创新是实现思想政治教育工作成效的重要保障。

进入新时代，一方面，我们比历史上任何时候都更接近中华民族伟大复兴，更加需要全国人民更加凝神聚气、坚定信念、百折不挠地投身中国特色社会主义建设的伟大实践之中；另一方面，我们又面临着经济全球化时代社会意识多样性、复杂性的加剧以及不同社会群体思想多元化凸显的现实，传统思想政治教育存在着说服力不足、效果弱化等问题。调查表明，部分中小学在开展少先队主题活动时，配合德育教育和行为习惯活动开展得比较好，但涉及"政治启蒙"和"信仰萌芽"等方面活动内容，相对薄弱，存在着由于没有考虑学生年龄和接受能力，因而活动的实效性差等问题。[1] 在部分高校，"很多大学生团员极易忽视自身的团员身份，加上部分高校中共青团组织建设存在不足和薄弱环节，也造成了团组织的吸引力和凝聚力不足、大学生团员的归属感不强等问题。"[2] 这反映青少年日常思想政治教育存在着内容不全面、方式落后、针对性不足等问题。为解决以上问题，近年来各类学校的思想政治工作在传统理论学习形式之外，依托社会实践、互联网、艺术活动等进行了形式上的创新，形成了多层次的思想政治教育日常实践

---

① 参见姜金栋、梅永轩、晏祥辉：《泸州区域小学少先队工作现状调查报告》，《成都师范学院学报》2015 年第 2 期。

② 李峰：《仪式教育在新时代高校团员意识教育中的应用》，《广西社会科学》2020 年第 5 期。

体系。

集中理论学习。专题讲座、会议传达等集中性理论学习是最常见的日常思想政治教育形式。无论党团教育、少先队员、群众教育，通常是以会议的形式，包括领导或老师宣读文件、解读内涵、传达精神，学习者记录笔记、撰写感想、发表感言等。其优势在于统一的学习时间带来较高的学习效率、上传下达的形式具有较强的权威性、适合于理论性思想性较强的学习内容，但也存在着入耳容易入心入脑难、体验性较差，情感共鸣不够等不足。作为日常思想政治教育最常用的形式，集中理论学习的常规性、习惯性特点容易导致学习者发生学习倦怠，产生应付和敷衍心理，进而影响学习的实效性。

社会研修实践。伴随着近年来对红色文化资源的重视，各地加强了对本地红色资源的开发和利用，建设了爱国主义教育基地。干部培训、教师培训中往往安排实地参观、现场教学、情景模拟、角色体验等实践活动，以配合理论培训；部分高校在红色文化基地设立思想政治教育校外实践基地，将思想理论的学习和觉悟的提升置于红色历史文化实景之中，通过学习者的观摩、体验、沉浸场景增强教学体验性，即社会研修，近年来逐渐成为日常思想政治教育的重要形式。社会研修实践通过增强思想政治教育的场域性、体验性，在学习者与场景情感的共鸣中促进思想观念入心入脑，能够克服集中性理论学习的某些不足，提升了思想政治教育的实效性，但其实施需要实践经费、学习者时间、安全等因素条件的保障，往往受客观条件的制约而难以广泛、普遍性地开展。

艺术思想政治教育。优秀的文艺作品能够感染人、鼓舞人，通过在特定的纪念日围绕主题组织文艺表演、优秀作品展等形式的艺术活动，通过审美过程中激发和唤起参与者的情感，发挥文艺作品，实现思想政治教育与艺术在功能上的互济。有学者认为，"主题性绘画与思想政治教育功能的互济性则是二者之间彼此互助积极实现功能发挥的过程，即主题性绘画功能发挥能够促进思想政治教育功能发挥，而思想政治教育功能借助主题性绘画功能发挥,彼此互助,相互促进,最终实现育人。"① 积极向上的主旋律艺术作品往往能够突出主题、升华情感、形成共鸣,发挥间接性的浸润效果。但也不足在着不足:其一,重大纪念日、节日相对固定,年年重复难免导致审美疲劳;其二,文艺活动重视感情感染,但理论性、思想性较弱,难以解决深层次的思想认识问题。

网络思想政治教育。伴随着互联网和信息技术日益深度地影响人们的生活和观念,依托互联网强大的信息发布、传播以及互动性,突破具体学习时间和空间限制,实现学习者的学习时间自由把握、学习内容自主选择,更加突出学习过程中学习者的自主性、互动性,以此实施思想政治教育,就是网络思想政治教育。传统报刊、电视电台所推出网络版,中宣部和新华社所推出的"学习强国""人民网"等,各级思想政治工作主管部门、高校也都加强网络思想政治教育平台,如公众号、视频号等,图文并茂、声影齐飞,以丰富的学习内容、多样的互动形式调动了学习者的学习热情和参与兴趣,是近年来发展较快、深受广泛关注的思想政治教育形式。2020 年 3 月 10 日,新冠疫情肆虐期间,由教育部社会科学司与人民网联合组织,广大高校师生通过人民网、人民智云客户端、领导留言板客户端、人民视频客户端、咪咕视频客户端、学习大国公众号等收看了在线直播的思政大课。② 突破学习时空,不限受众人数、互动快捷方便,是网络思想政治教育的显著优势,但也可能会存在着部分学习者走过场、刷课等形式主义问题。

从单一到多样,从"言传"到"言传"与"身教"并重,从灌输为主到注重启发,受教育者从被动接受到主动参与互动,思想政治教育不断地因事而化、因时而进、因势而新不断探索内容和形式创新,并不断总结规律性

---

① 张亮、李艳:《新时代主题性绘画实现思想政治教育育人的优化方略》,《思想政治教育研究》2019 年第 6 期。

② 参见中国共产党新闻网:《全国大学生同时在线!现象级"思政大课"云端开讲》,见 http://news. jcrb. com/jszx/202003/t20200310_ 2127823. html。

认识，以历史经验和启发启迪着未来思想政治教育创新的路径和方向。本书所探讨的思想政治教育"微社会"实践育人包含着对以往部分思想政治教育形式的继承和创新性发展。

第二节　思想政治教育"微社会"育人日常实践的主要类型

思想政治教育"微社会"育人是通过学习者在模拟社会情境的"微社会"平台进行的包括场景烘托、情境沉浸、仿真体验、文艺演出等体验活动，达到思想政治教育的目的。在一定程度上，"微社会"思想政治教育是对社会研修思想政治教育、艺术思想政治教育和网络思想政治教育等形式的融合并克服其不足，降低实践成本，实现信息技术与思想政治教育的融合，是信息时代创新思想政治教育实践方式的体现。

一、"微社会"历史纪念实践

纪念活动是有着悠久历史的人类文化实践。前人实践活动构成历史，其活动成果构成了今人实践活动的条件，今人是前人实践活动的一切物质和精神成果的继承者。人类通过纪念重要历史人物、重大历史事件，回顾历史场景、总结历史经验、表达情感、重温精神，不仅使历史在现实中得以精神的形式继续存在并发挥精神价值，同时也使人类的现实具有与历史的关联，增强了人类实践活动的历史厚度。因此，几乎所有的民族都会通过在节日、纪念日等特殊时间节点进行一定仪式的纪念活动，表达着国家和民族的情感意愿、文化传承和价值归依。习近平总书记指出："要建立和规范一些礼仪制度，组织开展形式多样的纪念庆典活动，传播主流价值，增强人们的认同感和归属感。"①

纪念活动具有重要的思想政治教育功能。纪念活动中通过一定的仪式将历史人物、事件、节日所承载的情感、思想传递给参与者和观众,从而引起观众的情感共鸣和价值认同。首先,纪念活动有利于参与者深化历史认知。纪念活动首先要对历史事件的进程、历史人物的丰功伟绩进行回顾,参加者在温习历史中能够深化对重要历史人物和历史事件的认识,把握和理解历史发展的抽象逻辑和脉络,实现思想政治教育的认知功能。其次,纪念活动提供了情感表达、情感凝聚的场景和仪式,实现思想政治教育唤起和升华情感的目的。纪念首先是一种表达情感的活动,对重要历史人物的纪念往往承载着尊敬、敬仰、感激等社会性情感,对历史事件的纪念也往往表达着或悲伤、或兴奋等共同情感。情感是仪式发挥意识形态功能的"催发剂",能够促进意识形态的升温与升华。② 纪念活动往往选择相应历史阶段的音乐引发纪念者的共鸣,在唤起历史记忆的基础上表达对共同记忆的追忆、怀念,进而升华其对与历史关联的现实的认同、珍惜和为共同事业奋斗的意愿。再次,纪念活动隐性或显性地表达着共同的理想、目标和信念,具有重要的价值引领和认同功能。人物纪念活动在对历史人物生平的回顾中唤起参与者对其崇高人格、优秀品质、优良作风的敬仰情感,使历史人物在现实中发挥发挥情感凝聚、榜样示范的作用;对重大历史事件的纪念往往包含着总结事件经验、凝练事件所体现的精神及其对当代的意义,给当下实践活动以价值指引和精神动力。"微社会"历史纪念活动可以分为历史伟人纪念、重大历史事件纪念、重要传统节日庆祝三种类型。

1. 历史伟人纪念活动

伟人是在民族和国家生存发展的关键历史时期以其正确的思想和决策、

---

① 《习近平谈治国理政》,外文出版社 2014 年版,第 165 页。
② 参见罗红杰:《意识形态具象化:意识形态叙事实践的诠释与建构》,《大连理工大学学报(社会科学版)》2021 年第 3 期。

卓越的领导能力、丰富的斗争经验带领人民实现了巨大变革和历史进步的少数英雄人物。历史伟人不仅以其生前奋斗所建立的丰功伟绩，还以其科学思想、优秀品格、优良作风为后人留下了丰厚的精神财富。首先，伟人是一定阶段历史的领导者，纪念伟人离不开对伟人领导人民改天换地、创造历史进程的回溯，对历史的回溯能够唤起或者强化民众的历史记忆，对其创造历史的价值和意义的强调则将现实与历史紧密联系起来，在回顾历史中确认来路，在回答"现实从何处来"的问题中强化历史认同，具有凝聚社会共识、延续文化记忆和巩固政治认同的重要意义。其次，"伟大的人物之所以伟大，不仅因为这样的人物为人民、为民族、为人类建立了丰功伟绩，而且因为这样的人物在艰苦磨砺中铸就了坚强意志和高尚人格。"① 伟人的深厚情怀、坚强意志、高尚人格等精神品格构成了国家和民族的精神财富，通过纪念活动进行总结、弘扬、传播，对当代人具有重要的精神感召作用。再次，历史伟人所留下的科学思想不仅指引、指导了历史上的实践活动，其某些思想在当代仍有重要的价值，甚至成为政党和国家的重要思想资源，通过纪念活动对其进行再认识和重新评价往往能够有效回应当下的某些舆论和思潮，起到正本清源、统一思想的作用，同时也推进以伟人思想的研究和继承。最后，历史伟人以其非凡的能力和精神所创造的事业代表着人民群众的意愿，因而成为人民群众敬仰、热爱的英雄，成为民族精神、民族情感的符号，因此，纪念历史伟人不仅是尊重民众感情的体现，也是实现民族团结和提升民族凝聚力的重要途径。中国共产党历来重视对马克思、列宁、孙中山、毛泽东、邓小平等深远影响中国近现代历史的发展的伟人的诞辰进行纪念，并举行高规格的系列纪念活动，是具有重要思想政治教育价值的文化活动。

2. 重大历史事件纪念活动

重大历史事件是指在民族、国家的发展历史上具有重要转折或重大意义

① 习近平：《在纪念孙中山先生诞辰 150 周年大会上的讲话》，人民出版社 2016 年版，第 9 页。

的事件。重大历史事件虽然发生在过去，但其客观影响和精神内涵往往延续到现实中，因此，历史纪念具有连接历史与现实、以历史经验启迪现实、以历史精神滋养当下等重要意义。李大钊曾说，历史的温习在纪念日时会更加深刻。因此，世界许多国家都选择在民族独立日、国庆日、革命胜利日对本国历史有深远影响的大事件纪念日进行追忆、总结，正所谓"前事不忘，后事之师"。对重大历史事件进行纪念有多重意义。首先，通过对重大历史事件发生、发展过程的回顾，增进学习者对重大历史事件的认知，有利于对历史的铭记和传承，知道民族和先辈曾经经历了什么。其次，对重大历史事件历史意义的强调，使社会和文化呈连续性，使学习者将历史与现实联结起来，从而在社会历史变迁中理解当下的意义，也获得对当下的认同感，知道先辈为今天贡献了什么。再次，凝练重大历史事件承载的精神内涵，是对民族精神的丰富、继承和发展，不仅使学习者知道从先辈那里继承什么，还更加坚定献身当下社会实践的精神动力。最后，重大历史事件与当下的关联往往指向当下的共同奋斗目标，纪念活动为凝聚力量、促进学习者为当下的目标奋斗起到促进作用，明白我们该怎样继承先辈的事业。辛亥革命、中国共产党成立、五四运动、长征胜利、抗战胜利、新中国成立、改革开放等重大事件构成了近现代中国历史上的重要里程碑，在关键时间节点对这些事件进行纪念，对促进学习者理解为什么选择了马克思主义、为什么选择了中国共产党、为什么选择了社会主义、为什么选择了改革开放，并坚定中国特色社会主义道路自信、理论自信、制度自信、文化自信具有重要的意义。

3. 重要传统节日庆祝活动

传统节日是一个国家、民族或地区的标志性文化，以在特定时间举行具有特定仪式的民俗活动为重要标志，承载着一个国家、民族或地区生存和发展的历史，体现着其特有的情感表达、审美特点、道德追求和价值观念，是实现民族和国家认同的重要形式。"重大的纪念庆典活动具有唤醒集体记忆、传播主流价值、凝聚中国力量的重要功能。"① 在经济全球化加剧、不同民族文化交流增多的时代，各民族都加强了对传统节日的保护、传承和弘扬，以期促进民众对民族和国家文化认同。我国有着悠久、丰富的传统节日文化，在现代化、经济全球化的冲击下有衰微之势，随着文化自觉和文化自信的推进，我们逐渐意识到传统节日的重要社会价值和文化价值，并从传承文脉、提升国家文化软实力的高度提出要实施中国传统节日振兴工程，丰富春节、元宵、清明、端午、七夕、中秋、重阳等传统节日文化内涵，形成新的节日习俗。② 因此，重要传统节日庆祝活动可以作为重要的思想政治教育载体。首先，从内容上看，传统节日所蕴含的家国情怀、和谐共生等理念与思想政治教育的内容具有一定的契合性，具有非常重要的育人价值。其次，传统节日的庆祝活动中总是要借助特定的器物或自然物，遵循一定的活动仪式，是一个感性的文化实践过程，不仅为参与者提供了身体力行、体验节日的过程，而且提供了了解节日传承过程、思考节日文化内涵进而确认文化身份、实现民族和国家认同的机会。再次，重大传统节日庆祝活动年复一年地重复，但组织者、参与者又可以融入新的元素、带着新的体验，参与者会持续深入思考其内涵及其与自身关联，所谓"温故而知新"，在传统节日庆祝中找到自我的文化认同和精神家园。因此，节日文化以其以物化人、以情化人、以理化人、以人化人的多样性，使得其育人功能更具特色。③

历史文化记忆是个体实现文化、民族认同的重要路径，群体也因共同的历史文化记忆而成为真正意义上的共同体。共同的历史文化记忆不仅在语文、历史、政治课堂教学中，在博物馆、纪念馆等文化机构所保存的历史文物里，更需要有沉浸式体验和情感表达的集体性活动来构建。"微社会"实

---

① 曾楠：《通过纪念庆典活动增强认同感和归属感》，《人民日报》2018 年 6 月 29 日。
② 参见《关于实施中华优秀传统文化传承发展工程的意见》，《光明日报》2017 年 1 月 26 日。
③ 参见黄玲丽：《国·家·人：善用中国传统节日德育资源的三维思考》，《信阳师范学院学报》2016 年第 9 期。

践平台提供了实施历史纪念活动和传统节日庆祝活动的场域，由实物、图片、音视频资料等构成了活动的情境，教师组织学习者朗诵历史伟人作品、表演与历史事件相关的文艺作品、按照传统节日某些仪式开展活动，在活动中实现情感表达、意志坚定和明辨是非，在参与和体验中实现对青少年的政治教育和思想引领。

二、"微社会"国情省情主题教育

人的社会化是社会认知和社会判断不断发展的过程。社会认知既包括静态层面对国家和地区全部客观现状的认知，也包括对社会变迁、发展战略调整、新实施的政策法规等动态层面的认识。从个体发展的角度看，只有在全面把握国情的情况下才能做到对当下采取的战略和政策的准确把握，进而使个体的职业选择和事业发展能够适应、顺应国家区域经济社会发展；从国家认同的角度看，一个国家和社会只有使公民知晓国家社会发展的历史基础、客观现状和未来期许，才能达成民众认可国家的发展战略和目标，有利于获得民众对政策的支持和凝聚奋斗力量。因此，各国都将国情地情、形势发展作为重要的教育内容纳入学校教育和社会教育。

从受教育者的特点看，处于社会化、价值观形成的关键阶段的青少年大部分的生活场域为家庭和学校，日常生活实践带来的感觉、知觉居多，所接收的信息、知识具有碎片化、暂时性的特点，"既缺乏丰富的理论素养，也没有深刻的实践体验，对间接的国情事实知之甚少，必须通过实践体验等教育环节和教育形式才能达到目标。"[1] 对于宏大国情的全面把握难以依靠理论性的宏大叙事，而只能借助于生动具体、可体验可践行的实践具象。从教学内容来看，国情具有明显的鲜活性、观感性，"利用前沿的信息技术，可

---

① 万美容、彭红艳：《加强国情教育亟待解决的突出问题》，《中国德育》2014 年第 23 期。

以很好地完成关于实时的、动态的国省情信息的教育过程"①。从社会环境看，移动互联技术促进了新媒体的快速发展，青少年认知的碎片化倾向更为突出，部分新媒体甚至有些偏颇偏见的舆论和观念对于世界观、人生观和价值观的错误引导作用日益突出。

1. 国情地情主题教育

国情，是一个国家历史的与现实的社会性质、政治、经济、地理、民族、文化等方面的基本情况和特点的总称。个体公民只有了解国家经济社会的历史与现实，才能准确理解和把握国家的宏观发展规划和具体政策，进而在职业发展规划时做出适应社会发展的决策，实现理性爱国、个人价值与社会价值的统一。地情是国情的重要组成部分，是指一定地域的地理位置、文化特色、人口数量、经济结构、历史大事、资源环境等基本情况，是国情在一定地域的体现。地情认知是青少年社会认知的重要组成部分。一方面，从青少年成长来看，作为青少年成长的具体空间，熟悉、亲切使青少年对本区域经济社会发展怀有特殊的认知兴趣，有利于家国情怀的培育；另一方面，部分大学生会在本区域实现就业，了解地情对于大学生规划学业、能力培养、实践选择有重要的引导作用。从区域发展看，人才是经济社会发展的重要影响因素，一定地域能否提供吸引更多高素质人才不仅取决于经济发展对人才的需求，还与地域文化的吸引力相关。因此，越来越多的地区逐渐意识到地情教育对本地区经济社会发展的隐性助推作用，并不断以多种形式创新和加强国情地情教育。

2. 重大事件主题教育

社会发展既包括经济、政治、文化循序渐进的量变积累过程，也包括在

---

① 杨华：《移动互联环境下高等教育中的国情与省情教育面临的挑战和对策》，《湖北成人教育学院学报》2014 年第 11 期。

关键时期重大事件带来的一定阶段、一定程度的飞跃所带来的转折和推进。全面把握国情地情，也需要对国家和地域范围发生的重大事件带来的新变化、新理念、新战略有较为准确的认知，才能理解和把握国家和地区发展的战略选择，也才能顺应社会发展战略及时调整个体所在的行业和领域。新闻媒体对重大事件的报道具有即时性、准确性等特点，在事件告知、舆论引导、鼓舞民心方面具有明显的优势，但在内容和影响的深度解读上也存在着不足；课堂教学囿于教学内容和教学手段的限制，难以开展相对综合性、具象性、体验性较强的重大事件主题教育。因此，在"微社会"实践平台进行重大事件主题教育活动，全面展示重大事件发生的来龙去脉、文化基础、近期和长远影响、应对措施等，有利于促进学习者对重大事件的全面了解、深度思考和实践把握，一定程度上能够弥补课堂教学和媒体宣传的不足。

我国当前中小学的综合课、道德与法治课、历史课和高校的"形势与政策"课等也包含着与本学科相关的国情和形势教育；在社会层面，博物馆、展览馆、文化馆等文化机构展现国情地情的生动性和丰富性，定期举办公益性宣传教育活动，帮助公民了解国情地情，达到增强国家意识的目的。"微社会"实践育人平台通过仿真设备、影像资料和实物能够更好地增强学习的观感性和体验性，实施的国情地情教育，架起了课程和社会实践之间的桥梁，丰富了国情地情教育形式，一起促进学习者对国情地情的真切感知、重大事件的真正理解和对社会发展成就的真心认同，进而达到思想引领和政治认同的教育目标。

第三节 思想政治教育"微社会"育人日常实践的实施过程

依托"微社会"实践平台实施思想政治教育，课程实践和日常实践都要遵循因材施教原则，在充分考虑实践内容、实践主体等要素的特殊性基础上，创设适合的实践情境、选择恰当的实践形式和合理的实践流程。但思想政治教育"微社会"日常实践与课程实践之间又有显而易见的区别。从实践主体来看，"微社会"课程实践是在思政课教师引导下学生的参与体验过程，"微社会"日常实践的主体则包括了党员、团员、少先队员、普通群众等不同类型；从教育内容来看，"微社会"课程实践内容是高校"思政课"教学内容的拓展和延伸，"微社会"日常实践内容则以重大历史纪念和国情为主，配合党和国家的重要历史纪念活动和现实政治重大事情；从实践时间看，"微社会"课程实践密切配合理论教学进度、往往在相关理论讲授之后，每次实践大约需要 2 小时，"微社会"日常实践则安排在相对固定的纪念时间或党和国家重大政治活动结束之后，实践时长一般不超过 1 小时；从实践形式设计上，"微社会"课程实践流程和形式需要考虑并适应大学生的身心、学习和社会参与等特点，"微社会"日常实践则要考虑不同实践群体在学习需求、活动方式、知识基础上的差异性。

一、整合优化学习内容，确立"微社会"日常实践主题

确定合适的实践主题是实施思想政治教育"微社会"日常实践的第一步。为达到思想政治教育"微社会"日常实践的预期效果，实践主题的选择、实践环节的安排不仅要基于教育目标的达成情况考虑，还要考虑教育内容的整合、适应学习主体身心发展和实践活动的特点、能够依托的文化资源和设备等因素，在"微社会"日常思想政治教育实践中将促进党和国家的意识形态理论入心入脑和提升受教育者的思想觉悟、工作（学习）热情统一起来。

思想政治教育"微社会"日常实践主题的选择和确立应该遵循以下原则。首先，政治认同原则——响应党和国家政治学习需要或重要的历史纪念和国情变化开展思想政治教育，培养受教育者投身社会发展的情怀和坚定中国特色社会主义共同理想信念，根本目的在于实现学习者的政治认同。其

次，情境感染原则——化理论为体验，化历史为场景，将主题转化为音乐、绘画、故事、地图、影像等创设的历史情境或现实情境，使受教育者置身于情境的感染之中，以丰富的视听体验唤起受教育者的情感和信念，实现以"微社会"模仿社会、虚拟社会的目的。再次，实践参与原则——在实践环节设计上适应受教育者的年龄、阅历、社会认知和行为特点，发挥受教育者的学习主体地位，在实践参与中实现对教育内容的建构和知、情、意、行的确证，以感受体验理论、以理论观照生活。最后，主体性原则——"微社会"日常实践从根本上应以受教育的思想素质提升、视野开阔和能力发展为遵循，为工作、学习等发展提供价值引领和精神动力。

考虑到思想政治教育日常实践的主体以党员、青年团员、中小学生（少先队员）、普通群众四类群体为主，他们年龄、阅历不同、认知和需求有差异，实践主题也分为突出政治性的党员教育、强调青春奋斗使命的团员教育和以了解国情国史为主的少先队员和群众教育三大类。党员教育类包括"今天是你的生日——建党节学员主题党日活动""从一大到二十大——党的历次代表大会学习活动""人间正道是沧桑——党史教育主题活动""人民至上——群众路线主题教育活动"等，按照党中央关于党员教育的要求定期或择期开展；团员教育类，主要针对青年群体开展"奋斗的青春最美丽""青春诗会""我是快乐的志愿者"等更加接近青年生活的实践活动；少先队员和群众教育方面，开展"漫画中的中国革命史""红色故事会""美丽中国，美丽家乡"等更为感性、直观的学习实践活动。此外，还配合党中央的重大历史纪念活动开展面向所有学习者的纪念实践活动，如"纪念长征胜利80周年""铭记历史、理性爱国、创造未来——纪念抗战胜利75周年""站起来，富起来，强起来——新中国的七十年"等主题。

二、创设"微社会"情景，设计实践流程

"微社会"并非真实的历史社会现场，场馆和场景的人工性类似展览馆

和博物馆，因此，"微社会"平台实践有别于实地研修、社会考察。实践教育主题的呈现要通过场景来实现，场景既包括历史和现实资料，更需要一定的实物和音乐、美术、书法等能渲染氛围、唤起情感的艺术作品。"微社会"本质是仿社会，社会生活是情境的，本质也是实践的，学习者置身于"微社会"实践情境之中，以情境生发情感和意志，以仪式体验表达情感、意志，二者相互配合，促进受教育者知、情、意的共同提升，促进理想信念的强化。

首先，利用"微社会"场馆的各软硬件设备设施，创设全方位立体化学习情境。第一，资料准备——根据日常思想政治教育的各类主题，准备实物、艺术作品和相关图文音视频资料；第二，分解专题——将主题分解为若干子专题，精选图文资料制作成PPT，在电子显示屏循环播放；第三，资料展示——将文史资料、电视纪录片、微视频资料存放于电子播放器、触碰点击器，拓展学习者对历史事件和人物的细节认知，测试题存放在电子查询器供学习者自主学习；第四，虚拟实践——与教育信息技术公司合作制作与主题相关的虚拟场馆、仿真项目，实现虚拟仿真实践育人。

其次，根据思想政治教育活动组织方的需要和受教育者的阅历、身心特点，设计最优实践流程。第一，根据实践主题，呈现相应的子专题PPT、文史资料、电视纪录片、微视频资料、虚拟仿真资料；第二，与组织方进行沟通，设计入党（团、队）宣誓合唱、朗诵、宣讲、文艺表演等活动，实现学习者的参与。

最后，促进实践活动模块化。将每类主题的学习情境、呈现资料、实践流程、活动道具、参与形式标准化，形成相应模块，以适应不同群体的学习需求。

三、统分结合，实施"微社会"育人日常实践

当前，多数"微社会"实践教学平台往往由高校的马克思主义学院负

责建设、维护和管理，高校党团教育、社会行政事业单位的党员教育、中小学社会研修和群众教育等依托"微社会"实践教学平台的日常思想政治教育活动往往要向马克思主义学院提前申请、讲明学习群体情况和学习要求。在此基础上，"微社会"实践育人平台根据活动需要选择实践模块，在约定的时间进行思想政治教育。

第一步，教师介绍场馆及实践概况。首先，学习者进入"微社会"育人实践平台后，"微社会"场馆教师在带领学习者参观"微社会"场馆过程中介绍缘起、概况、区域功能，尤其是本次实践学习主题、实践流程、实践要求、时间安排等，保证"微社会"实践过程可控、进展有序。

第二步，教师讲解实践主题理论内容。教师带领学习者学习子专题相关内容，讲解主题涉及的历史事件、人物事迹、现实状况、变迁启示等，穿插对场馆内相关实物和作品的介绍，促使学习者回忆已有知识，也以实物、艺术作品建构对当前实践主题的认识。

第三步，学习者在相关区域进行自主学习和体验。学习者根据自己的兴趣在平面资料展示区、电子资料互动区、3D影视播放区、虚拟场馆体验区、交流互动区五个区域进行学习体验活动，实现自主学习。

第四步，组织方进行总结类活动。结束自助学习体验后，全体学习者集中到情境表演区，以歌曲、朗诵、演讲等形式表达学习实践过程中的理解、感受和认识，组织方的负责人带领学习者重温入党（团、队）仪式，总结实践活动等。

四、多元参与，全方位评价"微社会"育人日常实践成效

尽管思想道德素质和政治觉悟的提升是一个受诸多因素影响、长期性的过程，很难归为某一次学习或者某一次实践经历。但是，对"微社会"日常实践育人的成效进行评价，是全面把握思想政治教育实效性的重要手段，也是改进思想政治"微社会"日常实践育人模式的需要。基于思想政治教

育"微社会"日常实践的参与者在学习主题、学习时长、学习方式、预期目标等方面与课程实践存在一定的差异,"微社会"日常实践成效的评价标准、评价方法和评价主体也具有一定的特殊性。

首先,受教育者对思想政治教育"微社会"育人日常实践进行自我评价。思想政治教育"微社会"育人实践体验结束之后,"微社会"平台教师一般组织受教育者对"微社会"实践过程、实践项目、收获与不足等进行反思和总结,写出总结和改进意见,完成"微社会"实践的反思环节。通过实践反思达到两重目的:一方面,总结和反思使相对感性的学习实践过程转化为理性认知和思想觉悟,为其成人成才、工作学习提供精神动力,区别于一般的参观活动;另一方面,学习者提供的评价、建议和意见体现着学习者的需求和反馈,能够为"微社会"平台更有针对性地创新思想政治教育日常实践提供动力。

其次,思想政治教育实践活动的组织单位对"微社会"实践育人成效的评价。应该说,组织单位可以根据学习者在学习过程中呈现的精神状态来判断学习者的投入程度,也可以将学习者在"微社会"实践前后的工作(学习)中的思想觉悟、精神风貌、履职尽责等方面的对比变化作为评判学习效果的一定依据。组织单位可以将学习者对"微社会"实践平台的学习感受、建议等反馈给"微社会"实践平台,促进思想政治教育"微社会"育人实践更好地开展。

再次,"微社会"实践平台教师的教学反思。理论上讲,可以根据实践育人主题的入心入脑情况来评价学生"微社会"实践学习质量,但对思想政治教育"微社会"实践活动进行准确的量化测验还存在着一定难度。因此,教师通过观察学生"微社会"实践平台学习过程,根据学生的实践兴趣、身心投入状况以及学生的评价、组织单位的反馈进行总结、反思,不断探索"微社会"实践教学内容与形式优化的路径,进一步提升课程对学习者的吸引力、感染力和参与的积极性,实现"微社会"育人对受教育者在社会认知、价值引领和政治认同等方面的促进。

第四节　思想政治教育"微社会"育人
日常实践的典型案例

历经近十年的建设和完善，"微社会"实践平台已经形成包括历史纪念、社会研修、政治宣讲、文化传承等方面的系列实践主题模块，以情境体验、实践参与等方式实现了日常思想政治教育方式方法的创新，形成了一批内容充实、形式新颖、成效较好的"微社会"日常实践典型主题，为党员团员、少先队员、普通群众的日常思想政治教育提供了新载体。

一、今天是你的生日：建党节党员主题党日活动

党员教育是对党员进行的关于党的基本知识、理想信念、方针政策等内容的教育，通常由党支部、基层党委会组织实施，是重要的执政党建设工作。党的十八大以来，党中央对党员教育的重要性认识日益凸显，不仅对党员教育在内容上进行统一要求，而且高度重视方式方法的创新。2019 年 5 月中共中央印发并实施的《中国共产党党员教育管理工作条例》是关于党员教育的规范性文件，提出党员教育要"适应时代发展要求，充分运用互联网技术和信息化手段，改进党员教育管理工作，推进基层党建传统优势与信息技术深度融合，不断提高党员教育管理现代化水平"①。同年 11 月，中共中央办公厅印发《2019—2023 年全国党员教育培训工作规划》指出："灵活运用讲授式、研讨式、模拟式、互动式、观摩式、体验式等教学方法，探索'课堂+基地'实训模式，增强教育培训的吸引力感染力。"② 这为新时

---

① 《中国共产党党员教育管理工作条例》，《党建研究》2019 年第 6 期。
② 共产党员网：《2019—2023 年全国党员教育培训工作规划》，https://www.12371.cn/2019/11/11/ARTI1573465437208751.shtml。

代开展党员教育提供了理念指导，"微社会"正是在党员教育培训方式方法上的创新探索。

党日制度是党组织生活的基本制度，是共产党员享受党员权利、履行党员义务的体现，也是规范党内生活、增强党员组织观念和党性意识的重要途径，对增强基层党组织的凝聚力具有不可替代的作用。它融合思想教育、创新实践于一体，可充分调动党员的积极性和创造性，凝聚智慧，激发探索新形势下基层党组织的活动方式和内容的改进与创新。① 将党日活动与中心工作结合起来，创新党日活动形式，使党建工作更具时代性和创造性，并贴近党员工作和思想需要，是近年来提高党建工作实效性的重要方向。基于党支部党日活动的特点，思想政治教育"微社会"实践平台设计了"今天是你的生日：建党节党员主题党日活动"，利用"微社会"场域空间的虚拟仿真、实物、影音资料等创设党的奋斗历程情境，在党史学习中创新党员教育方式。

第一，通过党史学习增强党员的历史定力。习近平总书记指出，党的历史是最生动、最有说服力的教科书。我们党历来重视党史学习教育，注重用党的奋斗历程和伟大成就鼓舞斗志、明确方向，用党的光荣传统和优良作风坚定信念、凝聚力量，用党的实践创造和历史经验启迪智慧、砥砺品格。② 因此，"微社会"实践平台教师查阅、整理、精选党的历次全国代表大会史料，制作成图文并茂的幻灯片，在平面展示区进行展示，使党员通过了解党的历次代表大会基本情况，重温党的奋斗征程，坚定共产党作为中华民族和中国人民的先锋队、带领中国人民实现中华民族伟大复兴的伟大使命，进而"深刻认识中国共产党为什么能、马克思主义为什么行、中国特色社会主义为什么好"，不断坚定"四个自信"，不断增强历史定力。

第二，通过学习优秀党员的模范事迹强化党员的使命担当。全心全意为

---

① 参见蒋晓虹：《围绕育人主题，创新党日活动》，《学校党建与思想政治教育》2008 年第 1 期。

② 参见习近平：《在党史学习教育动员大会上的讲话》，人民出版社 2021 年版，第 2 页。

人民服务是共产党员的宗旨,党员教育的根本目标在于使党员"深刻认识党的性质宗旨,坚持一切为了人民、一切依靠人民,始终把人民放在心中最高位置"①。共产党的百年奋斗史中涌现出无数的先进模范人物,他们是共产党精神的生动体现,因此,"微社会"实践育人平台精选优秀共产党员先进事迹的视频资料,在电子播放器、触碰点播器进行播放,供党员自主观看,使党员在接受榜样教育中提升使命担当精神。

第三,在活动参与中提高党员素质。掌握党史大事、方针政策、党章党规是党员修养的重要体现,也是作为合格党员的重要保障。"微社会"实践育人平台教师根据平台拥有的竞赛设备,在查阅相关党的历史、政策、制度等资料设计竞赛题目、制定竞赛规则基础上,设计了"党的基本知识和理论竞赛"这一实践环节,使党员在紧张、热烈的比赛氛围中增长知识;还有,为提高党员在党日活动中的参与性,"微社会"实践育人平台还设计了"我为党旗添光彩"主题讨论活动,通过党员结合自身的工作和学习谈如何做合格优秀的党员,在朋辈教育中获得思想觉悟的提升。

第四,以仪式凸显庄严感,增强体验性。仪式虽属于程序、形式,但承载着内容,是重视程度的重要体现。仪式感是近年来社会生活中颇受重视的高频词,反映了人们重视日常生活中的过程性、创新性和对意义的追求,也是政治活动建构社会意义的重要载体。中国共产党也越来越重视历史纪念、学习教育活动的仪式感。"微社会"实践育人平台安排了"红色歌曲大合唱",使党员在共产党领导中国人民创造的红色的歌声中实现情感共鸣和情感认同;还安排了"不忘初心,牢记使命——重温入党仪式"这一体验活动,在誓词宣誓中唤起入党初心,坚定为共产主义奋斗的信念。

在"今天是你的生日:建党节党员主题党日活动"主题的实践过程中,"微社会"实践平台教师首先集中介绍实践主题和实践流程,接下来分组组织知识竞赛、讨论、视频观看和资料查询,最后合唱红色歌曲和面对党旗进

---

① 习近平:《在党史学习教育动员大会上的讲话》,人民出版社 2021 年版,第 16 页。

行人党宣誓。整个实践过程有聚有散，使学生在倾听、观看、讨论、表达的活动中完成体验过程。

"今天是你的生日：建党节党员主题党日活动" 实践流程

第一步 （集中）	教师领学：党的历次全国代表大会的基本情况
第二步 （分散）	视频观看：不同时期的优秀共产党员先进事迹视频、电影《建党大业》片段
	话题讨论：我为党旗添光彩
	资料查询：共产党重要历史资料
	知识竞赛：党的基本知识和理论
第三步 （集中）	红色歌曲大合唱：《没有共产党就没有新中国》《团结就是力量》等凝聚力量、激励奋斗的歌曲 重温入党誓词：支部书记（党总支书记）带领全体党员等进行入党宣誓

了解才能热爱，热爱方能信仰，信仰才愿为之奋斗。党员教育包括了知识、信念、情感、行动诸多方面，知识是起点，情感是关键，信念是核心，行动是落实。在"今天是你的生日：建党节党员主题党日活动"主题实践中，通过回顾历次代表大会、开展党史知识竞赛和资料查询促进党员对党的了解，观看优秀党员的先进事迹唤起党员的看齐意识，红色歌曲大合唱实现了情感表达，"我为党旗添光彩"主题讨论促进了行动自觉，最后重温入党仪式坚定信念，在知、情、意、行四个层面促进"学史明理、学史增信、学史崇德、学史力行，教育引导全党同志学党史、悟思想、办实事、开新局"[1] 学习要求的实现。

---

[1] 《习近平谈治国理政》第四卷，外文出版社 2022 年版，第 33 页。

二、行动的青春最闪亮：大学生社会实践分享会

党中央历来高度重视对青年的思想政治教育，多次强调根据青年的身心特点开展形式多样的思想政治教育，实现对青年群体的政治领导和思想引领。精力旺盛、创新性强、热情奔放等特点使青年成为社会中最积极、最有生气的力量，其精神状态、思想观念直接反映着社会变迁和发展，并且会长久地影响着社会心态和社会发展。习近平总书记在纪念五四运动100周年大会上的讲话中指出："党的队伍中始终活跃着怀抱崇高理想、充满奋斗精神的青年人，这是我们党历经百年风雨而始终充满生机活力的一个重要原因。中国共产党立志于中华民族千秋伟业，必须始终代表广大青年、赢得广大青年、依靠广大青年，用极大力量做好青年工作，确保党的事业薪火相传，确保中华民族永续发展。"① 中国特色社会主义进入新时代，习近平总书记强调，"新时代中国青年运动的主题，新时代中国青年运动的方向，新时代中国青年的使命，就是坚持中国共产党领导，同人民一道，为实现'两个一百年'奋斗目标、实现中华民族伟大复兴的中国梦而奋斗。"② 实现中华民族伟大复兴的中国梦历史地落在当代青年的肩上，因此，培养青年的奋斗精神和家国情怀，提升青年的思想境界是引导青年担当历史使命的关键。

共产主义青年团是具有政治性、先进性、群众性的群团组织，团结教育青年的坚强核心，党的青年工作的重要力量，以帮助青年树立正确的理想、坚定的信念作为首要任务，将服务青年作为工作生命线。因此，对广大青年开展思想政治教育是共青团的重要工作内容，也是党和国家领导青年的重要途径。德才兼备的青年的成长离不开共青团这所广大青年在实践中学习中国特色社会主义和共产主义的学校，离不开共青团对青年的组织引导和引领凝

---

① 习近平：《在纪念五四运动100周年大会上的讲话》，人民出版社2019年版，第12页。
② 习近平：《在纪念五四运动100周年大会上的讲话》，人民出版社2019年版，第6页。

聚。青年时期作为社会化的关键阶段，需要关心帮助，也需要引领指导，团员教育是青年教育的重要路径。团员教育的根本目的在于提升团员的思想觉悟、政治素质，使其成为区别于一般青年的先进青年，同时也促进共青团先进性的实现。"团员教育管理是团的建设基础性经常性工作。"① 共青团干部组织实施宣讲活动、参观访问、社会调查、志愿服务、线上线下学习等多种形式的团员教育活动，力图在促进团员的思想觉悟、社会能力的发展，坚定其跟党走的决心。

志愿服务、社会实践是共青团实践育人的重要载体，也是广大青少年实现社会参与的重要渠道。长期以来，高校团委组织大学生青年志愿者进入社区服务孤寡老人和留守儿童、暑期"三下乡"走进农村服务"三农"、走上街头引导交通秩序、发挥自己专业特长进行社会服务，有力地促进了青年成长，也为青年深化社会认识、增强社会责任感、增长服务本领、培育家国情怀提供了实践基础。依托思想政治教育"微社会"实践育人平台，开展大学生社会实践的朋辈教育，实现志愿服务、社会实践经验的分享和交流，培育志愿服务精神，是高校团委创新思想政治教育的重要举措。思想政治教育"微社会"实践育人平台与团委共同举行"行动的青春最闪亮：大学生社会实践分享会"，搭建了大学生社会实践与思想政治教育的平台。

首先，"行动的青春最闪亮：大学生社会实践分享会"实践主题的准备。团委向各实践小组布置实践汇报任务，精选节目、选拔主持人，向思想政治教育"微社会"实践育人平台介绍主题的场景要求、实践形式、实践流程，双方基于"微社会"实践育人平台软硬件设备、功能区域就主题的场景设置、内容展示、活动开展等进行协商，完成前期准备工作。其次，实施"行动的青春最闪亮：大学生社会实践分享会"主题实践。"微社会"实践育人平台的教师和团委负责志愿、实践活动的教师介绍主题、流程，组织

① 中国共青团网：《中国共产主义青年团团员教育管理工作条例（试行）》，https://www.gqt.org.cn/documents/zqf/202012/P020201219695425163005.pdf。

学生分散观看活动视频、分享经历、组织讨论、参观场馆等，实施分享会的各环节。最后，由团委集中文艺演出、颁奖典礼、合唱《志愿者之歌》、宣誓《志愿者誓词》等。

"行动的青春最闪亮：大学生社会实践分享会"实践流程

第一步 （集中）	教师带领学习：了解志愿服务、社会实践的基本情况
第二步 （分散）	视频观看：志愿服务、社会实践的精彩瞬间
	经历分享：在成为志愿者的日子里
	话题讨论：志愿服务，我的收获
	场馆参观：雷锋纪念馆虚拟场馆
第三步 （集中）	文艺演出：小品、相声、歌舞、朗诵、讲故事等文艺形式再现志愿服务、社会实践的情境
	颁奖：优秀志愿服务、社会实践团队、个人
	合唱《志愿者之歌》
	志愿者宣誓：团委书记带领全体志愿者宣誓《志愿者誓词》

"行动的青春最闪亮：大学生社会实践分享会"主题实践达到了多方面的成效。首先，完成对一年社会实践、志愿服务的总结、反思环节。在每年的 12 月 5 日"国际志愿者日"前后进行"行动的青春最闪亮"大学生社会实践分享会，是对一年来团委组织的志愿服务、社会实践工作的别样总结，也是传播志愿者文化的有效举措。其次，提升志愿者和社会实践参与者的幸福感。通过分享志愿服务和社会实践过程中的经历和经验，使自己的经历被看见和听见，得到了组织及同学的认可，产生共情，有利于提升志愿服务和社会实践经历带来的幸福感，也有利于志愿文化的传播并促进志愿者队伍的扩大。最后，创新志愿服务精神、社会责任感的培育形式。有别于严肃的会议形式，"微社会"实践通过文艺演出、颁奖等更轻松活泼的形式对志愿服务和社会实践进行评价、引导，使团员教育更加有效地入脑入心。总之，以

"微社会"实践形式进行"行动的青春最闪亮——大学生社会实践分享会"有利于发挥共青团引领凝聚青年、组织动员青年、联系服务青年的作用，完善了志愿服务、社会实践作为促进共青团员成长的实践过程，推动了团员教育方式的改革创新，也促进了日常思想政治教育与思政课教学之间的交流和借鉴。

三、爱我家乡，爱我中华：中小学生社会研修教育

读万卷书，行万里路。中国人历来重视在社会实践中增长见识、提升境界。习近平总书记 2019 年在全国思政课教师座谈会上指出："用科学理论培养人，重视思政课的实践性，要把思政小课堂和社会大课堂结合起来教育引导学生立鸿鹄志，做奋斗者。"① 对于涉世阅历较浅的中小学生而言，社会研修是了解和认识社会的重要渠道。近年来，赴历史文化纪念馆、博物馆、企业、红色文化基地进行社会研修逐渐成为中小学国情国史教育、社会实践教育的重要方式。思想政治教育"微社会"实践育人平台的初衷是创新高校思政课实践教学模式，在实践过程中逐渐得到了部分中小学的认可，以展示的历史物品、影像资料、交互式虚拟仿真设备、虚拟纪念场馆等拓展中小学生的视野，提升其历史和社会认知，涵养其爱乡爱国情感，成为中小学爱国主义社会研修基地的重要组成部分。

同年 8 月，中共中央办公厅、国务院办公厅下发《关于深化新时代学校思想政治理论课改革创新的若干意见》指出："坚持思政课在课程体系中的政治引领和价值引领作用，统筹大中小学思政课一体化建设，推动各类课程与思政课建设形成协同效应。"② 大中小学思政课一体化建设旨在推动不同学段思政课之间相互关联、配合，实现协同育人，"大学阶段重在增强使

---

① 《习近平谈治国理政》第三卷，外文出版社 2020 年版，第 331 页。
② 《中办、国办印发〈关于深化新时代学校思想政治理论课改革创新的若干意见〉》，《人民日报》2019 年 8 月 15 日。

命担当，引导学生矢志不渝听党话跟党走，争做社会主义合格建设者和可靠接班人。高中阶段重在提升政治素养，引导学生衷心拥护党的领导和我国社会主义制度，形成做社会主义建设者和接班人的政治认同。初中阶段重在打牢思想基础，引导学生把党、祖国、人民装在心中，强化做社会主义建设者和接班人的思想意识。小学阶段重在启蒙道德情感，引导学生形成爱党、爱国、爱社会主义、爱人民、爱集体的情感，具有做社会主义建设者和接班人的美好愿望。"① 大学生的责任担当、高中生的政治素养、初中生的思想意识、小学生的道德情感是相应学段思想政治教育的核心培养目标。因此，对于不同学段的学生而言，实践教学方式方法、内容选择也应有所差异化，进而实现针对性。因此，思想政治教育"微社会"实践育人平台与部分中小学德育校长、思政课教师代表进行商榷合作，设计了"爱我家乡，爱我中华"的"微社会"主题实践育人活动。

"爱我家乡，爱我中华""微社会"实践主题经历了设计、准备、实施和评价等环节。首先，界定主题的地理空间和展示内容。考虑到"微社会"实践育人平台作为社会研修基地主要为本地区中小学生提供实践研修和思想教育，主题所涉及的家乡在空间范畴上以本地及所在省域，包括本省市的地理风情、历史文化、经济发展、交通条件等较为全面地展现家乡的过去、选择和将来，达到以家乡文化历史体现中华文化历史，以家乡发展变迁折射中华民族复兴历程的目标。其次，创设"爱我家乡，爱我中华"实践主题情境。"微社会"实践平台教师购置地方文化历史典型性实物，查询本地、省市历史、文化、经济社会发展相关的文字和影像资料、与中小学教师代表协商场景布置、情景创设、实践环节等具体事项。接着，实施"爱我家乡，爱我中华"实践主题活动。中小学教师带领研修的中小学生来到"微社会"实践平台之后，由平台教师带领师生进行参观欣赏、视频观看、资料查

---

① 《中办、国办印发〈关于深化新时代学校思想政治理论课改革创新的若干意见〉》，《人民日报》2019 年 8 月 15 日。

询，带队教师组织学生进行分享讨论、微课讲授、文艺表演等活动，统分结合、有聚有散地实施实践流程。最后，组织研修的中小学生对"爱我家乡，爱我中华"主题"微社会"实践活动进行评价、提出改进建议和意见。

"爱我家乡，爱我中华"实践流程

第一步 （集中）	教师带领学习：参观平台、介绍功能区域设置及使用方法、"家乡美"实践主题安排
第二步 （分散）	视频观看："家乡美"系列影像资料
	参观欣赏：地方特色民俗文化实物、艺术作品
	讨论分享：最难忘的家乡人或物
第三步 （集中）	微课讲授：家乡、祖国与我们
	文艺演出：小品、相声、歌舞、朗诵、讲故事等表现家乡风土人情、歌颂家乡建设成就
	合唱《我和我的祖国》

思想政治"微社会"实践育人平台为中小学生提供了爱国主义社会研修基地，也推动了大中小学思想政治教育一体化建设。首先，"微社会"实践育人能够尊重中小学生身心发展规律和认知特点。有别于大学生和党员作为成年人具有理性充分发展、知识储备较为充足、信仰已经萌发等特点，初中生和小学生更多以感情发展、感性认知为主要特点，他们对可感知的历史物品、生动的历史情节、具象化的社会情境有着天然的亲近。因此，"微社会"实践育人对于中小学生来说，是一种具有明显优势的实践方式。其次，"微社会"实践育人能够发挥地方社会文化资源的育人功能，使中小学生在亲近地方文化资源中建立起家国情怀。"微社会"实践平台呈现了学生所处地域的秀丽山河、历史名胜、文化遗产、风土人情、建设成就等，不仅在开阔视野中补充了受教育者对地方历史文化和社会发展现实的认知，也在对家乡的全面深入认知和真实的情感基础之上启发中小学生的家乡观念、历史意

识，为家国情怀的提升奠定了厚重历史文化和鲜活的现实基础。再次，"微社会"实践育人为大中小学思想政治教育一体化实践探索了经验。一方面，"微社会"实践育人平台对不同学段学生实施侧重点不同的思想政治教育，大学生以探究性、综合性、自主性为主要特点的实践教学，中学生以倾听教师讲解历史文化和现实成就、观看影像资料、开展讨论等方式进行，小学生则以倾听故事、观赏实物、观看影像、表演文艺节目等生动感性的活动为主，体现了"本专科阶段重在开展理论性学习，高中阶段重在开展常识性学习，初中阶段重在开展体验性学习，小学阶段重在开展启蒙性学习"① 的要求。另一方面，"微社会"实践育人平台实现了大中小学不同学段学生之间成长上的相互促进。"微社会"实践平台将大学生创作的优秀书法、绘画、表演等主题作品作为中小学生实践研修的学习资源，也会选择部分优秀大学生作为"微社会"实践育人志愿者，发挥大学生与中小学生之间的年龄差距小、兴趣接近、共同话题多等特点，实现大学生对中小学生成长的帮助和大学生综合能力的提升。

第五节 思想政治教育"微社会"育人日常实践的成效总结

思想政治教育是做人的思想工作，通过"说服人"实现团结人、激励人。人的思想观念系统的复杂性、多样性、变化性决定了"说服人"的工作不仅具有一定的难度、一定的规律性，判断其成效也有一定的客观性。"思想政治教育工作的得失成败就在于能否成功地说服人。能成功地说服人，并能促进其他各项工作，还保障促进人自身的自由全面发展，这样的思

① 《中办、国办印发〈关于深化新时代学校思想政治理论课改革创新的若干意见〉》，《人民日报》2019 年 8 月 15 日。

想政治教育就是成功的，反之就是失败的。"① "微社会"实践育人将学习者的情感、体验作为实现思想政治教育"说服人"的重要维度，不仅创新了思想政治教育方式方法，促进了学校思想政治教育"主渠道"和"主阵地"的交互交融，也推动了不同学段不同类型思想政治教育的一体化建设。

一、创设历史和现实情境，符合学习者认知和行为发展特点

在社会生活中，人的直观情感体验往往先于思想的理性判断，理性生发于一定社会情境之中。从人的精神发展历程来看，理性往往是情感发展到一定阶段才逐渐发展并日益凸显。"说服人"的思想政治教育应该先在情感层面上"以情动人"，才能实现"以理服人"。"情"从何处来？所谓"触景生情"，能触动、生发学习者情感的情境、场景是"生情"的前提，因此，情境创设也是"微社会"思想政治教育实践的关键。

首先，"微社会"实践育人平台创设了历史情境和现实场景，提供了思想政治教育的具象时空，使思想政治教育在特定的情境中进行。"图像把抽象的思想变为感性的材料，使概念动人心弦，令原则生机勃勃。"② 构成历史纪念场景的实物、图像记录和保存历史，也承载着时代、阶级意识，将历史与现实联结起来，唤醒学习者的历史记忆和历史情感；国情省情教育中的仿真体验，通过拓展学习者生活和体验的空间，建立起学习者个体生活空间与国家民族宏大空间之间的联结，为学习者对国家、民族历史和现实的情感生发和认同提供感性的场景和情境，进而为家国情怀的培育提供基础。

其次，"微社会"实践育人平台实施的实践活动以庄重的仪式完成既定议程的活动，强化学习者身份意识和价值认同。"仪式是意识形态时空场域

---

① 沈湘平、王葎：《简析"人的根本就是人本身"对思想政治教育的启示意义》，《思想理论教育导刊》2006 年第 1 期。

② ［法］雷吉斯·德布雷：《图像的生与死：西方观图史》，葛红兵译，译林出版社 2014年版，第 8 页。

的具象化，仪式所构建的时空场域是意识形态在现实世界的实践载体。"①
精心设计的情景、议程既构成了仪式的重要内容，使纪念活动区别于日常生
活，而呈现出庄重、隆重的特点，为参与者的身份意识唤起和提醒、价值认
同和行为传承提供了情景和实践基础。

再次，根据思想政治教育对象的精神发展阶段设计实践主题与实践流
程，在因材施教中提高思想政治教育的针对性。个体的精神发展是一个情
感、理性、意志共同发展但并不均衡的过程，这是任何教育活动都必须遵循
的前提。思想政治教育重视小学生的情感启蒙、中学生的社会认知、大学生
的担当意识、团员党员的身份意识和信仰信念，既符合受教育者社会阅历和
精神发展规律，又符合国家意识形态要求。在"微社会"实践平台，中小
学生从感受家乡的历史人文自然社会之美中生发家国情怀，大学生从乡村变
迁中理解乡村振兴战略并结合社会实践经历和自身专业为乡村振兴出谋划策
体现的是使命担当，团员从志愿活动、社会实践学习奉献社会，党员则从百
年党史学习坚定理想信念、面对风险挑战、培育为民情怀、勇于自我革命
等，在贴近学习者生活经历、心理特点中实现了"春风化雨、润物无声"
的思想政治教育。

总之，"微社会"实践平台用技术仿真现实、融政治理论于情境、以
体验代说教，在艺术呈现、仪式践行中升华情感、增强信念，将学习者置
身于建构的"微社会"场域所提供的历史现实情境中，以鲜活生动的实
践体验补充了理论学习，学习者在参与和体验中唤起学习者共同的记忆、
实现情感共鸣，同时在建构新的记忆中坚定共同意向信念。注重学习者的
情感认同、信念强化和使命唤起，在一定程度上克服了传统思想政治教
育存在的偏重认知忽略体验、价值观引导和培养中的情感维度较弱等
不足。

---

① 罗红杰：《意识形态具象化：意识形态叙事实践的诠释与建构》，《大连理工大学学报
（社会科学版）》2021 年第 3 期。

二、融合科学与人文，有效对接思想政治教育内容与新媒体新技术

进入 21 世纪以来，信息技术尤其是移动互联技术的快速发展，对人类的社会交往、信息传播、认知思维、精神发展产生了重要影响。传统思想政治教育工作方法效能弱化已是不争的事实，这意味着思想政治教育必须积极借助和融合信息技术，通过创新方式方法，实现思想政治教育目标的达成。2016 年，习近平总书记在高校思想政治工作会议上提出，"要运用新媒体新技术使工作活起来，推动思想政治工作传统优势同信息技术高度融合，增强时代感和吸引力"①。网上纪念、微党课、微团课、网上参观等虚拟实践逐渐兴起，形式多样、互动性强，更符合信息时代的学习方式，但也存在着重个体参与轻朋辈交流、重任务轻效能、重结果轻过程等问题。"微社会"实践育人平台本着融合科技与人文的理念，依托硬件平台和软件系统，将思想政治教育内容数字化、具象化，使学习过程成为学生可操作、可体验的实践过程。

首先，"微社会"实践平台建立了能充分实现情景模拟、交流互动、成果展示等多功能要求的硬件平台和软件系统，为模拟社会情境了技术基础。硬件平台包括幻影成像、人机互动、3D 影院以及微型实体等设施，本质上是一个实现学习者真实体验并有交互过程的实验室。软件系统包括红色虚拟场馆软件和动态教学与管理软件。融合场馆学习理论和虚拟现实技术，根据真实场馆或革命遗址设计虚拟展馆，建成虚拟场馆，可供学生通过操控计算机以实时互动的方式参观展览、感受历史、体验红色文化，获得身临其境的感觉，为学习者提供了自主学习的机会，广受学习者的欢迎；动态教学与管理软件则为日常思想政治教育实施过程中的互动讨论、教学评价的实施提供

---

① 《习近平谈治国理政》第二卷，外文出版社 2017 年版，第 378 页。

了更加便捷的手段。

其次,依托硬件平台和软件系统,"微社会"实践平台探索了观摩式、模拟式、互动式、体验式等思想政治教育方法,适应信息技术时代学习方式变革。"微社会"实践平台以科技手段支撑人文思想,在二者的深度融合中根据不同学习群体和学习主题的需要,创设适合的社会化情境、设计适合的实践形式,优化实践流程,寓教于乐、寓教于行,使思想政治教育实践过程成为学生在"微社会"情境中自主探索、自我学习、自我教育的过程,符合苏霍姆林斯基所说的"只有能够激发学生去进行自我教育的教育,才是真正的教育"所蕴含的好的教育判断标准。

再次,思想政治教育"微社会"实践是以新媒体新技术支撑的、具有情境性、交互性、体验性等特点的综合性实践。以技术作为支撑思想政治教育内容的手段,将实物、图像、文字、情境等不同形式的资料呈现于"微社会"平台,学习者以参观体验、汇报表演、讨论分享、仪式践行的方式进行学习。因此,"微社会"平台作为信息技术与思想政治教育融合的有效载体,使思想政治教育"微社会"日常实践不同于社会研修、网络实践、文艺表演等单一思想政治教育实践,多种实践形式结合起来更好地实现价值引领、思想认同的目标。

三、"主渠道"与"主阵地"协同,促进课程育人与日常育人交互

对思想政治理论课和日常思想政治教育作为思想政治教育的"主渠道"和"主阵地"之间关系的认识和实践,经历了一个由表象到本质的发展过程。在相当长的时间里,思政课作为"主渠道"由马克思主义学院负责,接受教务处、质控中心的管理和督查,以课程为中心;"主阵地"则由负责学生日常思想政治教育由校党委学生工作部、共青团委等机构管理实施,以校内文化活动和社会实践活动为主要方式。"主渠道"和"主阵地"主管部

门和实施主体的不同、方式方法和载体抓手的差异，使思政课和日常思政教育处于各自为政、"各扫门前雪"的独立状态，难以实现二者之间的交流和融合。从方法论看，这不符合系统论的辩证思维方法；从实践效果来看，不利于二者之间的优势互补的实现，当然也难以实现思想政治教育整体目标的实现。

思想政治理论课和日常思想政治教育作为思想政治教育的两个相互依存、互为补充的组成部分。"通过结合实现优势互补，形成思想政治教育的整体合力，才能不断增强教育的针对性和实效性。[①]"实践上，提出建立起交互机制，使"主渠道"理论教学在"主阵地"的日常教育活动中得到深化与拓展，又使"主阵地"的日常教育管理活动在"主渠道"理论教学的支撑下理论水平得以提升，教育效果得以深化。[②] 习近平总书记在 2016 年全国高校思想政治工作会议上指出："各级党委要把高校思想政治工作摆在重要位置，加强领导和指导，形成党委统一领导、各部门各方面齐抓共管的工作格局。"[③] 这为在党委统一领导下发挥不同部门之间协作配合，促进"主渠道"和"主阵地"之间的融合，实现思想政治教育协同育人提供了指导思想。

实现"主渠道"和"主阵地"之间的融合，不仅需要组织机制保障，更需要实践平台为融合的实现提供抓手。思想政治教育"微社会"实践育人平台成立以来，在思想政治理论课实践教学基础上开展了党员教育、团员教育、群众教育、中小学生社会实践研修等思想政治教育活动，成为全方位的思想政治教育载体，践行了"大思政"理念。第一，"微社会"实践育人平台提供了思政课教师和学生辅导员、主管党务工作的书记等思想政治工作队伍之间相互了解、工作上相互配合、共同促进的平台。思政课教师、辅导

---

① 王炳林、张润枝：《关于思想政治理论课与日常思想政治工作相结合的思考》，《思想理论教育导刊》2009 年第 5 期。

② 参见周博文、赵俊爱：《思想政治教育"主渠道"与"主阵地"交互机制探索》，《思想理论教育导刊》2014 年第 8 期。

③ 《习近平谈治国理政》第二卷，外文出版社 2017 年版，第 379 页。

员、书记等思想政治工作者之间的工作交流，既有利于增进思政课教师对学生思想状况、成长发展的了解，有利于团委更有针对性和创造性地开展活动，也有助于思想政治理论与社会实践活动之间的相互配合和彼此促进。第二，"微社会"实践育人平台提供了"主渠道"和"主阵地"之间的交互平台。"主阵地"所组织的志愿活动、社会实践能够为思政课"主渠道"提供实践具象、案例，为思政课教学提供阐释理论、引领价值、树立榜样的作用；思政课教师可以指导教师的身份参与"主阵地"的志愿服务、社会实践活动，发挥理论指导、思想引导、成果总结等作用，实现共同在场、优势互补、效能提升的作用。第三，"微社会"实践育人平台创设不同情境和主题，满足校内思政课实践教学、党员教育、团员教育之外，还较好地满足了中小学生社会研修、政府机关和事业单位的党员教育、社区群众教育等需要，成为全方位思想政治教育实践平台，传播正能量，引领社会思潮，较好地履行了高校的服务社会职能。

四、以优秀文化支撑思想政治教育，实现文化育人方式创新

思想政治教育本质上是意识形态教育，是通过一定教育手段和形式将执政党、国家和社会的主流思想和价值观念传递给社会成员，实现社会成员对社会现行文化、制度、道路的认同。作为文化核心和灵魂的思想和价值，总是要通过物质文化、制度文化、精神文化来承载。因此，以文育人、以文化人是思想政治教育的重要向度。同时，思想政治教育属于重要的文化实践，具有强化共同价值共识、凝聚精神力量等作用。因此，当代的思想政治教育与中国特色社会主义文化具有相互促进的功能。

在唯物史观看来，社会意识具有历史继承性。"修身，齐家，治国，平天下"这一中国人的传统价值体系将思想品行的修养最为基本和前提性的维度置于社会性价值之前，既是逻辑上的前提性因素，也是功能上的决定性因素。传统中国人的"修身"载体不仅包括经史子集的思想、琴棋书画的

艺术,庙宇建筑、山川河流物质文化,还有家风族规、民俗仪式等与行为养成相关的制度行为文化。因此,以各种形式的优秀文化为依托实施思想政治教育是重要的实践经验和优良传统。新时代的思想政治教育应该弘扬和发展好这一传统。

当前,我国高度重视并大力支持中华优秀传统文化和革命文化的保护、建设和开发,为思想政治教育文化育人提供了重要条件。党中央也提出要"用好各级各类文化设施和阵地,加强各级各类党员教育培训基地、爱国主义教育基地等的规划建设和管理使用,继续推动公共文化设施向社会免费开放,建设基层思想政治工作示范点"①。在思想政治教育实践中,文化设施和培训教育基地也发挥了重要作用。但是,囿于培训经费、出行安全、接待能力等因素制约,现场培训还无法实现全员覆盖、多场参与。"微社会"实践平台借助信息技术手段对文化基地、纪念场馆实现了虚拟仿真,将文化资源搬进"微社会"实践平台,为"以文化人"的广泛开展提供了条件。

首先,选择有代表性文化资源支撑的主题作为"微社会"实践主题,在场景营造中凸显文化资源,在实践流程设计上重视学习者通过文化资源获得体悟、修养、信念的能力。其次,创设虚拟场馆,为学习者提供在线纪念馆参观体验。"微社会"实践平台将承载着中华优秀传统文化(比干庙)、革命文化(马克思主义传播史纪念馆、侵华日军南京大屠杀遇难同胞纪念馆)、社会主义先进文化(雷锋纪念馆、焦裕禄纪念馆、改革开放纪念馆),同时也承载着社会主义史、党史、国史、改革开放史的"四史"的实体性场馆搬进体验馆,实现了学习者的即时参观、当下交流。最后,"微社会"育人实践通过仪式体验唤起文化自觉。文化,尤其是行为文化,包含着较强的仪式性,在"微社会"场馆进行的实践活动伴随着绘画作品、音乐等艺术构成了与主题高度相关的氛围,增强实践活动的仪式感,使思想政治教育"微社会"育人实践具有了与场馆参观、网络学习不同的感受和体验。在虚

---

① 《关于新时代加强和改进思想政治工作的意见》,《人民日报》2021年7月13日。

拟仿真体验和主题仪式践行中进行思想政治教育,既在形式上推动传统文化创新性转化,以更贴近学习者的认知发展和学习方式实现优秀文化的育人功能。

总之,思想政治教育"微社会"日常实践在教育类型上囊括了党员教育、团员教育、群众教育、中小学社会研修教育,在教育内容上涵盖了中华优秀传统文化、革命文化、社会主义先进文化,在教育方式上实现了融浸润体验、实践参与、分享讨论、多种表达于一体的综合性创新,达到通过"造景"实现"塑心"的"春风化雨、润物无声"的思想和价值引领,从总体成效上实现了一馆多用、辐射范围广、受益群体大等预期目标,与课程、社会实践、文化等相配合,共同促进青少年思想政治教育向微向精开展。

| 第七章 |

思想政治教育"微社会"育人的审视与展望

21 世纪是一个新媒体新技术高速发展、影响力与日俱增的时代，如何运用新媒体新技术来发展思想政治教育工作，使之增强时代感，提升吸引力，是高等教育面临的新机遇和新挑战。① 思想政治教育"微社会"育人紧紧把握新媒体新技术的特征特点，发挥新媒体新技术的优势作用，搭建新媒体新技术与思想政治教育高度融合的平台，开发仿真与造境双重资源，塑造可视化、智能化、人性化的育人环境，创新思想政治教育的内容、模式及载体，构建多维度、全覆盖的实践育人体系，打通实践育人"最后一公里"，使教与学的热情空前高涨，使思想政治教育真正"活"起来、"火"起来。

第一节　"微社会"育人的实践创新

在党和国家高度重视思想政治教育实践育人的时代背景下，"微社会"育人是颇为有益的范式转型、理论研究和实践探索。从目前各部门和高校思

---

① 顾钰民：《新时代思想政治理论课传统优势同信息技术高度融合研究》，《思想理论教育导刊》2018 年第 9 期。

想政治教育"微社会"实践育人的开展情况来看，育人空间日益拓展、育人内容日益丰富、育人方式日益多元、育人流程日益规范、育人机制日益完善、育人效果日益凸显、育人评价日益科学、青少年的参与意识和参与能力也日益提高，呈现出蹄急步稳、扎实推进的良好发展态势。①

一、创设思想政治教育新样态

师生之间的情感联系，一直是影响和制约思想政治教育质量和效果的关键因素。传统的教育环境和师生关系，造成了青少年与思想政治教育工作者之间的心理鸿沟，"明者因时而变，知者随事而制"，"微社会"育人在很大程度上可以使这一局面得以消解。一方面，在"微社会"新媒体新技术环境下，教育的立体化、动态化、生动化，信息的可选择性、平等性、无权威性，使教育主体与教育客体之间的地位、关系发生了重大的变化，使思想政治教育更具有时代感、亲和力、人情味，能够取得更好的教育效果。另一方面，传统的思想政治教育忽视了受教育者对教育新样态的内在需求，只注重一味地将枯燥乏味的教育内容灌输给青少年，从而影响思想政治教育的效果。"微社会"育人扩宽了受教育者获取资源、获取信息以及获取知识的途径，并为抽象的思想政治教育工作增加了图像、声音等有趣元素，让空洞的说教融进受教育者喜闻乐见的视频、文字作品、影片等，使得单调的指示、命令，转变为生动活泼、平等的思想和情感的交流，提升了主流话语的影响力和吸引力，也提高了教育对象的学习兴趣，让价值观念如同空气般浸透思想又润物无声，达到事半功倍的教育效果。②

---

① 王爽：《新媒体时代大学生思想政治教育的挑战与创新》，中国言实出版社2014年版，第49—54页。

② 齐佳：《新媒体与学校思想政治教育发展策略》，《中学政治教学参考》2021年第31期。

二、打造思想政治教育新平台

新媒体新技术已经成为青少年生活非常重要的一部分，成为他们获取信息和交流感情的重要媒介，发挥着无可替代的作用。新时代的思想政治教育工作者要顺应这一发展趋势和前景，既要激发出传统育人阵地的最大效能，又要积极开拓和发展新媒体平台，全面深刻地认识到利用新媒体新技术开展青少年思想政治教育的重要性和必要性，借助新媒体新技术了解其言行举止，倾听其真实想法，捕捉其表达诉求，洞察其思想动态，把握其价值倾向。改变以往思想政治工作者刻板严肃的形象，通过互动式、引导式的教育方式和方法，消除教育者与受教育者之间的隔阂，增强思想政治教育的渗透力和有效性。依托新媒体新技术形成的"微社会"育人体系，具有形式多元、覆盖面广、开放性强、信息量大、资源丰富等优势，已成为新时代思想政治教育工作的新渠道、新阵地，相比于以往任何一种思想政治教育传播媒介，都有根本性跨越，极大地推动了思想政治教育从观念到实践的全面变革，为思想政治教育提供了崭新的、空前广阔的理论与实践平台。①

三、创新思想政治教育新载体

思想政治教育载体是思想政治教育体系不可缺少的重要组成部分之一，目标的实现，内容的实施，方法的运用，主客体之间的相互作用等，都离不开一定的载体。新时代，新媒体新技术已经成为社会话语表达、互联互通以及信息传输的关键载体，思想政治教育工作者要走出点式、端式、静态固定式的载体窠臼，利用新媒体新技术平台打好"组合拳"，着力把新媒体新技

---

① 纪谦玉：《新媒体视域下思想政治教育创新研究》，《教育理论与实践》2016 年第 3 期。

术打造成为新时代思想政治教育的重要介体,积极拓展新兴技术平台和新媒体场域,不断扩大主流意识形态的传播阵地和宣传载体,服务立德树人根本任务。传统的思想政治教育工作载体多以理论讲授为主,配合座谈、讨论、会议等其他形式,多维却直线单向的传播方式,不仅内容的覆盖面有限,而且受教育者的数量也很有限,更难以有针对性地面向规模化个体开展个性化教育。"微社会"育人冲破传统思想政治教育的局限性,依托新媒体新技术即时性、跨时间、跨空间性的特点,缩短了人与事、人与物、人与人之间的距离,促进了语言、思想以及信息的多向交流与互动,改变了思想政治教育场域环境,创新了思想政治教育载体平台,开创了思想政治教育"潮起来"的新局面,更能得到青少年的认可和接受,也更具吸引力。①

四、整合思想政治教育新资源

思想政治教育工作者可以充分利用新媒体新技术的开放性和共享性,打破了时空的限制,整合遍布于学校、家庭、社会的丰富多样的思想政治教育新资源。优化整合后的思想政治教育资源,实施平台统一管理,从而实现资源共享。教育者可以根据不同的教育对象和教育主题,选取针对性的教育内容,开展思想政治教育工作,提高思想政治教育工作的生动性和趣味性,以潜移默化、润物无声的方式对青少年进行主流价值观教育。思想政治教育工作者也可以协调组织相关人员开展集体攻关,开发富有思想性、指导性、针对性和实践性的视频、动画、短剧等多媒体教育资源,用具有时代感、创新性的形式和内容调动青少年各个器官的感觉体验,激发学习的积极性和主动性,使其主动参与讨论、互动与反馈,从而增强思想政治教育的精准

---

① 邹慧、徐志远:《基于新媒体技术的思想政治教育创新研究》,《广西社会科学》2016年第2期。

性和实效性。①

五、开辟思想政治教育新空间

思想政治教育工作者应该充分认识到互联网、手机媒体、数字电视等正在并将日益成为思想政治教育的新阵地。新媒体新技术因其信息承载更丰富，传播速度更快，传播范围更广，交互性更强，正在并将深刻改变着青少年的生活、学习和交往方式，成为他们获取信息来源的主要载体。思想政治教育工作者要辩证看待新媒体新技术的两面性和"双刃剑效应"，新媒体新技术在带来全新资讯的同时，也带来了诸如暴力、色情、低俗等一些负面影响，为了因应这一变化，要主动拓宽思想政治教育的工作空间，延伸思想政治教育的工作范围。"微社会"育人坚持正确的舆论导向、价值导向、思想导向，积极回应青少年的诉求和呼声，突破传统意义思想政治教育的物理空间，利用新媒体新技术及时便捷、覆盖面广、影响力大的特点，主动开展立体化、动态化、超时空的思想政治教育。②

六、优化思想政治教育新环境

传统的思想政治教育工作由于受到时间和空间的限制，信息扩散的范围和速度受到限制，而借助新媒体新技术的"微社会"育人具有独特优势，能够提供信息传播、信息反馈的新方法和新途径。一方面，新媒体新技术具备无时空限制的特性，可以更为方便和快捷地随时加工发布信息。另一方面，新媒体新技术具备超强的即时性和交互性，加快了信息传播者与接收者

---

① 孙璐杨、伍志燕：《智媒体时代大学生思想政治教育的特征、挑战与对策》，《黑龙江高教研究》2022年第8期。
② 纪谦玉：《新媒体视域下思想政治教育创新研究》，《教育理论与实践》2016年第3期。

之间的反应速度，思想政治教育工作者可以更加及时、充分地了解教育客体的行为趋势和思想动态，并在较短时间内把教育内容迅速传递给受教育者，对其加以及时、正确的引导。"微社会"育人营造了全方位、全天候思想引领的教育环境，使得教育主体和教育客体之间的信息沟通无论从解决问题的数量上，还是平等沟通的氛围上都有了巨大的改观，极大地提高了思想政治理论的传播效能。①

综上所述，"微社会"育人模式实用性强，利用率高，可复制性好，示范引领作用显著，为开展思想政治教育工作创设了更为智能的平台和环境，提供了更为丰富的渠道和方法，为党政部门或学校开展思想政治教育实践育人改革提供了有益的参考和遵循，产生了较为广泛的社会影响力。思想政治教育工作者要学会正视并利用"微社会"与思想政治教育的契合点和连接点，通过新媒体新技术激活思想政治教育的相关内容，引导青少年利用新媒体新技术为自我综合素质的提高服务，让更多的青少年从思想政治教育中获得全面发展的思想养分。

第二节 "微社会"育人的效能审视

思想政治教育工作者要正确研判新媒体新技术时代的传播格局和媒介生态，积极面对思想政治教育环境和教育对象的变化，充分发挥新媒体新技术的优势，构建思想政治教育平台，调整思想政治教育形态，创新思想政治教育手段，提升思想政治教育效果。②"微社会"育人系统性地提出了思想政治教育校内实践育人的内容规划、操作规程等行之有效的整体性解决方案，

---

① 陈启超：《样态、特征与发展策略：对社会场域中青年思想政治学习的检视》，《思想政治教育研究》2022 年第 4 期。

② 许在华：《新时代高校思想政治教育效能优化研究》，《学校党建与思想教育》2021 年第 9 期。

使思想政治教育彰显时代特性，焕发新生活力，其平台建设和模式运行均走在了全国前列，立德树人效能显著提升。

一、审思思政教育实践困境，提升实践育人效能

思想政治教育要以青少年为中心，关注青少年成长需求和发展期待，才能摸准思想政治教育新态势，找到新的育人生长点和教育延伸点，立德树人，提高人才培养能力。实践育人是培养青少年实践能力的重要途径，而"微社会"育人模式是目前思想政治教育权衡现状后所能采用的最佳载体和组织形式，具有重大启示、示范意义。该模式切实有效地解决了思想政治教育实践育人对象覆盖率低，教育内容条块分割，以及"配方"陈旧、"工艺"粗糙、"包装"落伍等所导致的青少年学习积极性差、效果不明显等问题，使参加实践的青少年人数和课时量大幅增加，实现了实践育人的100%全覆盖，青少年全员在新媒体新技术"微社会"氛围中接受教育，切实提高了思想政治教育育人效果。

二、搭建智慧思政教育平台，提升信息化育人效能

思想政治教育"微社会"育人模式及平台建设，是新形势下探索青少年思想政治教育新方式、新途径的有益尝试。一方面，依托新媒体新技术，通过形式多样的数字资源、虚拟资源、网络资源、微型实体等生成声光电一体化的教育情景，创设实践学习环境，激发学习动机，增强心理沉浸感和学习体验，实现身心感受的联结和理论知识"入脑、入心、入行"的效果。另一方面，贯彻"围绕青少年、关照青少年、服务青少年"的思想，遵循青少年的认知发展规律，注重体验式、践行式教育方法的综合运用，结合心理学知识，将人文关怀和心理疏导一体化，通过青少年的参与、践行，升华其情感，坚定其信仰，实现对其知、情、意、行四个维度的全面提升。总而

言之,"微社会"育人依托新媒体新技术及微型实物等元素实现沉浸式情境教育,由单向度灌输变为多向度体验,由被灌输的静态教育变为"润物细无声"的动态教育。这种创新性的实践育人模式有效打破了传统思想政治教育"填鸭式"模式,大大提高了青少年的参与度和获得感,使青少年在潜移默化中领会马克思主义理论的主旨义涵。①

三、聚焦理论与实践的融合,提升联动育人效能

思想政治教育传统育人模式大都采取单纯理论灌输的方法,导致亲和力不够、针对性不强、人到心不到、知信分离等现象,无法因应新时代青少年的成长特点和生存环境,为了应对上述挑战,思想政治教育的育人模式和学习方式就必须进行根本性转型。依据布鲁纳的认知结构教学理论和罗杰斯的情感教学理论,智能时代,技术与意识形态的相互关系更加密切。"微社会"育人以青少年的现实需求为出发点,以青少年的全面发展为落脚点,以新媒体新技术教育环境精准对接思想政治教育内容,架构课堂与社会相贯通,理论教育与实践育人相融汇的教育模式,解决理论学习与社会实践的脱节错位,变"单向灌输"为"师生双向互动""生生互动",使得青少年学有所用,学以致用,知信合一的教学效果大大提升。

四、建构多维一体育人体系,提升协同育人效能

"微社会"育人以实践平台为依托,协调马克思主义学院和其他院系、部门的关系,形成工作合力,强化"大思政"的育人理念,搭建思想政治教育多元协同联动的综合育人体系,实现课程思政与思政课程相生相应、协

---

① 卢岚、李双胜:《数字时代思想政治教育方法创新的三维审视》,《思想政治教育研究》2022年第3期。

同发力。一是,在组织管理上,由马克思主义学院牵头,联合学校各职能部门、各专业学院勠力同心、同向同行,形成立德树人的协同效应和系统合力,不断提高思想政治教育能力和水平。二是,在运行方式上,既注重发挥理论教育的传统优势,又积极转换思维,促进并指导专业课程和社团活动的"思政化"转变。①

总而言之,纵观思想政治教育改革和发展,历来缺乏一个既能与理论教育有机结合、又把社会环境引入教育背景的富有实效性和可操作性的模式平台。思想政治教育"微社会"育人是思想政治教育与新媒体新技术、理论教育与实践育人、课堂与社会高度融合的新范例,为破解实践育人的现实困境提供了新借鉴,是目前思想政治教育"深改新常态"下的一种积极探索,是科技与人文相结合、富有"互联网+"时代鲜明特征的新方案,是让"社会走进课堂,课堂走向社会"的新示范,具有重大的应用价值、政策价值和理论价值。

第三节 "微社会"育人的前景展望

习近平总书记强调:"推动思想政治理论课改革创新,要不断增强思想政治课的思想性、理论性和亲和力、针对性。"② "要运用新媒体新技术使工作活起来,推动思想政治工作传统优势同信息技术高度融合,增强时代感和吸引力。"③ 在新时代,如何因应《中国教育现代化 2035》和联合国教科文组织发布的《北京共识——人工智能与教育》等文件的共识,有效发挥新媒体新技术的优势,推动构建实践育人新格局,成为思想政治教育改革创新

---

① 张文强:《新时代构建高校思想政治教育协同机制研究》,《国家教育行政学院学报》2019 年第 12 期。
② 《习近平谈治国理政》第三卷,外文出版社 2020 年版,第 330 页。
③ 《习近平谈治国理政》第二卷,外文出版社 2017 年版,第 378 页。

面临的重要课题。

一、"微社会"育人正经历多向度的体系性变革和完善

数字化、数据化、数智化新媒体新技术对教育发展具有革命性影响，是驱动思想政治教育模式持续性、加速式、革命化迭代的关键动力，必须予以高度重视。"革命性"不是一般性的改革、改良，而是结构的重建、方式的重建。"微社会"育人模式是思想政治教育与新媒体新技术高度融合的产物，是基于信息技术支持的青少年自主学习模式，正在引发新时代思想政治教育的体系性变革和完善。①

第一，思想政治教育"微社会"育人使得新媒体新技术从服务于"教"改进为服务于"学"。过去，在新媒体新技术的引进应用方面，党政部门和学校做了大量的工作，但主要是服务于老师的"教"，在使用新媒体新技术服务青少年学习方面关注不够、力度不足。而在"微社会"育人平台这个特殊的课堂上，情境性强、信息量大、现实性强，平台的软件硬件保障了青少年可以自主阅读、感知、观察、分析、思考问题，教师只需带领、引导青少年阅读、观看、收听、讨论各种主题，主动感受、思考事物，教师由教育的主角变成教育活动的引导者、管理者，更凸显了青少年学习的主体地位。未来的发展是"青少年的学习离不开新媒体新技术"，就像当下的青少年离不开手机一样，离开新媒体新技术几乎就没有办法开展真正意义上的学习，这是未来思想政治教育的一个发展方向。新媒体新技术的引进和应用，不应该仅仅集中在开发教学资源，即老师备课授课的资源，更要体现在研发支持青少年自主学习的学习平台和资料素材库、开发社会学习资源等。比如，学习某一个专题时，青少年可以运用手机、电脑等，通过无线智能操控系统，

---

① 杨希、张立：《人工智能辅助高校思想政治教育社会化的因由、前景与路径》，《中学政治教学参考》2022 年第 24 期。

更换平台内部电子沙盘、多媒体设备、互动墙、触摸点播机组等的专题图片、影视、文字等资料，完全不同于以往课堂上课无任何背景的状况，不仅能形成一种强烈的、极具震撼性的教育氛围，也可以让青少年观看到更多的专题资料，让他们在观察、思考中真正体悟思想政治教育理论的深刻内涵。

第二，思想政治教育"微社会"育人使得学习空间从教室课堂拓展到一切可能发生学习的地方。思想政治教育工作者多年来形成了一种思维定式，即学习空间只能是教室、课堂，根深蒂固地认为教育基本上都发生在课堂和教室，只关注教室、课堂这个有限的空间里发生的一切学习活动。"微社会"育人模式利用新媒体新技术拆除横在学校和社会之间的一堵堵无形的墙，支持一种新的学习，这种学习使学习的空间从教室拓展到一切鼓励青少年自主探究的地方，比如说展览馆、纪念馆，企业、社会等。"微社会"实践育人可以使青少年到丰富多彩的"社会"生活中观察社会、认识社会，并把所学理论知识用于指导自己对事物的认识与分析。"微社会"育人学习内容更加丰富多彩，授课方式更加灵活多变，教育方式更加贴近社会现实，更有利于青少年认识、分析事物能力的提高。

第三，思想政治教育"微社会"育人使得立德树人从灌输性德育优化为体悟性德育。事实上思想政治教育的效果是不太理想的，不只中国，国际社会都有这个问题，包括西方发达国家也遇到这样的问题。不是说青少年拒绝、排斥有关德育的内容，根本的问题是方法陈旧，在任何地方，想用灌输性的办法完成德育的任务，最后都是失败的。必须找到新的、完成德育的一个途径，"微社会"育人模式提供了这样一个可能性，体悟性德育。具体而言，在"微社会"育人环境里，青少年的上课方式更加灵活、放松，有利于师生之间真诚地交流探讨。在传统课堂上，青少年被束缚在固定的座位上，与讲台上的教师存在着距离感。在"微社会"育人平台，师生共同围坐一起，或者青少年在教师的带领下边看边走边探讨，或者师生在同一平面近距离、平等地切磋交流。师生的上课形式发生了变化，显得更加灵活、机动，师生关系更像朋友，更有利于拉近青少年与老师之间、青少年与青少年之间心理上的距离，也有利于理论知识、价值观念如春风化雨般地浸润青少年的心田。灌输式的说教是一种非常落后的、失败的方法，真正有效的方法是，让青少年在思考和行动的过程中去感悟、去体会，最后形成自己的人格、品行。①

第四，思想政治教育"微社会"育人使得教育范式从自主学习跃迁为自我管理。过去，根深蒂固的教育观念认为，青少年天经地义的任务就是学习，其他的事情不需要考虑。担当社会责任、回报社会是完成学业，参加工作之后的事情。其实，个体的成长既包括获取，更包括付出，没有付出的成长就是病态的成长，只知道获取的成长是病态的成长，立德树人的教育就是保障青少年成长，成长就必须包括付出，必须包括承担责任。事实上，自主管理一个非常重要的内容，使青少年担当社会责任的时间前移，在担当中学会担当。比如青少年领导能力的培养问题，通过组织学习小组、管理调研等形式，培养青少年的领导力、责任感和管理能力。同时，应该认识到，付出本身是重要的学习形式，学习不等同于输入，输出也是一种学习，甚至是一种更重要的学习。青少年在参与各种社会活动，真正为社会进步做点事情的时候，实际上所学到的东西更多，可能比在教室里面学到的还多，或者这些活动为知识的学习提供了许多的帮助。②

二、"微社会"育人必成为思想政治教育改革创新的未来趋向

因事而化、因时而进、因势而新创新育人模式，落实立德树人根本任务是思想政治教育改革和发展的根本遵循。思想政治教育"微社会"育人强

---

① 王双群：《新媒体环境下思想政治理论课教学方法创新的思考》，《思想理论教育导刊》2015 年第 11 期。

② 张阳：《智媒时代高校思想政治教育：现实审视与创新路向》，《思想理论教育》2022 年第 5 期。

化问题导向，立足改革前沿，聚焦传统思想政治教育嬗变的"试验场"，紧紧围绕思想政治教育工作中的现实问题、重点任务、工作难题进行研究和破解，把经验提升为理论，开创性地提出了"微社会"育人模式。"微社会"育人切实提高了思想政治教育工作的规范化、科学化水平，具有强大而持久的生命力。虽然"微社会"育人模式目前只是在部分学校或场域应用实践，但是伴随着信息化革命的继续推进，在可以预见的未来，"微社会"育人有可能成为思想政治教育的主流或主要模式，覆盖到越来越多的区域。

首先，"微社会"育人模式顺应了中国当下正在发生的社会转型，是社会进步的重要体现。"微社会"育人模式，实际上是中国社会政治经济转型在课堂上、在学校中的体现。正是因为有了这样一种新模式的开创和建设，更好地保证了思想政治教育能够和社会转型同步进行，否则，在社会各个领域都在进行转型的时候，思想政治教育如果还习惯性地保持着几十年前的模式，那必将被社会、被时代所抛弃。其次，"微社会"育人模式体现了"以人为本"的先进教育理念。"微社会"育人新模式带来了新的理念，最先进、最前沿的教育思想在这种模式里都有体现，把青少年的学习从传统的课堂、教室这个几十平方米的领域里完全解放出来，扩展到更广、更宽、更大的领域。最后，"微社会"育人模式满足了新时代贯彻落实立德树人根本任务的新要求。目前，思想政治教育还是主要依赖于传统的课堂模式，青少年处于被动地位，主体性和自主性难以得到充分尊重和发挥。根据深入调研的研究数据显示，大多数学校引入新媒体新技术主要还是用来强化理论教育已有的模式。如果新媒体新技术仅仅是用来帮助老师传授知识，进行传统的理论教育，其实是在浪费物力和财力，这不应该是新媒体新技术的主要功能，新媒体新技术完全可能支持教师和青少年构建一种全新的学习方式。"微社会"育人所倡导的、所强调的一个核心，就是利用新媒体新技术实现青少年的自主学习、自我教育和自我管理。

三、"微社会"育人将开启面向未来的教育新路径

新时代赋予思想政治教育新使命,新征程呼唤思想政治教育新作为,思想政治教育应立足新起点,开启新征程。教育部前部长陈宝生在十二届全国人大五次会议的记者会上表示,当前,思想政治教育工作存在的主要问题是亲和力不够、针对性不强。思想政治教育课程抬头率不高,人到了心没到,主要原因是"配方"比较陈旧,"工艺"比较粗糙,"包装"不那么时尚。要通过理论和实践相结合、育德和育心相结合、课内和课外相结合、线上和线下相结合等多种方式,进一步加强和改进思想政治教育,为青少年的成长助力,为他们加油,为他们"美容"。① 思想政治教育"微社会"育人在回顾和总结"05 方案"以来思想政治教育实践育人基本经验的基础上,探索提出了新时代思想政治教育实践育人的新理念、新思路、新方案,这些创新对于推动思想政治教育进一步深化改革,具有积极的现实意义、理论意义。研究通过开展丰富多彩,形式多样的实践专题教育教学活动,深化了习近平新时代中国特色社会主义思想"三进"工作,贯彻了中央和教育部关于加强思想政治工作实践育人的文件精神,落实了教育部《新时代思想政治教育教学工作基本要求》,宣传了党的十八大以来党和国家新时期改革开放面临的新常态,开拓的新局面,取得的新成就,深刻阐释了历史和人民是怎样选择了马克思主义,选择了中国共产党,选择了社会主义道路,选择了改革开放,巩固和坚定了青少年的社会主义理想信念,取得了良好的教育教学效果和广泛的赞誉。

马克思主义与中国革命和建设实践相结合产生的每一次理论创新成果,都推动着国家与社会的发展和进步,都为思想政治教育提供着前沿

---

① 宫长瑞、轩宣:《数智化思想政治教育的图景展现及其实践策略》,《思想教育研究》2021 年第 11 期。

的、鲜活的育人资料。党的二十大报告中的新思想、新精神、新提法，具有很强的指导性，闪耀着马克思主义理论的真理光辉和思想光芒，是开展思想政治教育实践育人的理论引领和行动指南。学习和贯彻党的二十大精神，做好习近平新时代中国特色社会主义思想"三进"工作，是当前和今后一个时期思想政治教育教学的新常态、新任务，是新时代思想政治教育课程建设的重要方针和根本遵循。思想政治教育课程不仅应该成为宣讲习近平新时代中国特色社会主义思想的重要理论阵地，而且还应成为带领广大青少年实践习近平新时代中国特色社会主义思想的课堂。所以，及时把党的二十大精神和习近平新时代中国特色社会主义思想引进课堂，并融入思想政治教育实践育人体系，既是思想政治教育的工作要求，同时也是改革体现时代感的必然要求。[1] "路漫漫其修远兮，吾将上下而求索"。坚守不易，创新更难。

新时代，思想政治教育"微社会"育人应矢志不移地坚守青少年思想政治教育阵地，进一步深入研讨、总结新中国 70 多年来思想政治教育建设的经验与启示，特别是习近平总书记关于新时代思想政治教育改革创新的重要论述，一如既往，勠力攻坚，同心筑梦，从百年党史和伟大建党精神中，从习近平新时代中国特色社会主义思想中汲取力量，使思想政治教育更加接地气、有朝气、聚人气，使红色基因成为青少年成长成才过程中不可动摇的拱心石；应进一步加强新时代思想政治教育教学思想研究、实践育人基础理论和制度创新研究、思想政治教育课程实践育人经验研究，探究新时代思想政治教育"金课建设""机制创优""师资创优""教法创优"的新路径，始终以创新的勇气、创新的理念、创新的实践，为立德树人不断做出新贡献；应继续深入贯彻落实新媒体新技术与思想政治工作传统优势相结合的指示精神，立足思想政治教育改革前沿，着眼于同类平台领先水平的目标，

---

① 金春媛、高地：《中国高校思想政治教育创新研究的内容、问题与展望》，《社会科学战线》2022 年第 6 期。

不断创新理念、丰富内涵、凸显特色，力争取得新的更大的发展，为推动新的历史条件下的思想政治教育改革创新进一步贡献力量；应以习近平新时代中国特色社会主义思想为指导，认真学习贯彻全国思想政治工作会议精神、全国教育大会精神和学校思想政治教育工作者座谈会精神，以师资队伍建设为关键，以"微社会"育人为抓手，以提高教育质量为中心，以立德树人为目标，以永不懈怠的精神状态和一往无前的奋斗姿态，稳中求进，迎难而上，开拓进取，力争把思想政治教育"微社会"育人打造成教育水平高超、教育成果突出、教育管理严谨、在国内具有较强影响力的教育品牌。

参考文献

一、著作类

1. 《马克思恩格斯选集》1—4卷，人民出版社2012年版。

2. 《列宁选集》第1—4卷，人民出版社2012年版。

3. 《毛泽东选集》第一卷，人民出版社1991年版。

4. 《毛泽东文集》第六卷，人民出版社1999年版。

5. 《建国以来毛泽东文稿》第六卷，中央文献出版社1992年版。

6. 《十一届三中全会以来重要文献选编》，中共中央党校出版社1981年版。

7. 《中共中央文件选集》第八卷，中共中央党校出版社1991年版。

8. 《习近平谈治国理政》第一卷，外文出版社2018年版。

9. 《习近平谈治国理政》第二卷，外文出版社2017年版。

10. 《习近平谈治国理政》第三卷，外文出版社2020年版。

11. 《习近平谈治国理政》第四卷，外文出版社2022年版。

12. 习近平：《论党的宣传思想工作》，中央文献出版社2020年版。

13. 《习近平总书记系列重要讲话读本》，学习出版社、人民出版社2014年版。

14. 中共中央党史和文献研究院编：《习近平关于网络强国论述摘编》，中央文献出版社2021年版。

15. 《习近平新时代中国特色社会主义思想学习问答》，学习出版社、人民出版社2021年版。

16. 《党的十九大报告辅导读本》，人民出版社2017年版。

17. 《普通高校思想政治理论课文献选编（1949—2006）》，中国人民大学出版社 2003 年版。

18. 陈万柏、张耀灿主编：《思想政治教育学原理》（第 3 版），高等教育出版社 2015 年版。

19. 张耀灿、郑永廷、吴潜涛、骆郁廷等：《现代思想政治教育学》，人民出版社 2006 年版。

20. 黄瑞雄：《科学教育与人文教育相融合的思想政治教育及其方法创新研究》，人民出版社 2018 年版。

21. 陶行知：《陶行知全集》第三卷，湖南教育出版社 1984 年版。

22. 邱柏生、董雅华：《思想政治教育学新论》，复旦大学出版社 2012 年版。

23. 朱小蔓：《教育的问题与挑战：思想的回应》，南京师范大学出版社 2006 年版。

24. 张云：《思想政治教育心理学》，上海人民出版社 2001 年版。

25. 顾明远、孟繁华主编：《国际教育新理念》，海南出版社 2001 年版。

26. 顾明远主编：《教育大辞典（增订合编本）》，上海教育出版社 1997 年版。

27. 高洪波：《思想政治教育话语范式转换研究》，浙江大学出版社 2012 年版。

28. 王德如：《课程文化自觉》，人民出版社 2007 年版。

29. 许国志：《系统科学》，上海科技教育出版社 2000 年版。

30. 张曙光：《个体生命与现代历史》，山东人民出版社 2007 年版。

31. 刘宪曾：《陕甘宁边区教育史》，陕西人民出版社 1994 年版。

32. 陈志勇：《新媒体时代的大学生思想政治教育》，中国文史出版社 2014 年版。

33. 习近平：《高举中国特色社会主义伟大旗帜　为全面建设社会主义现代化国家而团结奋斗》，人民出版社 2022 年版。

34. 王爽：《新媒体时代大学生思想政治教育的挑战与创新》，中国言实出版社 2014 年版。

35. 《思想道德修养与法治》，高等教育出版社 2021 年版。

36. 《中国近现代史纲要》，高等教育出版社 2021 年版。

37. 《马克思主义基本原理》，高等教育出版社 2021 年版。

38. 《毛泽东思想与中国特色社会主义理论体系概论》，高等教育出版社 2021 年版。

39. 优美缔软件（上海）有限公司主编：《虚拟仿真与游戏开发使用教程》，上海交通大学出版社 2015 年版。

40. ［美］保罗·莱文森：《数字麦克卢汉——信息化新纪元指南》，何道宽译，社会科学文献出版社 2001 年版。

41. ［美］诺尔曼·丹森：《情感论》，魏中军、孙安迹译，辽宁人民出版社 2009 年版。

42. ［英］阿尔弗雷德·诺斯·怀特海：《教育的目的》，庄莲平、王立中译，文汇出版社 2012 年版。

43. ［德］黑格尔：《小逻辑》，贺麟译，商务印书馆 1980 年版。

44. ［法］雷吉斯·德布雷：《图像的生与死：西方观图史》，葛红兵译，译林出版社 2014 年版。

45. ［瑞典］托斯顿·胡森等：《简明国际教育百科全书：课程》，江山野译，教育科学出版社 1991 年版。

46. ［德］哈贝马斯：《后形而上学思想》（新编版），曹卫东等译，译林出版社 2012 年版。

二、期刊类

1. 赵书霞、曹瀛琰：《高职学生宿舍微社会环境的个案访谈研究》，《职业教育研究》2013 年第 10 期。

2. 刘锐、李娅娟：《校外素质教育新蹊径——微社会活动中心新构想》，《中国校外教育》2014 年第 3 期。

3. 杨丽艳：《虚拟实践融入高校思想政治理论课实践教学的研究与探索》，《思想政治教育研究》2021 年第 4 期。

4. 骆郁廷、余杰：《新时代大学生思想政治教育融入校园新媒体刍议》，《学校党建与思想教育》2019 年第 10 期。

5. 毕红梅、欧玲：《新时代思想政治教育主客体面临的新表征、新质疑及其发展路向》，《思想教育研究》2019 年第 10 期。

6. 骆郁廷：《聚焦高校思想政治教育改革创新的历史探索》，《思想教育研究》2019 年第 3 期。

7. 闵辉：《课程思政与高校哲学社会科学育人功能》，《思想理论教育》2017 年第 7 期。

8. 王立仁、白和明：《关于大中小学思想政治理论课课程内容一体化建设的构想》，《思想理论教育》2019 年第 11 期。

9. 刘建军：《论高校思想政治工作的育人格局》，《思想理论教育》2017 年第 3 期。

10. 熊建生：《思想政治教育内容的逻辑建构》，《思想理论教育》2014 年第 2 期。

11. 沈壮海、史君：《推动思想政治教育与信息技术的高度融合》，《国家教育行政学院学报》2017 年第 1 期。

12. 高文：《建构主义与教学设计》，《外国教育资料》1998 年第 1 期。

13. 王立：《情境学习理论视域下高校思政课教学创新论析》，《思想政治教育研究》2021 年第 2 期。

14. 钟启东：《〈1844 年经济学哲学手稿〉中的思想政治教育理念》，《学术探索》2021 年第 7 期。

15. 冯刚：《新时代文化育人的理论考察》，《学校党建与思想教育》2019 年第 3 期。

16. 卢黎歌、隋牧蓉：《"八个相统一"：推动思想政治理论课改革创新的遵循原则》，《学校党建与思想教育》2019 年第 5 期。

17. 吴潜涛、姜苏容：《坚持价值性和知识性相统一，推动思想政治理论课改革创新》，《思想理论教育导刊》2019 年第 7 期。

18. 王易：《打造理论性和实践性相统一的思想政治理论课》，《中国高等教育》2019 年第 10 期。

19. 蒲清平、何丽玲：《思想政治理论课要坚持主导性和主体性相统一》，《思想教育研究》2019 年第 11 期。

20. 冯秀军、咸晓红：《思想政治理论课改革创新要坚持灌输性和启发性相统一》,《思想理论教育导刊》2019 年第 7 期。

21. 毕昱文:《高校思想政治理论课"课堂+微社会+社会"教学模式创新探索》,《河南科技学院学报》2015 年第 8 期。

22. 刘丙元:《基于实践哲学的高校思想政治教育治理逻辑》,《思想政治教育研究》2022 年第 3 期。

23. 李海娟:《新时代高校实践育人路径探析》,《思想理论教育》2021 年第 8 期。

24. 李松林、李会先:《关于高校思想政治理论课实践教学的几点思考》,《思想教育研究》2006 年第 7 期。

25. 沈震:《思想政治理论课全员深度互动教学的新思考》,《思想理论教育导刊》2018 年第 12 期。

26. 邓纯余:《新时代思想政治教育社会化的理论与实践审视》,《思想理论教育》2022 年第 8 期。

27. 杨建义:《思想政治教育理论成果实践转化探析》,《思想教育研究》2013 年第 7 期。

28. 沈震、杨志平:《思想政治理论课教学与新媒体新技术相融合的若干思考》,《思想理论教育》2017 年第 3 期。

29. 杨仲迎、吴保磊:《全媒体样态在高校思想政治教育中"融作用"之探究》,《黑龙江高教研究》2018 年第 11 期。

30. 宋丹:《试析高校思想政治工作与信息技术的融合》,《学校党建与思想教育》2021 年第 12 期。

31. 朱好婷:《高校思想政治教育要主动"破圈"》,《人民论坛》2020 年第 30 期。

32. 宫长瑞、轩宣:《数智化思想政治教育的图景展现及其实践策略》,《思想教育研究》2021 年第 11 期。

33. 李荣胜:《论高校思想政治教育无形资源的开发与应用》,《学校党建与思想教育》2022 年第 10 期。

34. 杨业华、刘靖君:《高校思想政治理论课教学环境建设探析》,《思想理论教育导刊》2011 年第 4 期。

35. 王健、郑旭东：《新时代信息化促进高校思想政治教育的思路、框架与建议》，《电化教育研究》2022 年第 1 期。

36. 曾静平：《高校思想政治工作之新媒体素养五法则》，《中国高等教育》2018 年第 6 期。

37. 于乐、唐登蕓：《信息技术与高校思想政治理论课融合的实践性思考》，《学校党建与思想教育》2018 年第 9 期。

38. 梁铭：《思想政治教育如何彰显实践育人功能》，《人民论坛》2021 年第 8 期。

39. 顾钰民：《新时代思想政治理论课传统优势同信息技术高度融合研究》，《思想理论教育导刊》2018 年第 9 期。

40. 周红、巩倩倩：《新媒体技术与高校思政课融合路径探析》，《电化教育研究》2020 年第 10 期。

41. 田珊：《数字化红色文化资源赋能高校思政课的价值及路径探析》，《思想理论教育导刊》2022 年第 7 期。

42. 孙璐杨、伍志燕：《智媒体时代大学生思想政治教育的特征、挑战与对策》，《黑龙江高教研究》2022 年第 8 期。

43. 李东坡、郭佳琪：《思想政治教育环境艺术化塑造研究》，《湖北社会科学》2019 年第 3 期。

44. 宗爱东：《思想政治教育回归生活世界：目标与路径》，《上海交通大学学报（哲学社会科学版）》2022 年第 2 期。

45. 齐佳：《新媒体与学校思想政治教育发展策略》，《中学政治教学参考》2021 年第 31 期。

46. 余友情：《新媒体技术对高校思想政治教育的影响》，《山西财经大学学报》2021 年第 S1 期。

47. 马云志、付静伟：《思想政治教育话语权威的现实困境及其超越》，《思想教育研究》2022 年第 7 期。

48. 邹慧、徐志远：《基于新媒体技术的思想政治教育创新研究》，《广西社会科学》2016 年第 2 期。

49. 纪谦玉：《新媒体视域下思想政治教育创新研究》，《教育理论与实践》，

2016 年第 3 期。

50. 周红、巩倩倩：《新媒体技术与高校思政课融合路径探析》，《电化教育研究》2020 年第 10 期。

51. 陈士军、张伟：《从统一性到多样性：高校思政课实践教学创新机制》，《中学政治教学参考》2022 年第 12 期。

52. 邓纯余：《新时代思想政治教育社会化的理论与实践审视》，《思想理论教育》2022 年第 8 期。

53. 冯刚、高静毅：《思想政治理论课与日常思想政治教育协同育人的实践维度考察》，《中国高等教育》2019 年第 17 期。

54. 郁有凯：《图像化思想政治教育"内化于心"机制探析》，《思想教育研究》2022 年第 4 期。

55. 蒙象飞：《高校思想政治理论课教育教学的着力点与优化路径》，《黑龙江高教研究》2018 年第 6 期。

56. 高义栋、闫秀敏、李欣：《沉浸式虚拟现实场馆的设计与实现——以高校思想政治理论课实践教学中红色 VR 展馆开发为例》，《电化教育研究》2017 年第 12 期。

57. 杨晓帆：《思想政治教育对象"由知到行"转化的内涵、机制与实现路径》，《理论导刊》2021 年第 10 期。

58. 王双群：《新媒体环境下思想政治理论课教学方法创新的思考》，《思想理论教育导刊》2015 年第 11 期。

59. 王树荫：《中国共产党百年思想政治教育基本经验》，《教学与研究》2021 年第 5 期。

60. 傅江浩、赵浦帆：《高校思政课教学媒体技术融合改革创新》，《湖北社会科学》2019 年第 12 期。

61. 张文强：《新时代构建高校思想政治教育协同机制研究》，《国家教育行政学院学报》2019 年第 12 期。

62. 刘建军：《论高校思想政治理论课的课程属性和教学难度》，《广西大学学报》2020 年第 3 期。

63. 徐俊蕾：《理论性与实践性相统一的教学实践探索——以河南科技学院

"马克思主义基本原理概论"课为例》，《河南科技学院学报》2019 年第 6 期。

64. 刘建军：《全面把握思想政治理论课建设的基本规律》，《思想教育研究》2017 年第 4 期。

65. 邵燕君：《宏大叙事解体后如何进行宏大的叙事》，《南方文坛》2006 年第 6 期。

66. 侯彦杰：《思想政治理论课的宏大叙事与个人言说》，《思想政治研究》2019 年第 3 期。

67. 董雅华：《论思想政治教育的知识性与学理性》，《贵州社会科学》2017 年第 2 期。

68. 刘中元：《涉农专业大学生思想政治理论课实践教学模式创新——以河南科技学院"I–V–S–S"模式为例》，《吉林工程技术师范学院学报》2013 年第 2 期。

69. 杨小秋：《浅析整体性教育实践》，《教育探索》2008 年第 11 期。

70. 王德如：《试论课程文化自觉与创新》，《课程·教材·教法》2004 年第 11 期。

71. 习近平：《思政课是落实立德树人根本任务的关键课程》，《新长征》（党建版）2021 年第 3 期。

72. 王荣发：《思想政治理论的实践本性及其实现路径》，《思想教育研究》2009 年第 1 期。

73. 李平辉：《高职院校思政课情景体验教学模式的设计与运用》，《改革与开放》2019 年第 13 期。

74. 李梁：《基于媒体视阈的"传递—接受"模式设计及有效应用研究——积件式课件在高校"思想政治理论课"教学中的效能探索》，《思想教育研究》2010 年第 2 期。

75. 黄英：《课堂微社会：高校思想政治理论课课内实践教学的有效形式》，《广东培正学院学报》2012 年第 9 期。

76. 王鑫宏：《地方历史文化在思想政治教育中的育人机制分析》，《现代商贸工业》2018 年第 5 期。

77. 刘新刚：《高校思想政治理论课虚拟仿真体验教学改革创新若干问题探讨》，《思想教育研究》2021 年第 12 期。

78. 王明科：《试论新乡先进群体的精神内涵与社会功能》，《中州学刊》2017 年第 1 期。

79. 戴明予：《奔向革命的起点——忆在洛阳八路军办事处》，《党史博采》1994 年第 12 期。

80. 王全营：《范文澜与河南救亡运动》，《中州学刊》2003 年第 11 期。

81. 黄瑞新：《高校思政课"微社会"教学模式的创新与实践研究》，《改革与开放》2016 年第 16 期。

82. 南大伟：《论焦裕禄精神的时代价值》，《广西社会科学》2016 年第 5 期。

83. 王立：《情境学习理论下高校思政课创新论析》，《思想政治教育研究》，2021 年第 4 期。

84. 邱峰：《基于"三全育人"的高校思想政治理论课混合式教学研究》，《西部学刊》2019 年第 8 期。

85. 田鹏颖、宁靖姝：《论坚持高校思想政治理论课主导性与主体性的统一》，《思想教育研究》2019 年 12 月。

86. 施丽红、吴成国：《高校思想政治理论课坚持灌输性与启发性相统一的实践路径研究》，《思想教育研究》2021 年第 3 期。

87. 王树荫、连欢：《改革开放伟大事业成果的生命线》，《思想理论教育导刊》2018 年第 12 期。

88. 姜金栋、梅永轩、晏祥辉：《泸州区域小学少先队工作现状调查报告》，《成都师范学院学报》2015 年第 2 期。

89. 李峰：《仪式教育在新时代高校团员意识教育中的应用》，《广西社会科学》2020 年第 5 期。

90. 张亮、李艳：《新时代主题性绘画实现思想政治教育育人的优化方略》，《思想政治教育研究》2019 年第 6 期。

91. 罗红杰：《意识形态具象化：意识形态叙事实践的诠释与建构》，《大连理工大学学报（社会科学版）》2021 年第 3 期。

92. 黄玲丽：《国·家·人：善用中国传统节日德育资源的三维思考》，《信阳师范学院学报》2016 年第 9 期。

93. 万美容、彭红艳：《加强国情教育亟待解决的突出问题》，《中国德育》2014 年第 23 期。

94. 杨华：《移动互联环境下高等教育中的国情与省情教育面临的挑战和对策》，《湖北成人教育学院学报》2014 年第 11 期。

95. 蒋晓虹：《围绕育人主题，创新党日活动》，《学校党建与思想政治教育》2008 年第 1 期。

96. 沈湘平、王葎：《简析"人的根本就是人本身"对思想政治教育的启示意义》，《思想理论教育导刊》2006 年第 1 期。

97. 王炳林、张润枝：《关于思想政治理论课与日常思想政治工作相结合的思考》，《思想理论教育导刊》2009 年第 5 期。

98. 周博文、赵俊爱：《思想政治教育"主渠道"与"主阵地"交互机制探索》，《思想理论教育导刊》2014 年第 8 期。

99. 陈启超：《样态、特征与发展策略：对社会场域中青年思想政治学习的检视》，《思想政治教育研究》2022 年第 4 期。

100. 许在华：《新时代高校思想政治教育效能优化研究》，《学校党建与思想教育》2021 年第 9 期。

101. 卢岚、李双胜：《数字时代思想政治教育方法创新的三维审视》，《思想政治教育研究》2022 年第 3 期。

102. 杨希、张立：《人工智能辅助高校思想政治教育社会化的因由、前景与路径》，《中学政治教学参考》2022 年第 24 期。

103. 张阳：《智媒时代高校思想政治教育：现实审视与创新路向》，《思想理论教育》2022 年第 5 期。

104. 金春媛、高地：《中国高校思想政治教育创新研究的内容、问题与展望》，《社会科学战线》2022 年第 6 期。

105. 《中国共产党党员教育管理工作条例》，《党建研究》2019 年第 6 期。

106. 燕爽：《以文化的自信建设自信的文化》，《求是》2017 年第 8 期。

三、报纸类

1. 《决胜全面建成小康社会　夺取新时代中国特色社会主义伟大胜利——

在中国共产党第十九次全国代表大会上的报告》,《人民日报》2017 年 10 月 28 日。

2. 习近平:《从小积极培育和践行社会主义核心价值观——在北京市海淀区民族小学主持召开座谈会时的讲话》,《人民日报》2014 年 5 月 30 日。

3. 习近平:《在纪念孙中山先生诞辰 150 周年纪念大会上的讲话》,《人民日报》2016 年 11 月 12 日。

4. 习近平:《在纪念五四运动 100 周年纪念大会上的讲话》,《人民日报》2019 年 5 月 1 日。

5. 习近平:《在庆祝中国共产党成立 100 周年纪念大会上的讲话》,《人民日报》2021 年 7 月 1 日。

6. 习近平:《在"七一勋章"颁授仪式上的讲话》,《人民日报》2021 年 6 月 30 日。

7. 习近平:《在党史学习教育动员大会上的讲话》,《人民日报》2021 年 2 月 20 日。

8. 《中办、国办印发〈意见〉要求进一步加强和改进新形势下高校宣传思想工作》,《光明日报》2015 年 1 月 20 日。

9. 《中办、国办印发〈关于深化新时代学校思想政治理论课改革创新的若干意见〉》,《人民日报》2019 年 8 月 15 日。

10. 《中共中央、国务院印发〈关于新时代加强和改进思想政治工作的意见〉》,《人民日报》2021 年 7 月 13 日。

11. 《胸怀大局把握大势着眼大事,努力把宣传思想工作做得更好》,《人民日报》2013 年 8 月 21 日。

12. 《把思想政治工作贯穿教育教学全过程,开创我国高等教育事业发展新局面》,《人民日报》2016 年 12 月 9 日。

13. 《做好宣传思想工作,习近平提出新要求》,《人民日报》2018 年 8 月 23 日。

14. 韩文乾:《马克思主义哲学方法论的时代意蕴》,《光明日报》2020 年 9 月 7 日。

15. 《青年要自觉践行社会主义核心价值观：在北京大学师生座谈会上的讲话》，《中国青年报》2014 年 5 月 5 日。

16. 侍旭：《高校思政教育也应有"供给侧改革"思维》，《光明日报》2016 年 3 月 16 日。

17. 骆郁廷：《推进协同育人凝聚育人合力》，《中国教育报》2020 年 5 月 18 日。

18. 《中国共产主义青年团章程》，《中国青年报》2018 年 7 月 2 日。

19. 《中国少年先锋队章程》，《中国青年报》2020 年 7 月 20 日。

20. 曾楠：《通过纪念庆典活动增强认同感和归属感》，《人民日报》2018 年 6 月 29 日。

21. 《关于实施中华优秀传统文化传承发展工程的意见》，《光明日报》2017 年 1 月 26 日。

后　记

　　党的十八大以来，国家更加重视思想政治教育工作，并倡导因事而化、因时而进、因势而新，思想政治教育的理论创新与实践探索随之蓬勃而起。为解局传统思想政治教育理论与实践结合度低，实践育人全员参与难以落实等困境，闫秀敏、毕昱文、孙喜英、黄瑞新、徐俊蕾等一批地方高校基层一线思想政治教育工作者，立足教育教学实践率先提出以师生双向互动和情景体验为特征的思想政治教育"微社会"育人理念，并积极探索"微社会"育人模式与平台建设，为应对时代进步和社会变迁对思想政治教育的新挑战，贯彻和落实国家对教育教学的新要求，提供有益的尝试。

　　本书以团队教育教学实践探索为基础，研究思想政治教育"微社会"育人模式与平台建设。"微社会"育人在教育手段上凸显新媒体、新技术与思想政治教育的有机耦合；在教育方式上，充分重视沉浸式体验性学习；在教育内容设计和选择上，注重理论与实践的有效承接，强调贴近时事热点、贴近地方特色及资源、贴近教育对象学习、工作和生活实际；在教育过程方面，教育关系更具平等性与民主性。"微社会"育人实现了人文与科技相融会，课堂和社会互贯通，显著增强了思想政治教育的时代感和吸引力。2017年，"微社会"育人模式与平台建设入选教育部思政课教学方法改革项目择优推广计划。

　　本书由孙喜英负责策划、框架设计、通理内容等工作，黄瑞新、徐俊蕾共同参与撰写，分工合作完成。具体分工如下：孙喜英撰写导言、第一章、第二章；黄瑞新撰写第三章、第四章、第七章；徐俊蕾撰写第五章、第六章。2021年，本书初稿有幸入选教育部思想政治工作培育项目，由教育部委托人民出版社编辑出版。

在"微社会"育人模式探索与平台建设过程中，北京科技大学彭庆红教授、山西农业大学武星亮教授、河南师范大学罗建平教授、河南科技学院王冰蔚教授等给予热情指导和支持；研究大量吸收了学术界一些学者和同仁的观点与成果，并在引文中予以注明；在撰写过程中，教育部思政课教学方法改革项目择优推广计划"高校思政课微社会实践育人模式与平台建设研究"、河南省哲学社会科学规划、高校思想政治理论课专项项目"自身认知视域下高校思政课具像化教学模式构建研究"以及河南省软科学研究计划项目"大数据画像"赋能精准思政的技术课程与实践向度研究团队的前期探索，为本书研究提供了坚实的研究基础与前提；人民出版社为本书的出版与编辑提供了极大的支持，尤其是赵圣涛编辑给予了耐心、周到、热情的服务，并付出了艰辛的劳动。在此，对上述学者、同仁、编辑表示由衷的敬意与感谢。

新时代思想政治教育的时代背景与实践基础发生了较为复杂的变化。社会信息和文化发展日趋多样化，人们的思想观念和生活方式与其前代相比出现重要变迁。本书力求呼应时代发展要求，探索思想政治教育理论与实践的有效承接，信息技术与思想政治教育的有机结合。由于作者驾驭能力、研究水平、时间精力等方面的局限，研究得不够深入，一些论证多嫌粗糙，诚恳期盼学界专家、同仁以及广大读者给予批评指正。

孙喜英

2022年10月

责任编辑:赵圣涛
封面设计:胡欣欣
版式设计:王欢欢

图书在版编目(CIP)数据

思想政治教育"微社会"育人研究/孙喜英等 著. —北京:人民出
　　版社,2023.11
(高校思想政治工作研究文库)
ISBN 978－7－01－024268－2

Ⅰ.①思… Ⅱ.①孙… Ⅲ.①思想政治教育-研究-中国 Ⅳ.①D64

中国版本图书馆 CIP 数据核字(2021)第 253861 号

思想政治教育"微社会"育人研究
SIXIANG ZHENGZHI JIAOYU WEISHEHUI YUREN YANJIU

孙喜英　黄瑞新　徐俊蕾　著

人民出版社 出版发行
(100706　北京市东城区隆福寺街 99 号)

中煤(北京)印务有限公司印刷　新华书店经销

2023 年 11 月第 1 版　2023 年 11 月北京第 1 次印刷
开本:710 毫米×1000 毫米 1/16　印张:16.25
字数:260 千字

ISBN 978－7－01－024268－2　定价:69.00 元

邮购地址 100706　北京市东城区隆福寺街 99 号
人民东方图书销售中心　电话 (010)65250042　65289539

版权所有·侵权必究
凡购买本社图书,如有印制质量问题,我社负责调换。
服务电话:(010)65250042